3ds Max 게임 캐릭터 디자인 2024

모델링부터 애니메이션까지, 게임 개발 파이프라인에 따른
3ds Max 기초 마스터 코스

지은이 **김현**

한국공학대학교 게임공학과 조교수(현)

게임그래픽스튜디오 GIZMO 대표(전)

게임그래픽스튜디오 ZIONPICTURES 대표(전)

홍익대학교 미술학석사 애니메이션 전공

저서

《다함께 블렌더 3D: 실사 소품·캐주얼 캐릭터·제페토 아이템, 모두를 위한 3D 입문서》(2023, 프리렉)

《ZBrush 게임 캐릭터 디자인: 최신 게임 제작 파이프라인에 따른 3ds Max와 Substance Painter 활용까지》(2018, 프리렉)

《3ds Max 游戏美术设计》(2011, 인민연변출판사)

《3D Game designer를 위한 게임그래픽 & 애니메이션》(2008, 한빛미디어)

《3ds Max 실무활용 Tip&Tech》(2007, 영진출판사)

논문

A Study Animation on 3D Mobile Game (홍익대학교 석사학위 논문 2006.05)

The Study Application of Animation 12 Principles on 3D Mobile Game (게임& 엔터테인먼트 논문지(한국콘텐츠학회) 2006, 주저자)

A Study Animation Four foot character on Casual Game (한국게임학회)

대외활동

기능경기대회 애니메이션 직종 기술위원 2011~2020 (국제기능올림픽한국위원회)

모델링부터 애니메이션까지, 게임 개발
파이프라인에 따른 3ds Max 기초 마스터 코스

3ds Max 게임 캐릭터 디자인 2024

1판 1쇄 2024년 02월 08일

지은이 김현
발행인 최홍석

발행처 (주)프리렉
출판신고 2000년 3월 7일 제 13-634호
주소 경기도 부천시 원미구 길주로 77번길 19 세진프라자 201호
전화 032-326-7282(代) **팩스** 032-326-5866
URL www.freelec.co.kr

편 집 박영주
표 지 황인옥

ISBN 978-89-6540-380-7

3DS MAX
게임 캐릭터 디자인
2024

김 현 지음

모델링부터 애니메이션까지,
게임 개발 파이프라인에 따른
3ds Max 기초 마스터 코스

프리렉

"AI가 찍어내는 게임 그래픽은 없다."

펜데믹 이후 많은 것들이 변해왔고, 게임 업계 역시 많은 변화와 변경을 겪고 있습니다. 하지만 여전히 사람들은 게임을 계속 플레이하며, 어쩌면 게임에 더 많은 것을 요구하고 더 많은 의미를 두게 되었습니다. 게임 내에서 국가 간 경쟁을 벌이고 정서적 이념적 논란을 빚는 등, 게임은 현실세계를 투영하는 어엿한 또 다른 세계입니다. 이렇게 다변화하는 게임에서 그래픽의 중요성은 한층 커지게 되었습니다.

한동안 AI가 이슈였고 지금도 아주 핫합니다. AI가 만들어낸 3D 그래픽은 정말 혀를 내두를 정도로 아주 잘 만들어져 있습니다. 이렇게 고퀄리티의 그래픽 제작이 가능하니, AI가 곧 게임 디자이너의 역할을 대체하게 될까요? 하지만 필자는 AI가 완벽하게 게임 디자이너를 대체하기는 힘들다고 생각합니다. 게임 그래픽은 단순 그림으로 끝나지 않고 기획, 프로그래밍과 같은 여러 파트와 같이 이루어지는 종합 예술이기 때문입니다. 특정한 콘셉트와 스토리가 있어야 하고, 그것에 맞는 움직임과 상황 연출 등이 있어야 합니다. 이 전부를 AI로 해낼 수는 없습니다. 이 의견에 다른 반론들도 있을 겁니다. 그러나 AI가 10명의 디자이너를 5명으로 줄일 수는 있을지 몰라도, 0명으로 만들진 못할 것입니다. 게임 그래픽은 AI가 자동으로 만들어내는 분야가 아닙니다.

그러면 게임 디자이너의 손, 3D 그래픽 툴의 전망은 어떨까요? 요즘에는 블렌더3D를 많이들 사용합니다. 필자 역시도 블렌더3D 유저이고, 이미 관련 도서도 출판한바 있습니다. 블렌더3D가 아주 좋은 툴임엔 틀림없습니다. 하지만 아직까지는 우리나라에서 게임 업계에 취업을 하려면 3ds Max가 제1언어이고, 블렌더3D는 제2외국어 정도 된다 생각하면 됩니다. 제2외국어를 잘하는 것은 가산점이지 중요 사항이 아닙니다.

게임 크리에이터는 크게 게임 기획자, 프로그래머, 디자이너로 분류되며 디자이너는 다시 배경과 캐릭터 파트로 나뉘게 됩니다. 이 책은 3ds Max를 이용하여 게임 캐릭터를 제작하는 데 중점을 두었으며, 입문자들도 어렵지 않게 3ds Max의 기본 기능을 활용함은 물론, 중급 다음 단계로 넘어가기 전 배워야 할 모든 것을 담고자 하였습니다. 입문자라면 누구나 겪을 수 있는 막막함과 실습 중 어려워하는 점들을 생각해 오랜 실무 경험과 대학 강의를 통한 필자만의 특별한 노하우로 채울 수 있도록 노력했습니다. 페이지 곳곳에 마련해둔 Youtube 강의는 지면의 한계를 넘어 독자 여러분의 구체적인 이해를 도울 것입니다.

단순히 소설책을 읽듯이 책장을 넘기지 말고, 처음이라 어렵고 번거롭더라도 차근차근 직접 예제를 따라 하다 보면 3D 게임 그래픽 디자이너로서 첫발을 내디딜 수 있을 것입니다. 부디 이 책이 게임 디자이너가 되고자 하는 많은 후배에게 조금이나마 도움이 되었으면 하는 마음입니다. 원하는 길로 나아갈 수 있도록 올바른 방향을 가리키는 나침반 같은 지침서로서 다가가길 바랍니다.

저자 **김현**

이번 개정판에서는 최신 버전인 '3ds Max 2024'를 기반으로, 어려운 매뉴얼이나 필요 이상의 기능을 무작정 익히기보다는 각 예제의 학습과 체험을 통해 자연스럽게 개념 및 노하우가 체화될 수 있도록 한층 세심히 안배하였습니다. 우선 Chapter 00에서 게임 제작 전반에 대해 기본 소개를 하고, 3ds Max 툴에 관해 꼭 알아야 할 필수 지식을 빠르게 설명합니다.

PART I 은 비교적 단순한 예제들로 이루어진 Chapter 01~04를 통해, 모델링부터 매핑까지 각 단계에 이용되는 3ds Max 기능들을 어렵지 않게 익히도록 정리하였습니다.

Chapter 05~07로 구성된 PART II 에서는 PART I 에서 얻은 지식을 토대로 게임 개발 파이프라인에 따라 직접 3D 캐릭터를 모델링함은 물론, 애니메이션 구현과 마모셋을 통한 최종 결과물 렌더링까지 논스톱으로 진행하게 됩니다. 그럼으로써 게임 그래픽 기초 지식뿐 아니라 예비 게임 캐릭터 디자이너로서 전반적인 업무의 맥까지 충분히 체험할 수 있을 것입니다.

목차 CONTENTS

목차　CONTENTS

3D 게임 그래픽 제작을 위한 기본

게임 그래픽은 2D 그래픽으로 시작했으나 점차 3D로 바뀌면서 현재는 대부분의 게임이 3D 그래픽으로 제작되어 있습니다(장르에 따라 2D 게임이 많은 경우도 있음). 정확히는 2D→2.5D→3D라는 중간 단계가 있었습니다. 중간 단계인 2.5D 그래픽을 이용한 가장 유명한 게임이 블리자드사의 스타크래프트입니다. 2.5D란 3D 작업을 한 이미지를 렌더링하여 2D로 게임을 제작하는 것입니다. 이후 언리얼, 퀘이크 등 게임 제작을 돕는 소프트웨어인 게임 엔진들이 출시되면서 본격적인 3D 게임 시대로 들어서게 됩니다.

3D 게임을 제작하려면 3D 툴을 익혀야 합니다. 대표적인 3D 툴로는 3ds Max, MAYA, Blender 등이 있습니다. 현재 우리나라에서는 Maya도 비중이 커지고 있고, Blender도 점점 많이 사용하고 있지만, 아직은 대부분의 회사에서 3ds Max로 게임을 제작하고 있습니다. 따라서 이 Chapter에서는 게임 그래픽 파트의 구성과 역할, 게임 제작 파이프라인을 알아본 뒤, 3ds Max를 설치하고 인터페이스 등을 둘러보도록 하겠습니다.

00

Chapter 00

01　게임 제작 파트의 구성과 역할

게임 제작은 크게 기획, 그래픽, 프로그래밍 3파트로 나뉘며, 각 파트는 팀 단위로 운영됩니다.

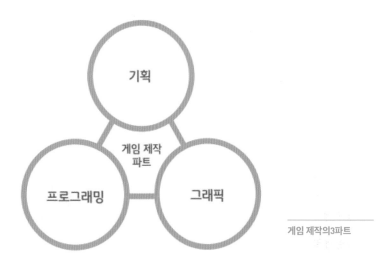

게임 제작의 3파트

게임 기획이란, 게임 전반에 대한 설계도를 완성하는 것입니다. 게임 시나리오부터 캐릭터, 배경 설정, 게임 엔진, 사운드 심지어 마케팅까지 포함한 개념으로, 기획한 게임을 어떻게 만들지를 결정하는 부분입니다. 기획을 바탕으로 2D 또는 3D로 게임에 사용할 그림을 그리는 분야를 **게임 그래픽**이라고 합니다. 게임 그래픽 팀에서 만든 캐릭터와 배경을 프로그래밍 언어와 언리얼, 유니티 등 게임 엔진을 활용해 게임으로 구현하는 부분을 **게임 프로그래밍**이라고 합니다.

game_process

규모가 있는 회사는 그래픽 파트와 프로그래밍 파트를 연결하는 **TD**(**Technical Director, 기술총괄책임**)라는 포지션이 존재합니다. TD는 그래픽과 프로그래밍 전반에 대한 지식은 물론 게임 엔진에 대한 전반적인 이해를 필요로 하는 포지션입니다.

각 파트와 파트별 업무를 보다 한눈에 파악할 수 있도록 국내의 한 규모 있는 게임 회사의 구인 내용을 살펴보겠습니다.

표 **0-1** 파트별 담당업무 및 자격요건

	기획	프로그래머	모델러/맵퍼	애니메이터
담당업무	게임의 각종 콘텐츠(시스템) 기획 게임의 신규 모드 기획 게임 밸런싱 UI 시스템 기획 유료 모델 및 유료 아이템 기획	코드 설계, 구현, 관리 및 디버깅 툴, 게임 업데이트 및 엔진의 부분 개발 재활용성이 높은 시스템, 엔진, 코드 개발 유지 보수 및 서비스 지원 자체 플랫폼을 이용한 게임 개발, AI, 물리 엔진 등을 활용한 게임 프로그래밍	프로젝트 콘셉트와 아트 디렉터의 의도를 반영하여 고품질 리소스 생산 캐릭터 3D 리소스 제작 아웃소싱 관리 일정관리	애니메이션 제작을 위한 기본 세팅(리깅/스키닝) 게임 엔진 내 에디터를 이용한 물리 세팅 3ds Max or Maya 작업 환경에서 애니메이션 리소스 제작
자격요건	게임에 대한 지식과 이해도 구두 및 문서를 통한 커뮤니케이션 능력 게임 개발 과정 및 팀 작업에 대한 충분한 이해 레벨 디자인 경험 및 능력	C++ 스킬 및 경험 객체 지향적 설계 및 구현 경험자 Perforce 시스템과 같은 Version Control/Asset Control 시스템 사용 경험자 코딩/개발/디버깅 기술 보유자 커뮤니케이션 능력이 뛰어나신 분 3D Render Engine 개발 경험자 네트워크 관련 경험 및 지식 보유자	3ds Max or Maya or Blender 3D, Zbrush, Substance 3D Painter 미적 감각 상상력과 표현력	3ds Max or Maya or Blender 3D Unity 및 Unreal 엔진 개발 경험자 인간 및 다양한 동/식물 등의 사실적인 움직임에 대한 이해 커뮤니케이션과 협업에 대한 원만한 태도

파트마다 업무 내용이나 자격요건은 상이하지만, 공통적으로 **팀 작업을 위한 원활한 의사소통**을 요구하고 있습니다. 하나의 게임을 제작하는 것은 개인 작업이 아니기 때문입니다. 개인의 기술이 아무리 좋아도 팀 작업에 문제가 있다면 진행은 삐걱거릴 수밖에 없습니다. 하나의 파트만으로는 결코 완성도 높은 게임을 제작할 수 없으며 기획자, 프로그래머, 그래픽 등 각 파트가 기계를 작동시키는 부품들처럼 하나도 빠짐없이 협업해야만 제대로 된 게임을 완성할 수 있습니다.

그럼 지금부터 3D 게임 그래픽 파트의 구성과 역할에 대해 자세히 알아보겠습니다. 3D 게임 그래픽 제작 파트는 보통 원화, 모델링, 매핑, 애니메이션, 이펙트로 나누어집니다(회사에 따라서 원화가 그래픽팀이 아닌 기획팀에 속하는 일도 있습니다). 보통 캐릭터와 배경 파트로 나누어져 있으며, 특별한 경우 캐릭터도 인간형과 몬스터로 구분하기도 합니다.

표 0-2 3D 게임 디자인의 파이프라인

원화, 콘셉트 [밑그림]	1	초기 기획 파트와의 회의에서 나온 콘셉트를 가지고 러프 스케치를 합니다.
	2	2차 회의에서 러프 스케치가 통과되면 2차 원화에는 캐릭터에 대한 최대한 상세한 정보가 포함된 스케치를 합니다.
모델링 [Object]	3	완성된 원화를 가지고 모델링에 들어갑니다. 원화를 최대한 똑같이 표현하는 것이 관건입니다.
매핑 [Object+Material+ Textures]	4	완성된 모델링 데이터를 받아서 UV를 작업합니다.
	5	UV를 잡은 모델링에 맞춰 맵소스(Textures)를 제작합니다.
애니메이션 [Object+Material+ Textures +Action]	6	UV가 잡혀 있는 데이터를 가지고 애니메이션을 제작합니다(애니메이션을 만든 다음 매핑을 넣어도 상관없습니다).
	7	엔진에서 테스트하고 문제가 없을 때 게임 데이터로 업로드합니다.

3D 게임 디자인의 파이프라인은 **표 0-2**와 같습니다. 우선 초기에 원화(콘셉트) 파트와 기획 파트가 회의를 거쳐 어떤 느낌의 캐릭터인지 설정을 잡은 다음, 그 설정을 바탕으로 원화 파트에서 러프 스케치를 합니다. 그 후 완성된 스케치 중 최종 원화를 선정합니다(원하는 스케치가 나올 때까지 많은 회의를 하는 경우도 있습니다). 회의에서 통과된 최종 원화를 기반으로 세부 정보를 포함하여 다시 스케치를 합니다. 만약 한 장의 캐릭터 원화에 정보가 부족하면 여백에 추가 정보를 그리기도 합니다. 예를 들어, 캐릭터의 뒷부분에 대한 정보가 부족하면 캐릭터 옆에 뒷부분을 따로 그려줍니다.

캐릭터 원화에는 상세한 정보가 최대한으로 표현되어야 합니다. 거기에는 캐릭터의 비율을 정확히 알수 있는 앞모습, 옆모습, 뒷모습 등이 포함됩니다. 이는 모델러가 정확한 비율로 모델링을 하기에 좋은 참조 자료가 됩니다. 캐릭터 디자인에 필요한 풍부한 정보를 전달하려면 그만큼 인체에 대한 상당히 많은 지식이 필요합니다. 혈관이나 내부 장기까진 아니더라도 외적으로 많이 두드러지는 뼈와 근육에 대한 지식이 있어야만 훨씬 현실감 있는 캐릭터를 그릴 수 있습니다. 예를 든다면 여성의 가슴과 엉덩이 부분이나 남성의 근육을 과장해서 표현하는 것도 인체에 대한 충분한 지식이 있어야만 자연스럽게 느껴질 것입니다.

이렇게 상세하게 그려진 원화를 모델러가 이어받아 모델링을 시작합니다. 비율을 정확히 맞추어 모델링을 해야 할 경우 3ds Max상에 그림을 배치하고, 배치한 그림을 참고하며 모델링하는 예도 있습니다. 원화에 표현된 중요한 부위들은 최대한 섬세하게 모델링하도록 합니다. 주의할 것은 하나의 캐릭터가 가질 수 있는 최대 폴리곤(Polygon) 개수를 넘기지 않고 캐릭터의 특징을 표현하여야 한다는 것입니다. 그리고 캐릭터 모델러들도 원화 디자이너와 마찬가지로 인체에 대한 풍부한 지식이 있다면 좀더 섬세한 모델링을 만들어낼 수 있습니다.

> **TIP 로우폴리곤의 수**
>
> 현재는 로우폴리곤 즉, 게임 데이터로서 폴리곤 수가 몇 개까지여야 하는지를 규정짓는 것이 모호해졌습니다. 빠른 기술 발전으로 제한 역시 하루하루 달라지고 있기 때문입니다. 요즘은 워낙 여러 종류의 게임이 많고 디바이스 역시 다양해져서 보통 게임 캐릭터 하나당 1,000~20,000 폴리곤을 사용하고 비디오 게임의 경우 이보다 훨씬 많은 40,000개 이상의 폴리곤도 사용하고 있습니다.

맵퍼는 완성된 모델링 파일을 받아 3ds Max의 UVW 툴을 사용하여 UV를 펼칩니다. 펼쳐진 UV 파일을 애니메이터에게 넘기는 동시에 본인은 매핑을 시작합니다. 매핑과 애니메이션을 동시에 진행함으로써 캐릭터 제작 파이프라인을 더 단축할 수 있습니다.

마지막으로 맵퍼가 제작한 맵소스를 완성된 애니메이션 캐릭터에 적용하여 최종 데이터로 내보냅니다. 파일 형식에는 여러 가지가 있으며, 프로그램 파트에서 결정하여 제시합니다. 보통은 FBX 파일을 사용합니다.

1.1 원화

그래픽팀에 속한 원화 파트의 디자이너들은 2D 디자이너로서 기획자(Producer)의 머릿속에 있는 내용을 개발자가 파악할 수 있도록 형상화하는 역할을 합니다. 원화는 콘셉트 디자인, 설정 디자인, 일러스트까지 포함한 개념입니다. 보통은 Art Director라는 직함으로 그래픽팀의 리더 역할을 합니다.

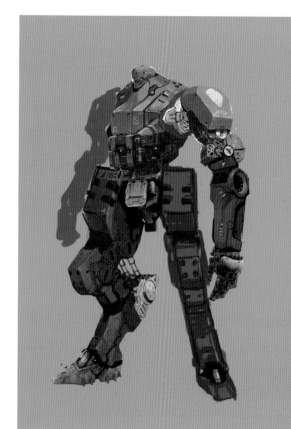

원화의 주요 단계

디자인 제작 회의 **1**	기획자가 작성한 기획서를 바탕으로 기획 의도, 콘셉트 파악
각종 자료를 참고로 전체적인 에스키스(밑그림) 작업	캐릭터나 배경 작업 **4**
캐릭터나 배경의 디테일 작업	간단 설명 **6**

1.2 모델링

모델링(Modeling)은 가상공간에 점, 선, 면을 이용해 캐릭터 또는 배경을 형상화하는 작업입니다. 점(Vertex)들이 모여서 선(Edge)이 되고, 선들이 모여서 면(Face, Polygon)이 되고 면들이 모여서 삼차원 오브젝트(Element)가 만들어집니다.

모델링은 입체를 만드는 만큼 기본적으로 공간 감각이 필요한 파트입니다.

종종 게임 홍보 동영상이나 오프닝 동영상에서 본 캐릭터와 게임 내의 캐릭터 퀄리티가 다른 걸 볼 수 있습니다. 동영상은 제작 제한이 없으므로 많은 폴리곤과 긴 프레임을 사용해서 캐릭터를 만들지만, 실제 게임에서는 여러 가지 환경의 제약으로 폴리곤과 프레임 수를 줄여서 제작하므로 동영상에 비해 캐릭터의 움직임이 부자연스럽고 각지게 보입니다.

이렇듯 한정된 폴리곤 수로 제작된 데이터를 **로우폴리곤**이라 합니다. 최근에는 기술력의 빠른 발전으로 모델링 프로세스에도 변화가 생겨 현재는 맥스(Max), 마야(Maya) 이외에 지브러시(Zbrush) 또는 머드박스(Mudbox)가 기본 프로그램이 되었습니다.

🔵TIP 3D 오브젝트

점(Vertex)과 점이 모여서 선(Edge)이 되고, 선과 선이 모여서 면(Polygon)이 되고 면들이 모여서 3D 오브젝트(Element)가 됩니다.

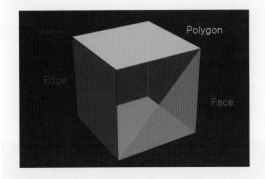

🔵TIP 지브러시

지브러시(Zbrush)는 Pixologic사에서 만든 3D 모델링 소프트웨어로, 2D 디자이너들이 3D 작업으로 쉽게 접근할 수 있도록 만든 도구입니다.

www.maxon.net/ko/zbrush에서 자세한 정보를 얻을 수 있습니다.

1.3 매핑

매핑(Mapping)은 모델링된 오브젝트에 색과 재질(Material)을 입히는 단계입니다. 색과 재질은 2D 평면에 이미지 형식으로 작업되며, 이를 텍스처(Texture)라 합니다. 업계에서는 간단히 맵(Map)이라고 많이 부릅니다. 이 이미지(맵소스)의 사이즈는 보통 128×128 배수로 사용합니다. 최근 출시된 PC 게임에서는 4096×4096 사이즈를 많이 사용하며 맵소스도 2~3장 이상까지 사용하고 있습니다. 스마트폰 게임은 1024 또는 2048 사이즈를 많이 사용하고 있습니다.

맵소스가 2D 평면에 작업되기 때문에, 매핑을 하려면 사전에 3D 오브젝트를 적절히 잘라 펼쳐서 2D 전개도로 만들어야 합니다. 이 작업을 UV 또는 Unwrap이라 합니다. 3ds Max에서는 면을 자동으로 펼쳐주는 Pelt와 Peel 기능으로 편리하게 Unwrap 작업을 할 수 있습니다.

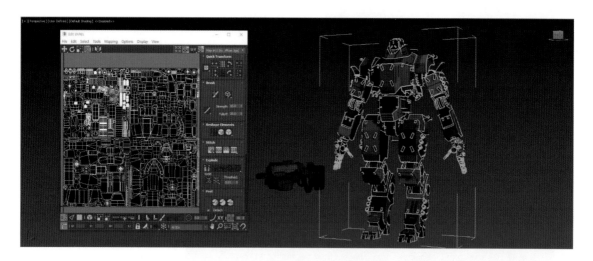

1.4 애니메이션

매핑까지 마친 데이터를 움직이게 하는 파트가 애니메이션(Animation)입니다. 보통 키 프레임 애니메이션으로 제작합니다. 게임 그래픽을 실사풍으로 구현할 때는 모션 캡처를 많이 쓰기도 하지만, 모션 캡처 역시 애니메이터의 많은 손길을 필요로 합니다.

애니메이션을 만들기 위해서는 뼈대를 오브젝트와 연결하는 리깅(Rigging)이란 작업을 먼저 거쳐야 합니다. 3ds Max에서는 바이페드를 이용해 타 프로그램보다 손쉽게 리깅 작업을 할 수 있습니다. 리깅은 손이 많이 가는 작업이지만, 시간을 들이는 만큼 제대로 된 애니메이션 결과를 얻을 수 있습니다.

아날로그 방송 시스템에서 사용하는 컬러 인코딩 방식

영상은 크게 PAL 방식과 NTSC 방식으로 나눌 수 있습니다. 우리나라에서는 일반적으로 NTSC 방식을 사용해 1초에 30 프레임(정확히는 29.97)으로 작업합니다.

SECTION
02

3ds Max
튜토리얼

지금까지 게임 그래픽을 구현하는 과정과 각 업무를 담당하는 파트 그리고 다양한 용어들을 간략하게 살펴봤습니다. 지금부터는 3ds Max 를 설치하고, 기본 인터페이스를 하나씩 살펴보면서 각 기능에 대해 알아보겠습니다.

2.1 3ds Max란?

3ds Max는 Autodesk사에서 개발 및 서비스하는 3D 그래픽 소프트웨어입니다. 모델링, 매핑, 애니메이션, 렌더링 등 많은 기능을 제공하며, 게임 업계에서는 메인 툴로 사용되고 있습니다. Autodesk 웹사이트(autodesk.co.kr/products/3ds-max/overview)에서 회원가입 후 한 달 무료 체험판을 이용하거나 구입해 사용하면 됩니다. 학생인 경우 1년간의 교육용 라이선스 이용이 가능합니다.

2.2 3ds Max의 주요 인터페이스

3ds Max 프로그램 설치를 마치면, 다음과 같은 웰컴 화면이 뜹니다. 간단한 인터페이스 설명입니다. 어떤 메뉴와 기능이 있는지 한번 훑어보길 바랍니다.

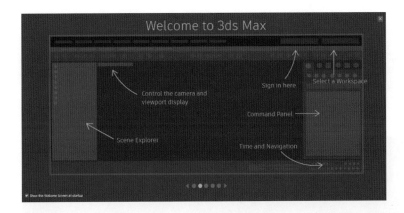

다음은 3ds Max의 기본 화면입니다. 실제로 모든 메뉴를 사용하진 않습니다. 다만 전반적으로 '이런 메뉴들이 있구나'라고만 이해하고 자주 사용하는 기능은 뒤에서 직접 예제를 다루면서 익히도록 합니다.

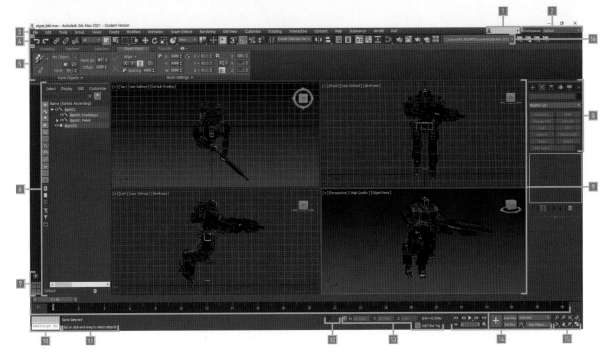

1	User Account Menu	7	Viewport Layouts	13	Coordinate Display
2	Workspace Selector	8	Command Panel	14	Animation and Time Controls
3	Menu Bar	9	Viewports	15	Viewport Navigation Controls
4	Main Toolbar	10	MAXScript Mini Listener	16	Projects Toolbar
5	Ribbon	11	Status Line and Prompt Line		
6	Scene Explorer	12	Isolate Selection Toggle and Selection Lock Toggle		

1 Viewport

뷰포트(Viewport)는 비어 있는 스케치북과 같은 곳으로, 오브젝트를 생성할 장소입니다. 뷰포트는 위에서 보는 장면(Top Viewport), 앞에서 보는 장면(Front Viewport), 옆에서 보는 장면(Left Viewport), 3D 공간에서 보는 장면(Perspective Viewport)을 각각 나타냅니다.

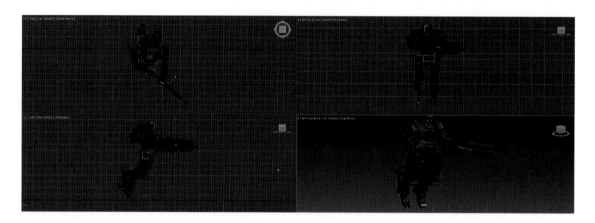

네 개의 뷰포트 중 노란색 테두리로 강조된 뷰포트가 선택된 뷰포트입니다. 한 번에 한 뷰포트만 선택할 수 있으며 다른 뷰포트는 관찰용입니다. 선택한 뷰포트에서는 수행된 작업이 실시간으로 나타납니다. 자동 키 또는 키 설정이 활성화되어 있으면 선택된 뷰포트 테두리가 빨간색으로 바뀝니다. 일반적으로 뷰포트에서 작업을 하면 뷰포트가 활성화됩니다.

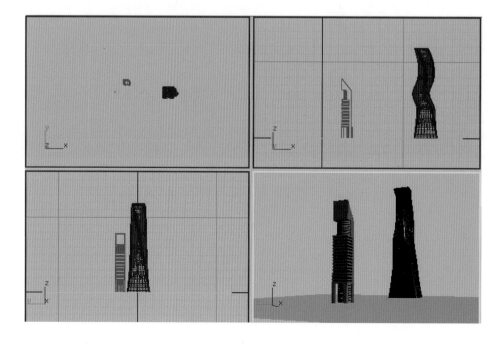

활성 뷰포트에 띄운 오브젝트를 드래그하면 일부분을 크게 확대하도록 조정할 수 있습니다. 다시 원래 크기로 돌리고 싶으면 마우스 오른쪽 버튼을 클릭한 다음 [Reset]을 누르면 됩니다.

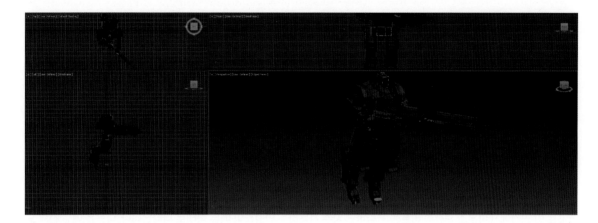

#Viewport Navigaion Controls: 우측 하단에는 뷰포트를 조절하는 패널이 있습니다.

-  **Zoom(확대/축소):** 줌 버튼입니다. 뷰포트에 마우스를 대고 위 아래로 드래그하거나 마우스 휠을 움직여서 화면을 줌인 또는 줌아웃 할 수 있습니다.

- **Pan View(팬 뷰):** 뷰포트를 왼쪽 오른쪽 또는 위 아래로 움직이는 아이콘입니다.

- **Orbit SubObject:** 뷰포트를 360도로 돌려 볼 수 있는 아이콘으로, 가장 많이 쓰이는 아이콘입니다. [Arc Rotate] 버튼은 Perspective Viewport에서만 사용합니다. 노란색 원 안에서만 돌려보도록 합니다.

- **Maximize Viewport Toggle(단축키 Alt + W):** 선택한 뷰포트를 화면 전체로 확대 또는 축소합니다.

#Viewport Labels and Viewport Label Menus(뷰포트 레이블/뷰포트 레이블 메뉴): 뷰포트 레이블은 왼쪽 윗부분에 있습니다. 뷰포트 레이블 메뉴를 사용하여 뷰포트의 여러 측면을 제어할 수 있습니다.

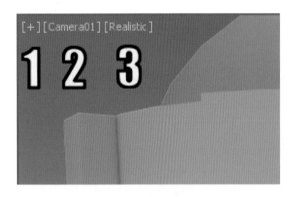

1 General Menu

2 Point-of-View(POV) Menu

3 Shading Menu

뷰포트 빈 공간에서 마우스 오른쪽 버튼을 클릭하면 자주 사용하는 명령들이 메뉴 형태로 나타납니다. 다음은 메뉴 전체 모습은 아니고, 공간상 일부만 발췌한 것입니다.

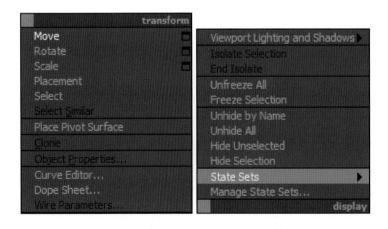

2 Command Panels

커맨드 패널(Command Panels)은 말 그대로 각종 명령을 조작할 수 있는 곳으로, 각 하위 패널마다 비슷한 명령들이 모여 있습니다. ▼ 아이콘으로 표시된 드롭다운 메뉴를 클릭하면 해당 명령에 속한 세부 옵션들을 볼 수 있습니다.

· ➕ **Create(만들기 패널):** 형상, 카메라, 광원 등 오브젝트를 만드는 기능을 포함합니다.

-  **Modify(수정 패널):** 오브젝트에 수정 명령을 적용하고 메시, 패치 등의 편집 가능한 오브젝트를 편집하는 기능을 포함합니다.

- **Hierarchy(계층 패널):** 계층의 링크, 관절 및 역운동학을 컨트롤하는 기능을 포함합니다.

- **Motion(모션 패널):** 애니메이션 제어기 및 궤적을 컨트롤하는 기능을 포함합니다.

- **Display(디스플레이 패널):** 다른 표시 옵션과 함께 오브젝트를 숨기거나 숨김을 해제할 수 있는 기능을 포함합니다.

- **Utilities(유틸리티 패널):** 기타 유틸리티 프로그램을 포함합니다.

그 밖의 Menu bar, Main Toolbar, Animation and Time Controls 등은 추후 예제에서 다룰 때 자세히 알아보도록 하겠습니다.

2.3 Modeling

1 Creating Objects

이제 기본 사용법에 대해 알아보겠습니다. 커맨드 패널(Command Panels)의 [➕ Create] 패널에서 기본적인 도형 오브젝트를 생성할 수 있습니다. 일반 3D 오브젝트가 있는 [⊙ Geometry]와 2D 오브젝트가 있는 [⊡ Shapes]에서 원하는 [Object Type]을 선택한 뒤, 뷰포트에서 마우스 드래그하면 오브젝트가 생성됩니다.

다음 그림은 [Geometry]에 있는 여러 오브젝트를 한 뷰포트에 생성해본 모습입니다.

2 Transforming Objects

오브젝트를 선택하고 움직이고 회전하고 크기를 조절하려면 상단 메인 툴바의 다음 아이콘을 이용하
거나 직접 오브젝트를 선택한 다음 마우스 오른쪽 버튼을 클릭해야 합니다.

- **Select And Move [단축키 W]:** 오브젝트를 선택하고 움직이는 아이콘입니다. 3D는 2D와 달
  리 X, Y, Z축으로 움직이기 때문에 움직이길 원하는 축에 커서를 얹어서 움직일 수 있습니다.

- **Select And Rotate [단축키 E]:** 오브젝트를 회전시키는 아이콘입니다.

- **Select And Scale [단축키 R]:** 오브젝트의 크기를 조절하는 아이콘입니다.

Modify 패널에 있는 명령들을 이용해 평면에서 3차원 오브젝트를 생성할 수 있습니다. 다음은 그중
[Extrude(추출)] 명령을 사용해 2차원 오브젝트인 Star로부터 입체 별 오브젝트를 생성한 모습입니다.
자세한 내용은 추후 자세히 설명하겠습니다.

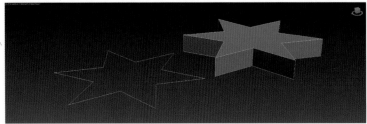

3 **Modifying Objects**

[Modify] 패널은 말 그대로 생성한 오브젝트를 수정할 수 있는 명령들이 모여 있는 곳입니다. 즉, Create 패널을 이용해 오브젝트를 생성하고 Modify 패널에서 오브젝트를 수정하는 것입니다.

Modify 패널에서 [Modifier List]를 클릭하면 Modify에 속한 모든 명령을 볼 수 있습니다. 명령 창이 다소 길기 때문에 빠르게 명령을 실행하려면 명령어를 직접 검색하는 편이 좋습니다. Mesh Smooth 명령을 찾고 싶을 때는 [M] 키를 누르면 M으로 시작하는 명령어들이 차례로 나타납니다.

하단의 여러 롤아웃에서 명령들을 볼 수 있으며 옵션값들을 조정할 수 있습니다. 뷰포트에는 최종 명령을 지정한 결과물이 나타납니다.

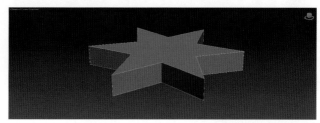

Modify 패널 사용 예시

[Modifier Stack] 창에서 하위 명령을 선택하면 상위 명령은 적용되지 않은 화면을 볼 수 있습니다. 이때 (Show End Result)를 누르면 하위 명령을 선택하고도 상위 명령이 적용된 상태로 화면에 나타납니다.

Modifier List

명령어 앞에 있는 삼각형 버튼을 누르면 서브 명령이나 선택 옵션이 나타납니다. 중요한 것은 하위 명령에서 새로운 명령을 지정할 때는 꼭 서브 옵션 선택을 해제해야 한다는 겁니다. 예를 들어, MeshSmooth 명령에서 꼭지점(Vertex)을 선택한 상태로 Symmetry 명령을 적용하면 오브젝트 전체가 아닌 꼭지점 하나를 대칭시킨다는 뜻이 되어버립니다.

따라서 오브젝트 전체에 대칭을 적용하려면 MeshSmooth를 선택한 상태에서 Symmetry 명령을 적용해 주어야 합니다.

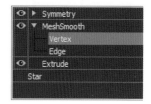

명령어 앞에 있는 눈 모양 아이콘을 클릭하면 화면에는 명령이 적용되지 않은 것처럼 해당 레이어는 숨김 상태가 됩니다.

2.4 Materials

Materials는 재질이란 뜻으로, 오브젝트의 색이나 무늬 또는 광택을 표현할 수 있는 기능입니다. 단축키
[M]을 누르면 [Slate Material Editor], 즉 재질 편집기가 나타납니다. 2021 버전부터는 재질 편집기가 완
전히 바뀌어서 이전 버전과는 전혀 다른 형태가 되었으며, 2024 버전에도 동일하게 이어지고 있습니다.

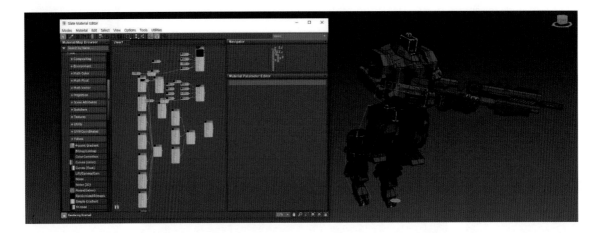

기본적으로 Arnold Renderer가 기본 세팅입니다. 그래서 Material도 기본적으로 Arnold Material을 사
용합니다. 좌측 [Material/Map Browser]에서 [Materials]→[Arnold]→[Surface]→[Standard Surface]
를 중앙의 [View1]로 끌어와서 사용합니다. 추가된 재질 노드, [Material(Standard Surface)]을 더블클릭
하면 우측 하단에 세부 조정이 가능한 [Material Parameter Editor]가 나타납니다. [Base] 항목에 있는
Base Color에서 원하는 색을 정합니다. 그런 다음 오브젝트를 선택하고 ⬚(Assign Material To Selection)
버튼을 클릭하거나 슬롯을 오브젝트로 끌고 오면 지정한 색(재질)을 적용할 수 있습니다.

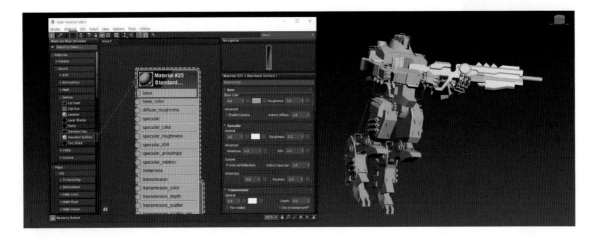

더 정밀한 표현을 위해 맵소스를 사용하려면 [Map]→[Standard]→[Bitmap]을 재질 편집기 창 중간으로 끌어와서 파일을 지정하고 Base Color에 연결하면 재질이 적용됩니다. 맵소스가 적용된 결과를 뷰포트에 나타나게 하려면 (Show Standard Map in Viewport) 버튼을 누릅니다.

메뉴에서 [Modes]→[Compact Material Editor]를 누르면 이전 버전의 재질 편집기 창을 볼 수 있습니다.

2.5 Animation

뷰포트 하단 [Animation and Time Controls] 패널의 [Auto Key] 버튼을 누르면 화면이 빨간색으로 변하고 이때부터 애니메이션 모드가 됩니다. 애니메이션은 움직이는 그림이란 뜻으로 3ds Max에서는 프레임(시간의 흐름)에 따라 모델링한 데이터를 움직이거나 색상 및 각종 옵션을 변경하는 것을 의미합니다.

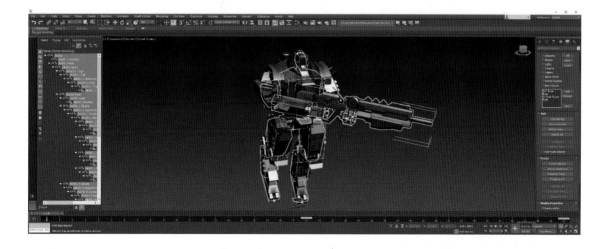

3ds Max 기초:
모델링부터 매핑까지

앞서 Chapter 00에서 게임 제작은 어떻게 이루어지는지, 3ds Max 프로그램에는 어떤 기능이 있고, 무엇을 할 수 있는지 간단히 살펴보았습니다. 이제 본격적으로 게임 그래픽 세계로 뛰어들 시간입니다. 그런데 무작정 우리가 원하는 게임 모델링, 그래픽 작업에 들어갈 수는 없습니다. 캐릭터에게 무기가 필요하듯, 우리도 3D 그래픽 디자이너로서 원하는바를 구현할 수 있으려면 모름지기 다룰 툴부터 잘 알아야 합니다.

그래서 첫 파트, '3ds Max 기초: 모델링부터 매핑까지'에서는 쉬운 예제들을 차근차근 함께 해보며 3D 그래픽 작업을 위한 3ds Max 프로그램의 세부 기능들을 익히는 시간을 가질 것입니다. 형태를 잡는 모델링(사물 모델링, 캐릭터 모델링), 색과 재질을 입히는 매핑(UV 및 텍스처링)을 실습해보고, 마지막으로 간단한 형태의 로봇을 만들며 전체 내용을 복습하게 됩니다. 3D 그래픽 작업과 3ds Max 사용법에 대한 감을 잘 익힐 수 있을 것입니다.

3D 모델링 기초 (1)
3ds Max

3D 그래픽 작업의 시작은 모델링입니다. 3D의 매력이 가상의 공간에 무언가를 창조하는 것이라면, 모델링은 그 시작이 되는 3차원 오브젝트(물체)를 만드는 것이라 이해하면 됩니다. 3D 모델링은 여러 방식으로 할 수 있지만 3ds Max에서는 폴리곤, 즉 다각면의 모임으로써 3D 물체를 표현하는 폴리곤(Polygon) 모델링 기법을 사용합니다. 보통 폴리곤으로 이루어진 기본 도형(오브젝트)에서 출발해 면을 추출하고, 형태를 다듬는 과정을 거칩니다. 이 과정에서 활용하는 것이 Edit Poly 명령입니다.

이 Chapter에서는 책상, 의자, 비행기 등 간단한 오브젝트들을 직접 모델링하면서 3ds Max의 기능에 대해 알아보겠습니다. 그런 뒤 마지막으로 실제 게임에 등장할 법한 소품을 모델링하면서 게임 캐릭터 제작을 위한 워밍업을 해보도록 하겠습니다.

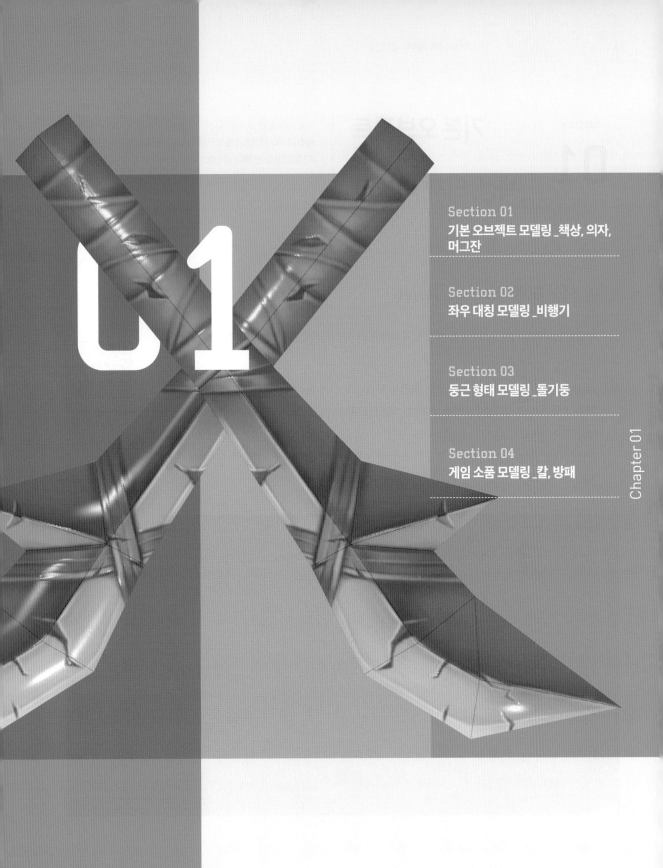

Chapter 01

SECTION

01

기본 오브젝트 모델링
_책상, 의자, 머그잔

3ds Max 실행 후 기본 오브젝트를 생성하고, 크기와 위치를 변경하고, 복사하는 기초적인 조작법을 우리에게 친숙한 책상, 의자, 머그잔을 만들며 알아봅니다.

`1.1` 책상 모델링(Create, Move)

사각 책상을 만들면서 기본 오브젝트를 생성 및 복사하고, 크기와 위치를 변경하는 방법에 대해 알아보겠습니다.

01 3ds Max를 처음 실행하면 다음과 같은 화면이 보입니다. 크게 중앙의 작업 공간 뷰포트(Viewport)와 현재 Viewport 상태를 알려주는 좌측 씬 익스플로러(Scene Explore), 다양한 명령을 적용할 수 있는 우측 커맨드 패널(Command Panel)로 구성되어 있습니다. 상단에는 다양한 도구와 조작 아이콘을 모아둔 툴바(Toolbar)와 메뉴가 있고, 하단에는 추후 애니메이션 적용시 주로 활용하는 트랙바(Track bar)가 있습니다.

따라하기 어려울 땐
고수의 View

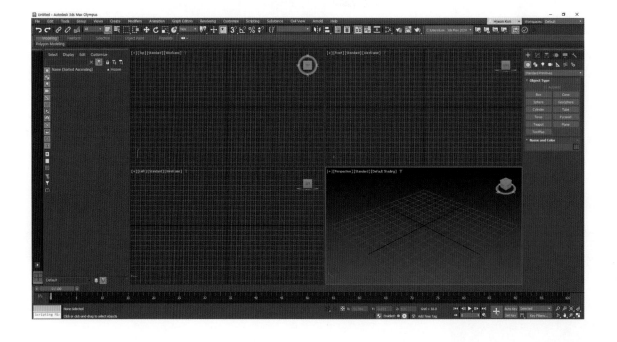

02 일단은 오브젝트 생성부터 시작합니다. 우측 커맨드 패널(Command Panel)에서 [➕Create] 패널 →[⬤Geometry]→[Standard Primitives]→[Box]를 차례로 선택합니다. Top Viewport에서 마우스를 좌클릭한 채 드래그하면 그림처럼 Box가 하나 생성됩니다.

오브젝트의 모습은 각 Viewport에서 동시에 확인할 수 있습니다. Top Viewport에서는 원하는 넓이를, Front Viewport에서는 원하는 높이를 생각하면서 드래그하세요. 마우스 왼쪽 버튼에서 도중에 손을 떼면 안 됩니다.

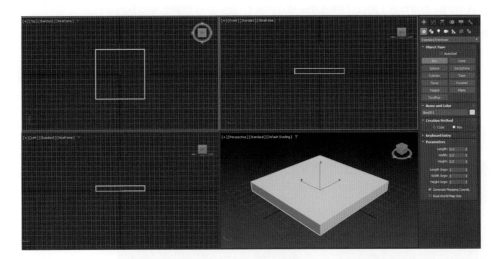

03 이제 책상 다리를 만들겠습니다. 02단계와 똑같이 [➕Create] 패널→[⬤Geometry]→[Standard Primitives]→[Box]를 차례로 선택합니다. Top Viewport에서 책상 왼쪽 위모서리 부근을 잡고 마우스 드래그해 위치와 굵기를 정하고, 다시 Front Viewport에서 원하는 길이대로 드래그하면 됩니다.

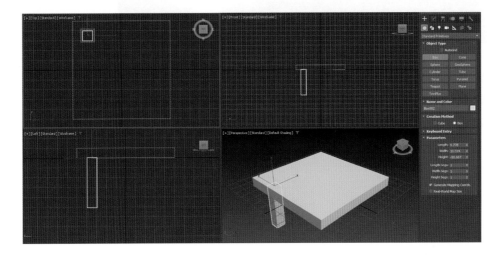

다리 위치가 Top Viewport에서 보여야 하므로, Viewport 설정을 투시 상태인 [Wireframe]으로 설정하고 작업해야 합니다. 각 Viewport 좌측 상단의 [Viewport Label Menus]의 세 번째 [Sahding Menu]를 클릭해 [Wireframe]으로 설정해주세요. 단축키는 [F3]입니다.

04 책상 다리의 형태와 크기는 같으므로, 나머지 다리 3개는 복사하면 됩니다. 우선 오른쪽 윗모서리 다리를 복사해주겠습니다. 3ds Max 에서 오브젝트 복사는 상단 메인 툴바의 ✥(Move) 툴을 이용합니다.

아이콘을 마우스로 클릭해 활성화하고 키보드 [Shift] 키를 누른 상태에서 다리를 X축으로 움직이면 다리가 복사됩니다. 복사한 다리를 적당한 위치에 두면 복사 설정이 가능한 [Clone Options] 창이 뜹니다. 변경점이 없으므로 [OK] 버튼을 눌러 완료합니다.

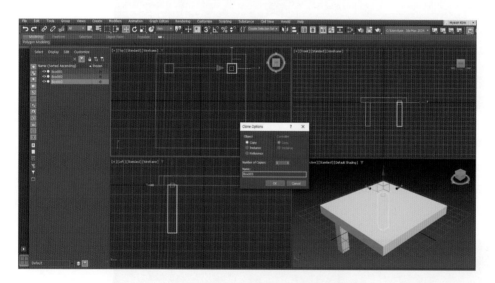

05 책상 아랫변 다리 2개를 만들어주겠습니다. 메인 툴바의 ✥(Move) 툴은 그대로 활성화된 상태입니다. 생성된 2개의 다리를 선택하고, 키보드 [Shift] 키를 누른 상태에서 아래로 움직여주면 됩니다. 복사된 다리 2개를 적당한 위치에 둡니다.

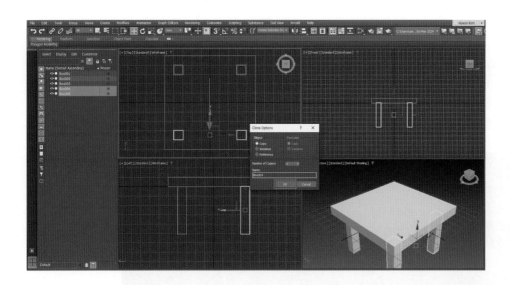

06 지금은 책상이 좌표상에서 바닥 아래(Z축이 음수값)에 있어 어색합니다. 우측 하단 Perspective Viewport에서 마우스를 크게 드래그해 모든 Box 오브젝트를 선택하고, 메인 툴바의 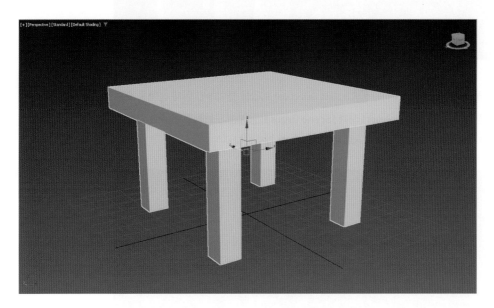(Move) 툴로 위쪽(Z축)으로 움직여 그림처럼 책상을 Grid 위로 옮겨줍시다.

1.2 의자 모델링(Modify, Scale)

책상과 세트인 의자를 만들며 오브젝트 생성, 크기 조정, 복사를 복습하겠습니다.

01 앞서 책상 때처럼 Top Viewport에서 Box를 하나 생성하고, 의자 좌판을 생각하며 그림처럼 적정
한 위치와 크기를 정해줍니다.

따라 하기 어려울 땐
고수의 View

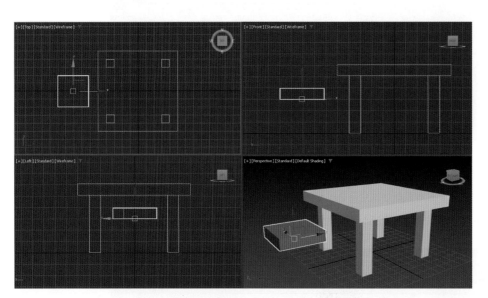

02 책상은 잠시 숨겨줍시다. Viewport 하단 (Isolate Selection) 토글을 클릭하면 현재 선택된 오브
젝트 외에는 숨김 상태가 됩니다. Viewport 좌측 [Scene Expore] 창에는 오브젝트 목록이 있는데,
선택된 마지막 Box 오브젝트 외에는 모두 눈 아이콘이 없어져 있습니다.

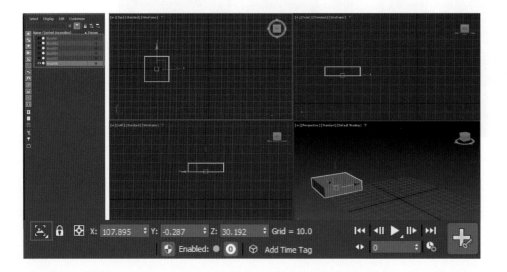

03 책상 다리는 추가 Box를 붙여주었지만, 의자 다리는 이 좌판에서 추출하는 방식으로 만들어보겠습니다. 의자 다리를 추출하려면 먼저 Segment(구획)를 나눠줘야 합니다.

커맨드 패널(Command Panel) 상단 두 번째 [☑ Modify] 패널을 클릭하면 하단에 오브젝트의 크기를 조정할 수 있는 [Parameters] 롤아웃이 보입니다. 항목 중 'Segs'로 끝나는 것들이 Segment 수에 관한 옵션입니다. Length는 길이(X축), Width는 너비(Y축), Heights는 높이(Z축)입니다. 오브젝트가 직육면체일 때 Length와 Width는 윗면과 아랫면을, Height는 옆면을 결정합니다. Length Segs: 3, Width Segs: 3, Height Segs: 1로 수치를 입력해줍니다.

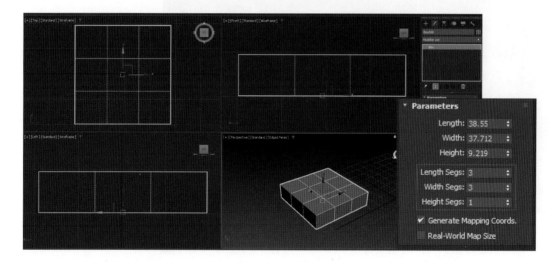

04 좌판 오브젝트를 마우스 우클릭하고, 메뉴에서 [Convert To:]→[Convert to Editable Poly]를 클릭해줍니다. 오브젝트가 편집 가능한 상태로 바뀝니다.

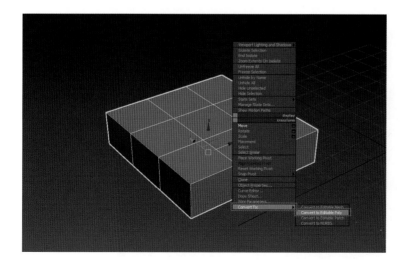

05 [Modify] 패널에 나타난 [Selection] 롤아웃의 에서 Vertex(점), Edge(선), Polygon(면) 중 어디를 변경할지 선택할 수 있습니다. 첫 번째 (Vertex)를 선택합니다. 오브젝트의 교차점을 선택할 수 있게 바뀝니다.

다리를 추출할 면을 만들겠습니다. 안쪽 Vertex 8개를 선택해서, 메인 툴바의 (Scale) 툴로 가로로 한 번, 세로로 한 번 늘려서 그림처럼 만듭니다.

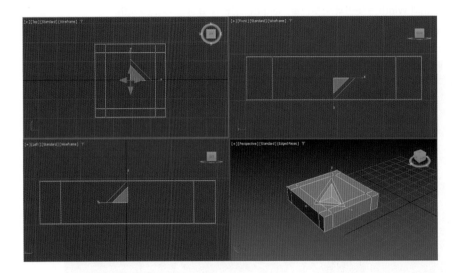

06 각 모서리의 작은 사각형이 다리가 될 것입니다. [Selection] 롤아웃 설정을 세 번째 (Polygon)으로 변경하고, Viewport 우측 하단 [Viewport Navigation] 패널의 (Orbit SubObect) 아이콘을 이용해 Perspective Viewport를 돌려서 좌판 아랫면이 보이게 만듭니다. [Ctrl] 키를 누르고 다리가 나올 Polygon을 그림처럼 다중 선택합니다.

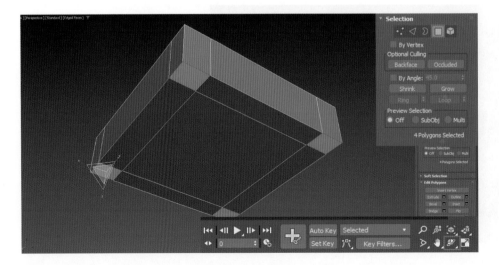

07 이 상태로 마우스 우클릭해 메뉴에서 [Extrude(추출)]를 선택하고, 마우스를 아래쪽으로 움직이면 선택한 면이 추출됩니다.

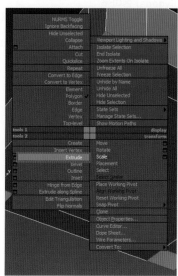 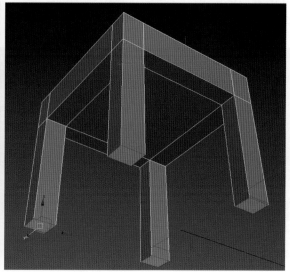

08 계속해서 등받이를 만들겠습니다. (Orbit SubObect)로 Perspective Viewport를 돌려서 다시 좌판 윗면이 보이게 바꾸고, [Ctrl] 키로 그림처럼 왼쪽 모서리 Polygon 2개를 다중 선택합니다.

마우스 우클릭 메뉴→[Extrude] 명령을 선택하고, 위쪽으로 마우스를 움직이면 면이 추출됩니다. 이 과정을 4번 반복합니다. 이때 첫 번째는 가장 길게, 두 번째와 네 번째는 짧게, 세 번째는 중간 정도 길이로 하여 오른쪽 그림처럼 등받이 기둥을 만들어줍니다.

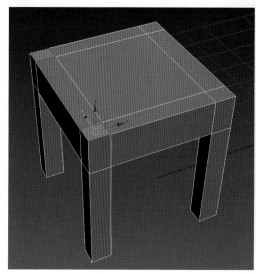 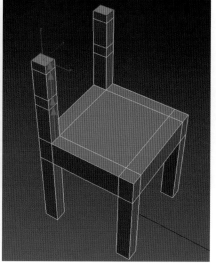

09 등받이의 가로 연결바를 만들겠습니다. 아까 두 번째, 네 번째 Extrude 명령을 짧게 처리했던 것은, 이 부분의 Polygon이 등받이 바가 될 것이기 때문이었습니다. [Ctrl] 키를 누른 채 두 번째 블록의 안쪽 Polygon을 다중 선택합니다. 그런 뒤 [⊿Modify] 패널→[Edit Polygons] 롤아웃 →[Bridge] 명령으로 연결해줍니다.

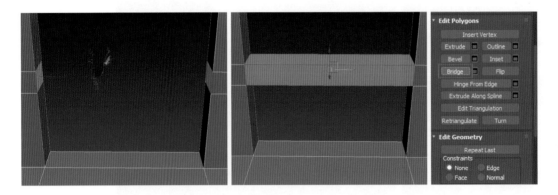

10 위쪽 네 번째 블록의 안쪽 Polygon도 선택해, 같은 방법으로 가로바를 만들어줍니다. 의자가 완성되었습니다.

Viewport 하단 🔳(Isolate Selection) 토글을 클릭하면 책상이 다시 나타납니다. 메인 툴바의 ✥ (Move) 툴을 활용해 의자를 책상 옆에 적절히 배치해줍니다.

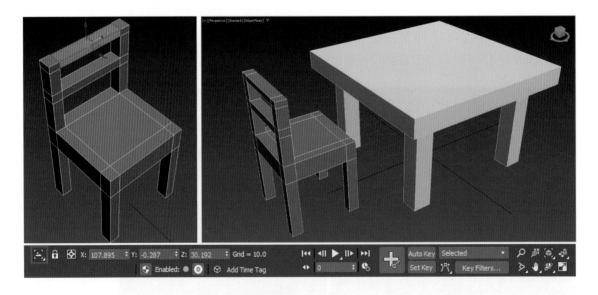

┃┃ 의자를 하나 더 만들겠습니다. [Shift] 키를 누른 채 ✥(Move) 툴을 사용해 의자를 복사합니다. 유의할 점은 [🖉 Modify] 패널의 Vertex나 Polygon이 선택되어 있으면 복사가 안 됩니다. 꼭 [Sub Selection]을 해제해 ⠿ ◁ ⟲ ■ 🔲 상태로 만든 뒤 진행하도록 합니다. 역시 [Clone Options] 창에서 [OK] 버튼을 눌러 완료합니다.

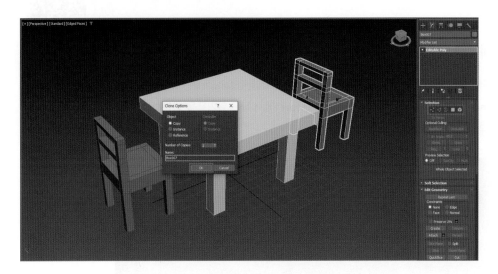

┃2 원래 의자와 마주보도록 복제된 의자를 메인 툴바의 ⟳(Rotate) 툴로 회전시켜서 그림처럼 배치하고 마무리합니다.

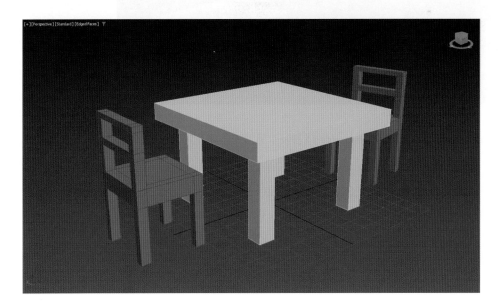

1.3 머그잔 모델링(Bevel, Inset)

책상이 심심하니 차를 마실 머그잔을 놓아줍시다. 머그잔을 만들며 Bevel, Inset 등 더 다양한 오브젝트 변형 방법에 대해 알아보겠습니다.

따라 하기 어려울 땐
고수의 View

▍ 머그잔 본체

01 머그잔의 기본형은 기둥입니다. [＋Create] 패널→[◯Geometry]→[Standard Primitives]에서, 이번에는 [Cylinder]를 선택합니다. 좌측 상단 Top Viewport에서 작은 원기둥을 생성하여, 책상 위에 그림처럼 위치시켜줍시다.

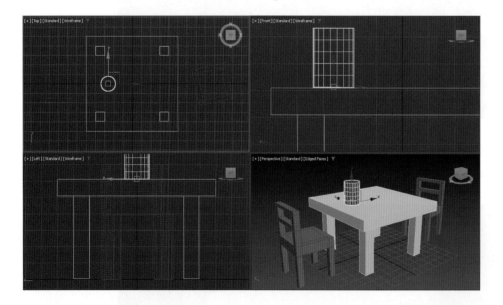

02 [☑Modify] 패널→[Parameters] 롤아웃에서 Sides에 숫자 10을 입력합니다. 10각기둥으로 바뀝니다.

Viewport 하단 중앙 🌒(Isolate Selection) 토글을 눌러 Cylinder만 보이게 합니다. 이제 모델링을 위해 마우스 우클릭 메뉴→[Convert To:]→[Convert to Editable Poly]를 적용해줍니다.

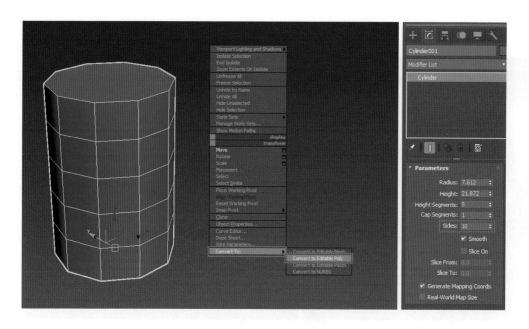

03 기둥의 안쪽을 파내 머그잔 형태를 만들겠습니다. 우선 [Modify] 패널→[Selection] 롤아웃 →[Sub Selection]을 ■(Polygon)으로 해주고, Cylinder 윗면을 선택합니다. 마우스를 우클릭하 고 메뉴에서 [Inset] 명령을 적용한 뒤, 마우스를 움직여 오른쪽 그림처럼 면을 분할해줍니다. 새로 생긴 면이 컵의 안쪽이 될 것입니다.

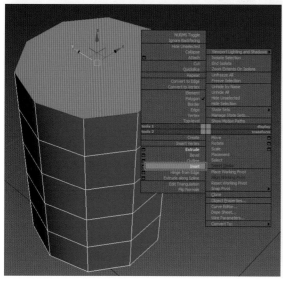

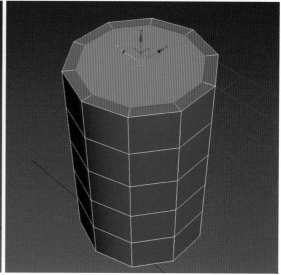

04 계속해서 마우스 우클릭 메뉴→[Extrude]로 새로 생긴 면을 안쪽으로 밀어 넣어줍니다.

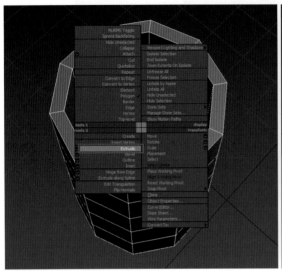 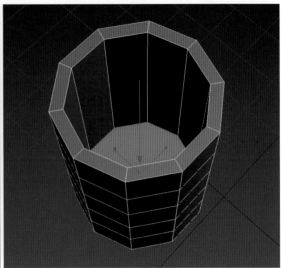

05 우측 상단 Front Viewport를 [Wireframe] 모드로
변경하고, 밀어넣은 면을 Y축으로 움직여 원하는
위치까지 옮겨줍니다. 그러면 머그잔의 위쪽은 완
성입니다.

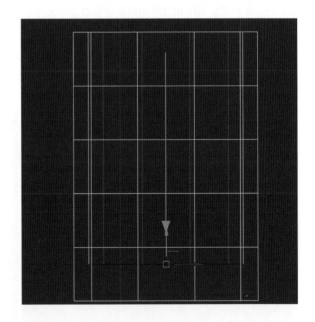

06 받침부를 만들어주겠습니다. 아랫면이 보이게 Viewport를 돌려준 뒤, 아랫면을 선택합니다. 마우
스 우클릭 메뉴에서 이번에는 [Bevel]을 적용하여 오른쪽 그림처럼 살짝 좁아지는 모양을 만들어
줍니다. Bevel은 [Extrude(추출)] + Scale(크기 조정)] 기능입니다.

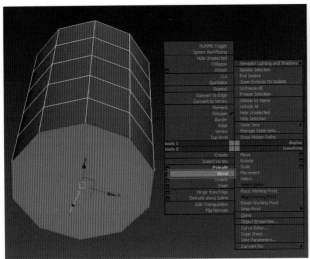
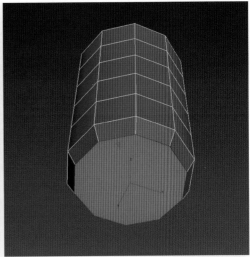
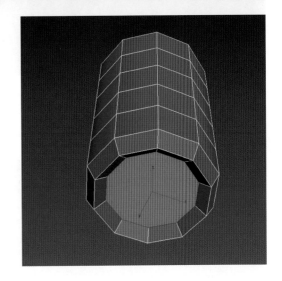

07 이 상태에서 [Bevel] 명령을 한 번 더 적용하고, 마우스를 안쪽+위쪽으로 적절히 움직여 다음처럼 모양을 잡아줍니다. 머그잔 본체가 완성되었습니다.

▌ 머그잔 손잡이(1)

01 이렇게 끝내도 컵이 되지만, 손잡이를 붙여주겠습니다. Viewport를 움직여 손잡이가 달릴 기둥 옆면을 보이게 한 뒤, 손잡이가 추출될 면을 하나 선택해줍니다. 이때 Top Viewport에서 봤을 때 6시방향의 Polygon을 선택해야 합니다. 그래야 손잡이가 비틀어지지 않고 평행하게 추출됩니다.

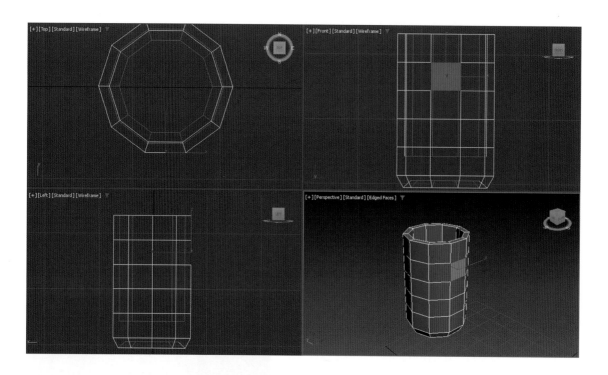

02 마우스 우클릭 메뉴→[Bevel] 명령으로 그림처럼 면을 추출하고 줄여줍니다. 이어서 똑같이 마우스 우클릭 메뉴의 [Extrude] 명령으로 면을 더 길게 추출해줍니다.

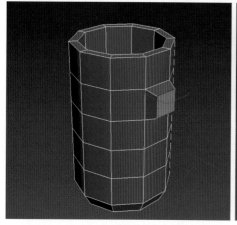 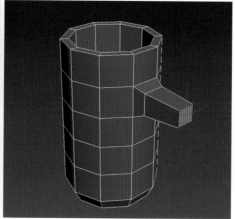

03 계속해서 [Extrude]로 두 번 더 추출해줍니다. 손잡이가 될 Polygon들입니다.

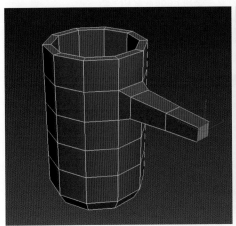 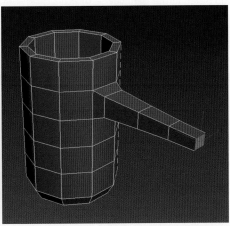

04 Left Viewport로 이동해서 추출한 손잡이의 형태를 잡아주겠습니다. [☑ Modify] 패널→[Selection] 롤아웃→[Sub Selection]을 ▦(Vertex)로 바꾸고, 각 Vertex를 선택해서 툴바의 ↻(Rotate), ▦(Scale) 툴로 조정해 그림처럼 손잡이를 만들어줍니다.

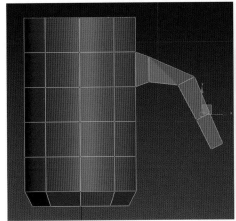 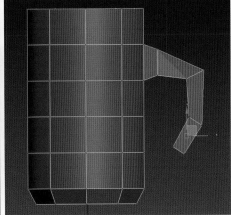

05 손잡이가 원하는 것보다 각져 보여서, 더 구부릴 수 있도록 Edge를 더 추가하겠습니다. [Selection] 롤아웃→[Sub Selection]을 ◁(Edge)로 바꾸고 그림처럼 추가할 부분의 Edge들을 마우스 드래그해 선택합니다. 마우스 우클릭 메뉴에서 [Connect] 명령을 주면 Edge가 분할됩니다. 손잡이에 붉은색 가로 Edge가 추가된 것이 보입니다.

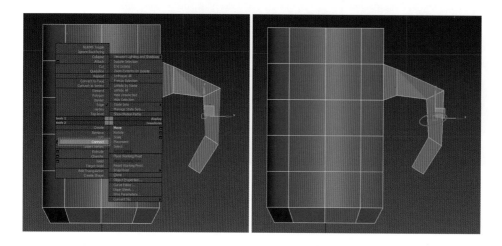

06 [Sub Selection]을 ∴(Vertex)로 되돌리고, 메인 툴바의 ✚(Move), ▦(Scale) 등으로 모양을 더 다듬어서 완료해줍니다.

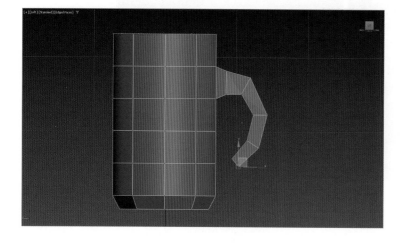

▌머그잔 손잡이(2)

01 손잡이 모양이 다른 머그잔을 하나 더 만들며 다른 방식의 손잡이 만드는 법을 알아보겠습니다. 머그잔을 선택하고, [Shift] 키를 누른 채 ✛(Move) 툴로 잡아 끌어 앞서 만든 머그잔을 복사합니다.

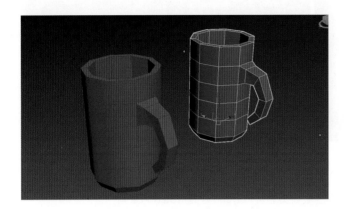

02 [✐Modify] 패널→[Selection] 롤아웃→[Sub Selection]을 ■(Polygon)으로 하고, 손잡이를 선택해서 키보드 [Del] 키를 눌러 지워줍니다. 손잡이가 사라지면 옆면 Polygon 하나도 사라져 있습니다. 앞서 이 Polygon을 추출해 손잡이를 만들었기 때문입니다.

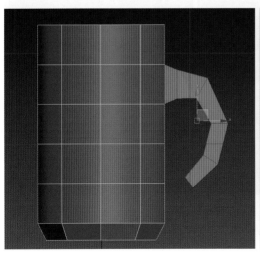 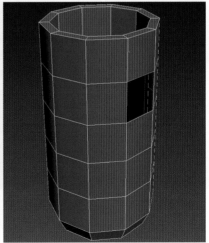

03 [Sub Selection]을 ☽(Border)로 바꾸고 구멍 난 부분을 선택합니다. Border를 이용하면 연결되어 있는 Edge들을 한 번에 선택할 수 있습니다. (◁(Edge)로 다중 선택하는 것과 같습니다.) 그리고 [✐Modify] 패널→[Edit Boders] 롤아웃→[Cap] 버튼을 클릭하면 구멍 난 면이 채워집니다.

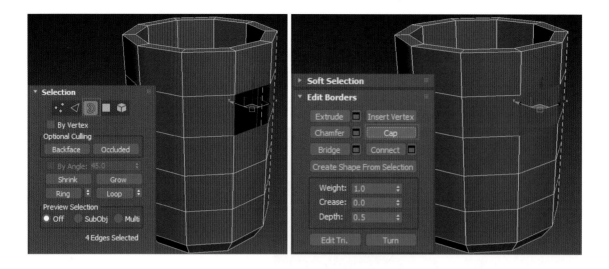

04 다시 머그잔 본체 상태가 되었습니다. 다른 손잡이를 만들어보겠습니다. [Sub Selection]을 ■ (Polygon)으로 돌리고, 그림처럼 옆면의 (위에서) 두 번째, 다섯 번째 Polygon 2개를 [Ctrl] 키로 다중 선택합니다. 마우스 우클릭 메뉴→[Inset] 명령을 통해 안쪽으로 면 분할해줍니다.

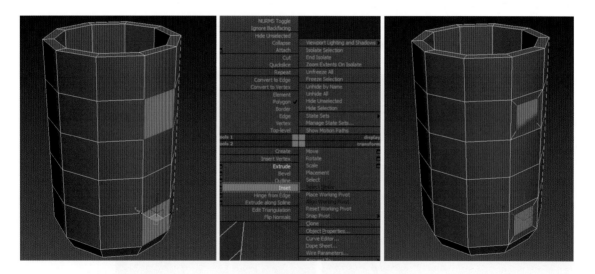

05 이어서 [Edit Polygons] 롤아웃의 [Extrude] 명령으로 면을 길게 한 번, 짧게 한 번, 총 두 번 추출해줍니다. 위아래 손잡이가 생겼습니다.

두 손잡이를 연결해서 잡을 부분을 만들겠습니다. 두 번째 블록의 안쪽 Polygon 2개를 다중 선택하고, 마우스 우클릭 메뉴→[Bridge] 명령을 주면 그림처럼 사이를 잇는 Polygon이 생성됩니다.

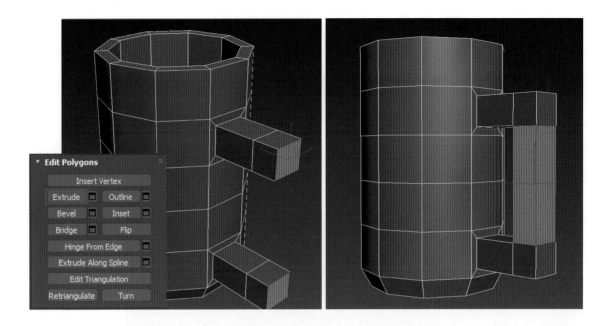

06 [Sub Selection]을 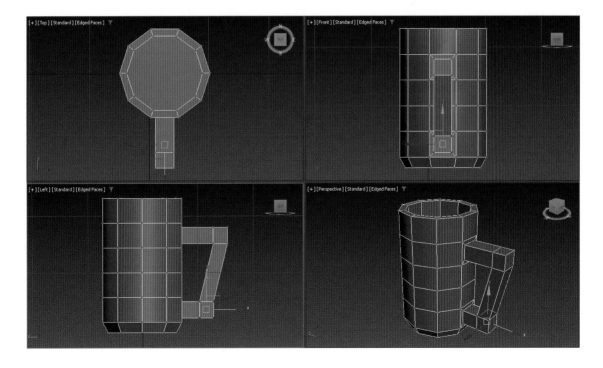(Vertex)로 돌리고, 다음 그림을 참고해 손잡이 모양을 다듬어줍니다.

07 Viewport 하단 중앙의 (Isolate Selection) 토글을 해제해 책상과 의자를 다시 보이게 해준 뒤, 머그잔 2개를 잘 배치하고 마무리합니다.

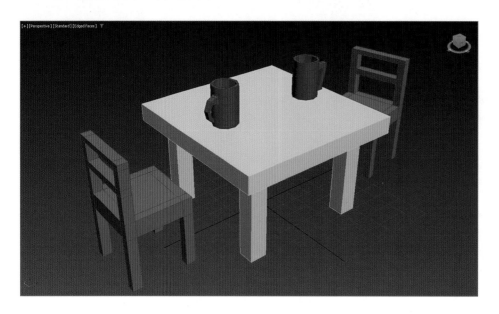

지금까지 기본적인 오브젝트 생성 및 변형 기능, Edit Poly에 관해 간단히 알아보았습니다.

TIP

초보자의 경우 제일 실수하는 부분이 Perspective Viewport에서 작업하려고 하는 것입니다. 3차원 작업에 익숙해지기 전까지는 오브젝트를 생성할 때 되도록 각 Viewport에서 작업하는 것을 추천합니다. 즉 책상을 만든다고 하면 '위에서 봤을 때 이 정도 모양이다', 그리고 '앞에서 봤을 때 '이 정도 높이다'를 생각하면서 작업하시면 됩니다.

SECTION

02

좌우 대칭 모델링
_비행기

비행기를 모델링하면서 좌우 대칭 오브젝트의 모델링 방법에
대해 알아보겠습니다.

2.1 준비: 좌우 대칭(Symmetry)

따라하기 어려울 땐
고수의 View

01 [➕Create] 패널→[⦿Geometry]→[Standard Primitives]→[Box]를 Top Viewport에서 드래
그해서 직육면체를 하나 생성합니다. Perspective Viewport를 확대한 뒤, 마우스 우클릭 메뉴
→[Convert to:]→[Convert to Editable poly]로 편집 모드로 바꾸어줍니다.

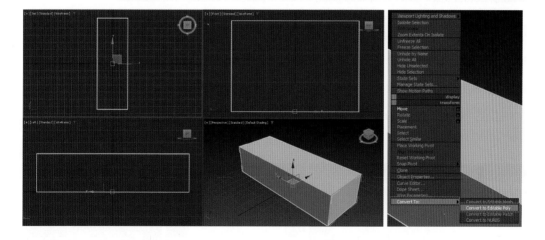

02 [Modify] 패널→[Selection] 롤아웃→[Sub Selection]을 (Edge)로 바꾸고 끝 부분 Edge를
하나 선택한 후 [Ring] 버튼을 누르면 병렬로 연결된 모든 Edge가 선택됩니다.

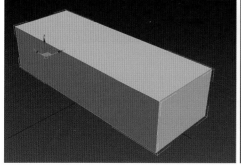

03 마우스 우클릭 메뉴에서 [Connect] 명령을 적용해 4개의 Edge를 분할해줍니다. 긴 세로 Edge가
생겼습니다.

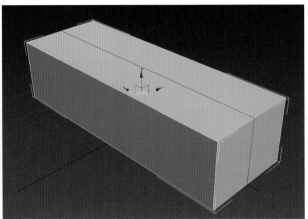

04 Front Viewport에서 [Sub Selection]을 ■(Polygon)으로 하고, 오른쪽 절반의 Polygon을 선택해
서 키보드 [Del] 키를 눌러 지워줍니다. 남은 절반을 좌우 대칭시킨 뒤 작업할 것입니다.

그 전에 [Sub Selection]에서 선택되어 있던 ■(Polygon)을 해제해 :⁑ ◁ ⅅ ■ 🔲 상태로 만
듭니다. 새로운 명령을 줄 때 만약 Polygon이 선택되어 있다면 Polygon에 명령을 주는 게 되므로,
반드시 Sub Selection을 모두 해제해서 오브젝트 전체에 명령이 적용되도록 해야 합니다.

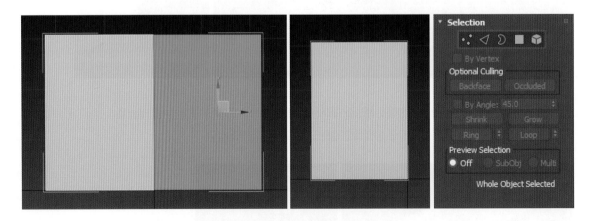

05 [🗂 Modify] 패널 상단의 명령 버튼 가운데 [Symmetry]가 있습니다. Symmetry는 좌우 대칭으
로 오브젝트를 생성하는 명령입니다. 클릭해줍니다. Viewport가 비었습니다. 하단의 [Symmetry]
롤아웃을 확인해보면 [Mirror Axis: X]로 축은 맞습니다. 축은 맞는데 반대쪽 오브젝트가 생성되
지 않았습니다.

옆의 [Flip] 박스를 체크하면 제대로 오브젝트가 나타납니다. 축을 바꾸어 보면서 Symmetry 명령
에 대해 정확히 파악하는 게 좋습니다.

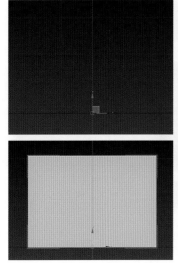
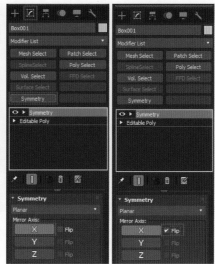

TIP

3ds Max를 처음 설치하면 [Modify] 패널에 명
령 버튼들이 보이지 않습니다. 버튼을 보이게 하
려면 (Configure Modifier Sets)를 누릅니다. 팝
업창이 뜨고 [Show Buttons]를 누르면 버튼들이
보입니다.

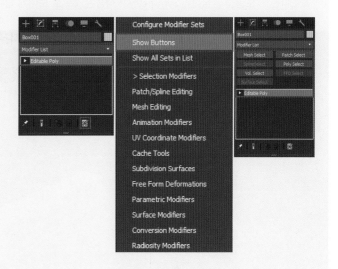

버튼(명령들)을 수정하려면 다시 (Configure Modifier Sets)를 누르고 메뉴창에서 [Configure Modifier Sets]를 누르면
[Configure Modifier Sets] 창이 팝업됩니다. 왼쪽 [Modifiers:] 리스트에서 원하는 명령을 선택해 오른쪽 버튼에 드래그 앤
드롭하면 됩니다. 자주 사용하는 명령들로 세팅 후 [OK] 하면 됩니다.

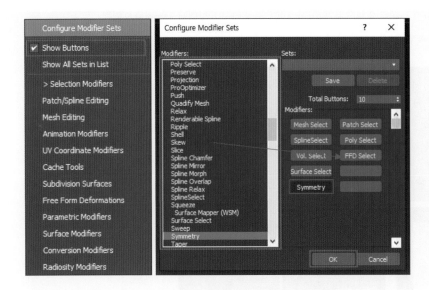

06 좌우 대칭이 잘된 것 같습니다. 그런데 [Modifier Stack] 창에서 모델링을 위해 [Editable Poly]를 선택하면, Symmetry가 적용 안 된 것처럼 보입니다. 이때 하단의 ⬚ (Show End Result, 최종 결과물을 켠다는 뜻) 토글을 클릭하면 Symmetry가 적용된 것으로 보이게 됩니다.

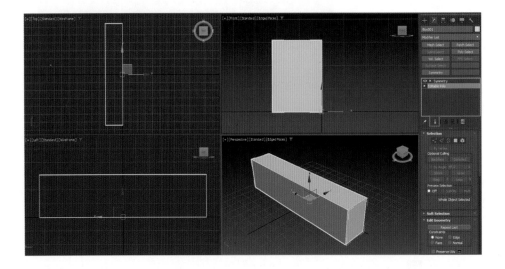

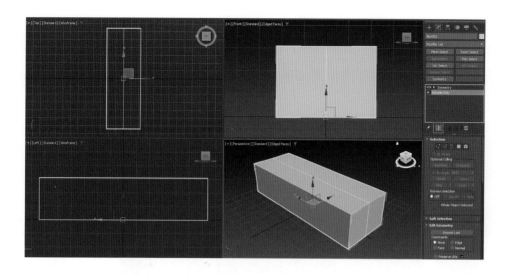

여기까지 좌우 대칭 오브젝트를 만드는 방법이었습니다.

2.2 비행기 형태: 면 분할 및 추출(Extrude)

01 준비가 끝났으니 비행기 형태로 다듬어봅시다. 먼저 주날개가 뻗어나올 자리부터 만들겠습니다. [Selection] 롤아웃→[Sub Selection]을 (Edge) 상태에서 측면 Edge를 선택하고 [Ring] 버튼을 누르면 병렬로 연결된 Edge가 모두 선택됩니다.

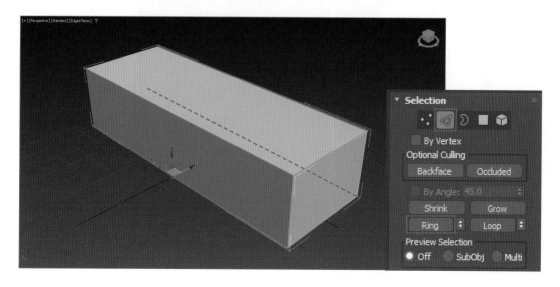

02 이 상태로 마우스 우클릭 메뉴에서 [Connect] 왼쪽의 ■(Settings) 아이콘을 클릭합니다. [Connect Edges] 옵션창이 팝업됩니다. Viewport상에서 바로 바로 옵션을 조정할 수 있는 대화형 인터페이스입니다. 맨 위 [Segments] 항목 수치를 2로 하고 ✅(OK)를 클릭해줍니다. 세로로 3분할 되었습니다.

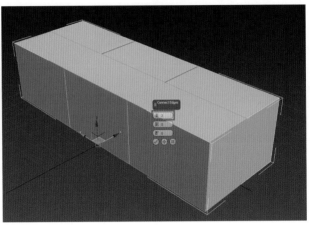

03 [Sub Selection]을 ■(Polygon)으로 바꾼 뒤, 주날개가 나올 중앙 Polygon을 선택하고 마우스 우클릭 메뉴→[Extrude] 명령으로 선택한 면을 짧게 한 번, 길게 한 번해서 두 번 추출해줍니다.

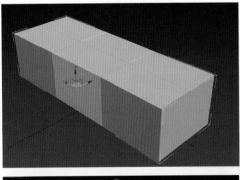
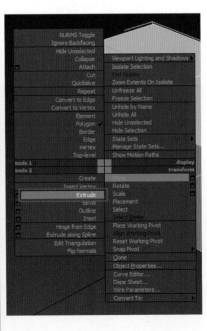
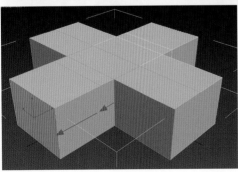

04 꼬리날개를 만들기 전에 꼬리날개가 뻗어나올 면을 마련하겠습니다. Viewport를 회전시키고 뒷면을 선택해 같은 방법으로 추출해줍니다.

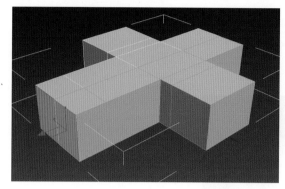

05 수평꼬리날개입니다. 새로 추출한 블록의 옆면을 선택해 같은 방법으로 짧게 한 번, 살짝 길게 한 번 두 번 추출해줍니다.

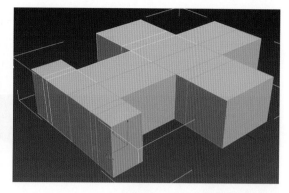

06 수직꼬리날개는 새로 추출한 블록의 윗면을 같은 방법으로 짧게 한 번, 살짝 길게 한 번 두 번 추출해줍니다.

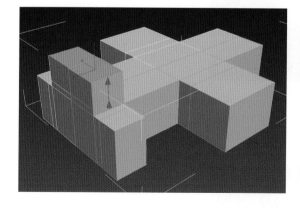

07 대략적인 비행기 형태가 잡혔습니다.

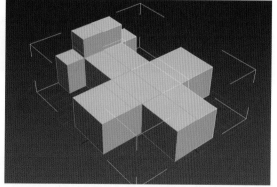

2.3 비행기 날개 및 동체 디테일

날개

01 본격적으로 날개와 동체를 다듬어주겠습니다. [Selection] 롤아웃→[Sub Selection]이 ■(Polygon)인지 확인하고, 메인 툴바의 ✛(Move)툴로 주날개와 수평꼬리날개의 끝면을 각각 잡아 끌어 길게 만들어줍니다.

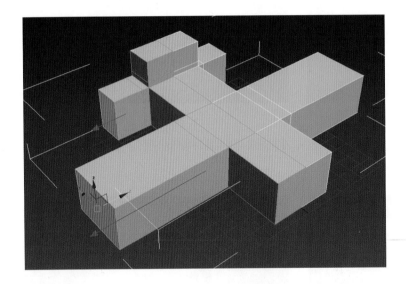

02 주날개를 얇게 만들겠습니다. [Sub Selection]을 ⠿(Vertex)로 바꾸고, Top Viewport에서 마우스 드래그로 줄여야 할 Vertex들을 선택합니다.

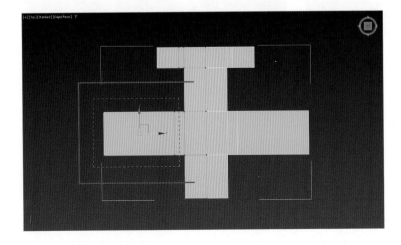

03 Front Viewport에서 메인 툴바의 ⬛(Scale) 툴을 이용해 Y축으로만 줄여줍니다. 날개가 얇아집니다.

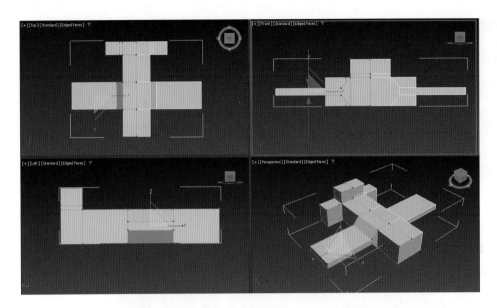

04 수평꼬리날개도 같은 방법으로 얇게 만들어줍니다.

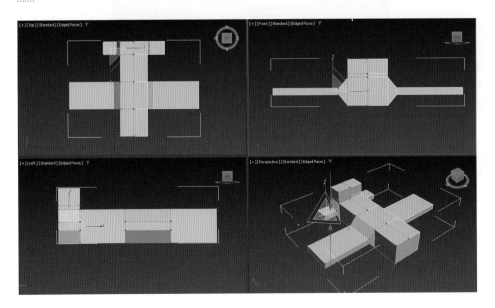

05 수직꼬리날개도 마찬가지로 얇게 만들겠습니다. 다만 X축으로 줄여야 하므로, Front Viewport에서 바깥쪽 Vertex들을 선택한 뒤, 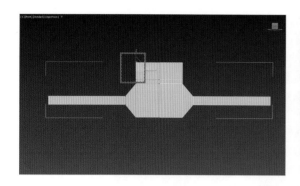(Move)로 X축으로 움직여 날개 폭을 줄여줍니다.

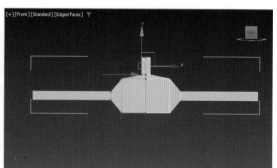

06 수평꼬리날개의 윗부분 Vertex들을 선택하고, 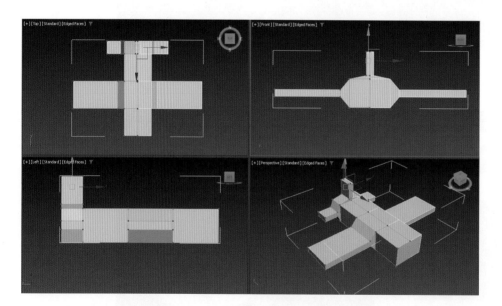(Move)툴로 위(Z축)로 조금 올려서 모양을 다듬어줍니다.

> ### Ⅱᴾ 작업 Viewport 선택
>
> 초보자의 경우 Top, Front, Left/Right 등 각 Viewport에서 작업을 하는 것이 좋습니다. 그래야 잘못된 Vertex를 선택하는 실수 등을 안 하게 됩니다. 모델링이 조금 익숙해진 후에 Perspective Viewport에서 조금씩 작업을 해보도록 합니다.

07 날개 모양을 뾰족하게 만들어 보겠습니다. 마우스로 드래그해 주날개 앞쪽의 Vertex 2개를 선택합니다. ✛(Move)로 Y축으로 움직여 그림처럼 모양을 만들어줍니다.

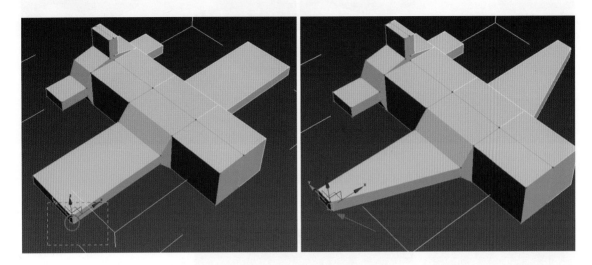

08 수평꼬리날개, 수직꼬리날개도 같은 방법으로 Vertex 2개씩을 움직여 뾰족하게 만들어줍니다.

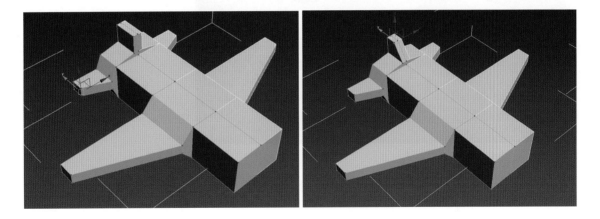

▍동체

01 날개 모양은 다 잡았습니다. 아직 직각인 동체도 실제 비행기처럼 날렵하게 만들겠습니다. [Sub Selection]을 ■(Polygon)으로 한 뒤, 전면부 Polygon을 선택하고 ▦(Scale) 툴로 Z축 방향으로 줄여줍니다.

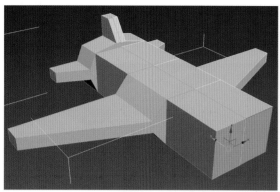
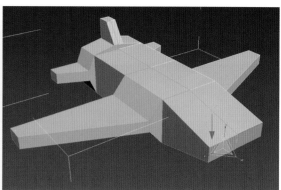

02 [Sub Selection]을 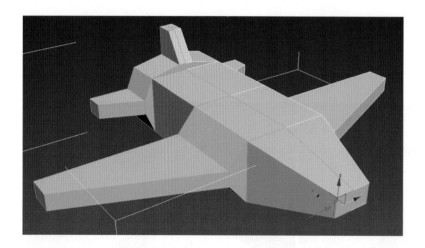(Edge)로 바꾸고, 앞면의 세로 Edge를 선택해서 (Move) 툴로 X축으로 옮겨줍니다.

03 [Ctrl] 키를 이용해 비행기 동체의 세로 Edge를 그림처럼 다중 선택해줍니다. 그리고 (Move) 툴로 X축 방향으로 안쪽으로 밀어서 비행기 동체가 각지지 않게 만들어줍니다.

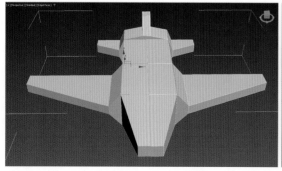
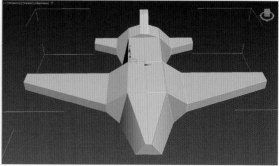

04 동체 아래 Edge도 같은 방법으로 움직여서 그림처럼 동체를 유선형으로 만들어줍니다.

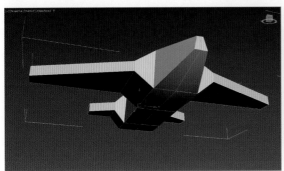
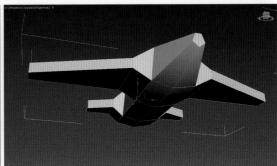

2.4 비행기 엔진

01 비행기 뒤쪽에 엔진을 만들어주겠습니다. 이렇게 좌우 대칭된 중앙부를 모델링하는 경우 Sym-metry 명령이 적용 안 된 상태가 모델링하기 더 쉽습니다. 마우스 우클릭 메뉴→[Convert To:]→[Convert to Editable Poly]를 선택해줍니다. Symmetry가 내장 적용됩니다.

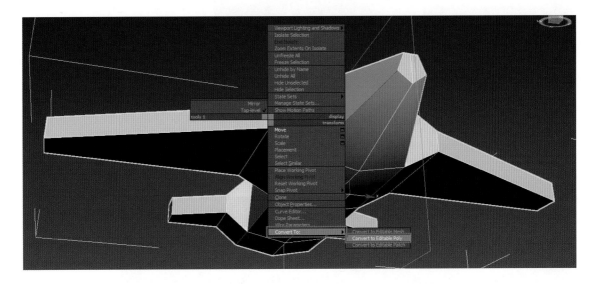

02 그림처럼 뒷면 Polygon 2개를 다중 선택합니다. 마우스 우클릭 메뉴의 [Inset] 명령으로 안쪽으로 면 분할해줍니다.

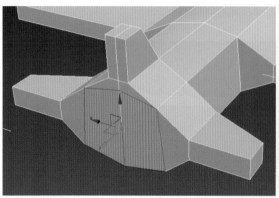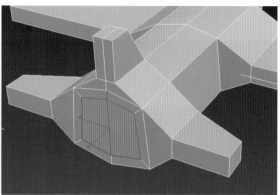

03 마우스 우클릭 메뉴→[Extrude]로 안쪽으로 면을 넣어줍니다.

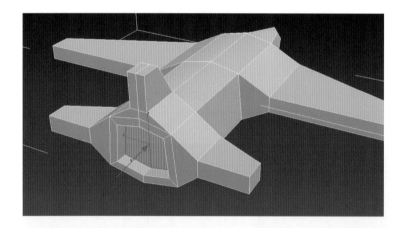

04 만약 비행기 날개 부분을 다시 수정해야 한다면 이 상태에서 [Ctrl] 키로 다중 선택하면서 그냥 작
업해도 되지만, 다시 Front Viewport에서 반쪽을 지우고 Symmetry 명령을 주고 작업하는 편이
좋습니다.

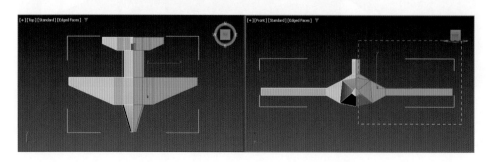

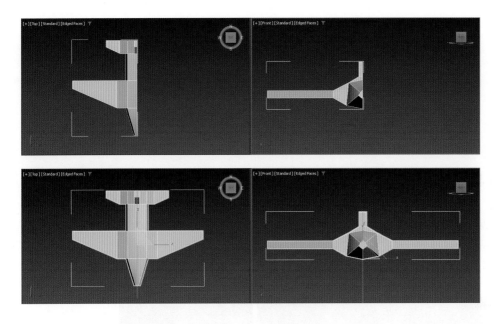

05 작업 상황에 따라 좌우 대칭 작업이 필요하면 Symmetry를 적용시킨 뒤 작업하고, 중앙 부분을 작업한다면 Symmetry를 내장시키고 작업하면 됩니다.

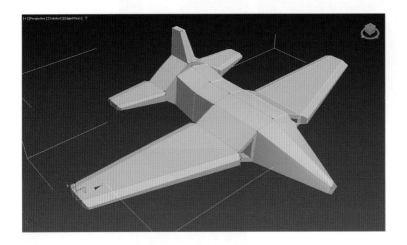

기본적인 비행기가 완성되었습니다. 추후 면을 더 분할하면서 작업해 좀더 복잡한 비행기를 만들 수 있습니다.

둥근 형태 모델링 _돌기둥

돌기둥의 모델링을 해봅니다. 같은 돌을 반복해 쌓으면서 오브 젝트를 복사하는 방법과 구부리는 Bend 기능에 대해 알아보겠 습니다.

3.1 돌덩이 복사하기(Move)

01 [+Create] 패널→[●Geometry]→[Standard Primitives]→[Box]를 선택하고 Top Viewport에 서 드래그해 Box를 하나 생성합니다. 그리고 모델링을 위해 Box를 마우스 우클릭하고, 메뉴에서 [Convert To:]→[Convert to Editable Poly]를 클릭해줍니다.

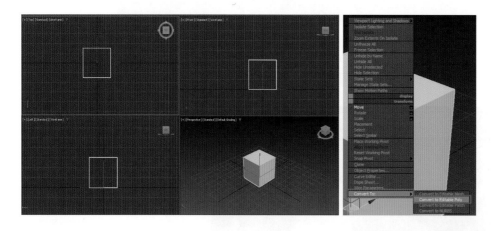

02 [Modify] 패널→[Selection] 롤아웃→[Sub Selection]을 (Edge)로 하고 키보드 [Ctrl + A] 키로 모든 Edge를 선택합 니다.

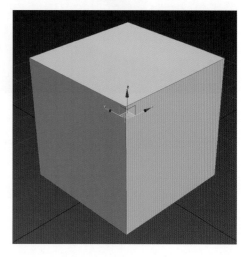

03 자연스러운 형태가 되도록 모서리를 둥글게 하는 모따기, Chamfer 명령을 주겠습니다. 마우스 우
클릭 메뉴에서 [Chamfer] 옆 ▣(Setting) 버튼을 클릭합니다. [Chamfer] 옵션창이 팝업되면, 두
번째 항목인 [Edge Chamfer Amount] 수치를 적절히 올려서 그림처럼 모서리를 둥글려줍니다.

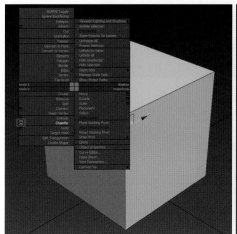
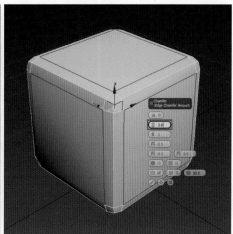

04 사각 돌덩이를 만들기 위해 조금 더 다듬겠습니다. [Sub Se-
lection]을 ⦂(Vertex)로 바꾸고, 그림처럼 모서리의 Vertex
들을 조금씩 움직여줍니다.

05 이 돌덩이가 쌓여서 돌기둥이 될 것입니다. 돌덩이를 복사해서 하나 더 만들겠습니다. 키보드
[Shift] 키를 누른 채 ✛(Move) 툴로 돌덩이를 움직이면 복사됩니다. [Clone Options] 창에서
[OK] 버튼을 클릭해 완료합니다. (이때 [Sub Selection]을 해제한 상태여야 잘 복사됩니다.)

돌덩이가 다 같다면 어색할 겁니다. 다시 [Sub Selection]을 ⦂(Vertex)로 해주고, 새 돌덩이의
Vertex들을 움직여 원래 돌덩이와 모양을 조금 다르게 만들어줍니다.

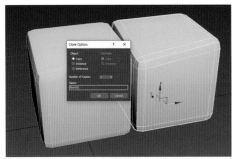

06 같은 방법으로 돌덩이를 하나 더 만들고, 조금 다른 모양과 크기로 다듬어줍니다.

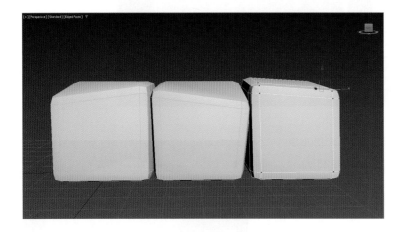

07 세 번째 돌덩이를 선택한 상태에서 [Sub Selection] 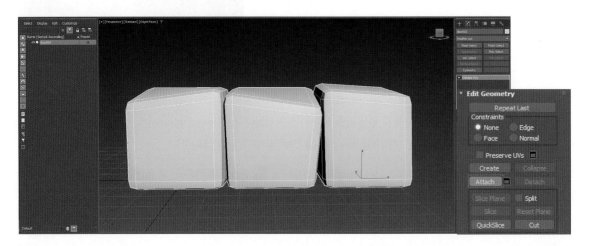(Vertex)를 해제합니다. [Modify] 패널
→[Edit Geometry] 롤아웃→[Attach] 버튼을 누른 뒤, 첫 번째, 두 번째 돌덩이를 차례로 클릭해서
하나의 오브젝트로 만들어줍니다.

TIP

Attach는 독립된 오브젝트를 하나의 오브젝트로 만들어주는 명령입니다. 반대로 오브젝트를 분리하는 명령은 Detach입니다.

08 돌기둥의 기본 블록이 완성되었습니다. 이제 다시 [Shift] 키와 (Move) 툴로 3개 한 세트인 오브젝트를 복사해줍니다. 이때 [Clone Options] 창에서 [Number of Copies] 수치를 4로 줘서 4번 복사되게 해줍니다. 원본까지 총 5세트가 만들어집니다.

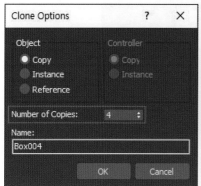
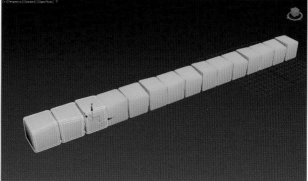

09 [Modify] 패널→[Edit Geometry] 롤아웃→[Attach] 명령으로 모두 하나의 오브젝트로 만들어줍니다. ([Sub Selection] 해제를 잊지 마세요.)

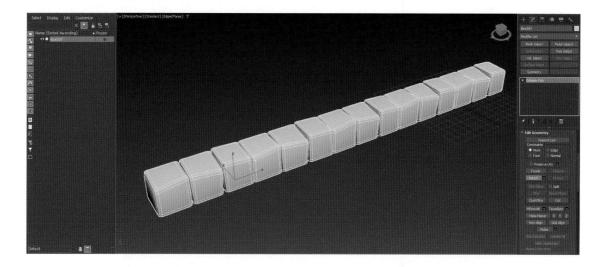

3.2 돌기둥 쌓기(Bend)

01 이제 돌덩이를 둥글게 쌓아 돌기둥을 만들 차례입니다. 하지만 그전에 좌표축을 리셋시키는 게 좋습니다. 그래야 오류 없이 변형 명령이 적용됩니다. 오브젝트를 선택하고 우측 커맨드 패널(Command Panel)→[🔧 Utilities] 패널→[Utilities] 롤아웃에서 [Reset XForm] 명령을 줍니다. 그리고 바로 아래 [Reset Transform] 롤아웃의 [Reset Selected] 버튼을 누릅니다.

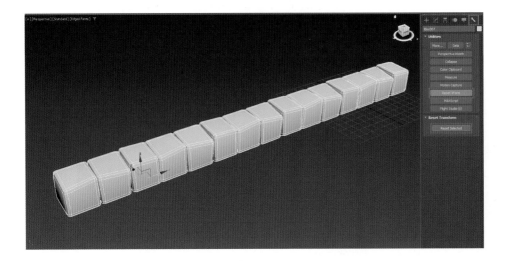

02 [⊿ Modify] 패널→[Modify Stack] 창을 보면 Editable Poly 위에 Reset XForm 명령이 적용되어 있습니다. 마우스 우클릭 메뉴→[Convert To:]→[Convert to Editable Poly]로 Reset XForm 명령을 내장시켜 Editable Poly 상태로 만듭니다. Reset XForm 명령은 내장시켜야지, 작업 리스트에 남겨두면 안 됩니다.

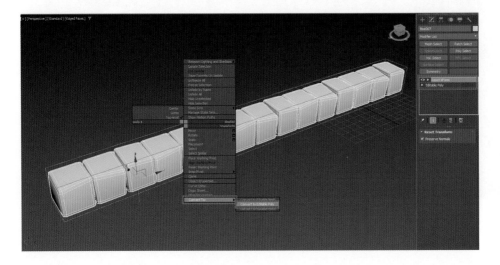

03 이제 오브젝트를 둥글게 만드는 Bend라는 변형 명령을 줍니다. [Modify] 패널 상단 명령 버튼에 있는 [Bend]를 클릭합니다. 하단에 옵션을 조정할 수 있는 [Parameters] 롤아웃이 나타납니다. Bend 항목에서 Angle(각도)에는 360을 입력해 360도 회전시키고, Direction(방향)은 90으로 하여 90도 방향을 돌려서 그림처럼 만들어줍니다.

따라하기 어려울 땐
고수의 View

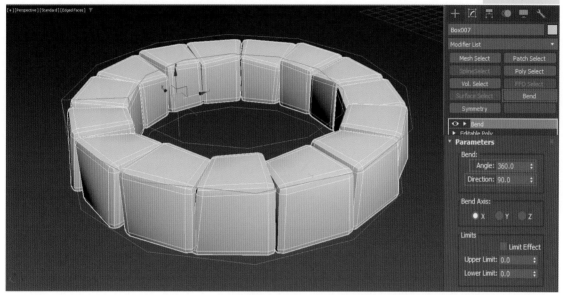

TIP

만약 Reset XForm 명령을 주지 않고 진행했다면 그림처럼 오브젝트에 왜곡 현상이 생깁니다.

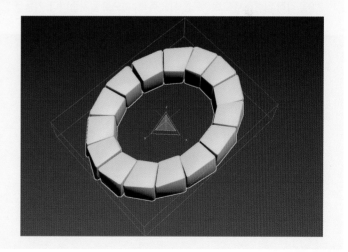

04 돌기둥 1단이 완성되었습니다. 이걸 복사해서 돌기둥을 만들면 됩니다. 단 오류가 없으려면 오브젝트는 항상 좌표축 X,Y,Z=(0,0,0)에 위치해야 합니다. 위치를 바로잡아주겠습니다.

먼저 중심점을 오브젝트 중앙으로 이동시키겠습니다. 커맨드 패널(Command Panel)의 [■Hi-erarchy] 패널→[Adjust Pivot] 롤아웃에서 [Move/Rotate/Scale] 항목을 찾습니다. 거기 있는 [Affect Pivot Only] 버튼을 누르면 오브젝트가 아니라 피벗(중심점)을 움직일 수 있습니다. 계속해서 [Alignment] 항목의 [Center to Object] 버튼을 눌러 피벗을 오브젝트 중앙으로 옮겨줍니다.

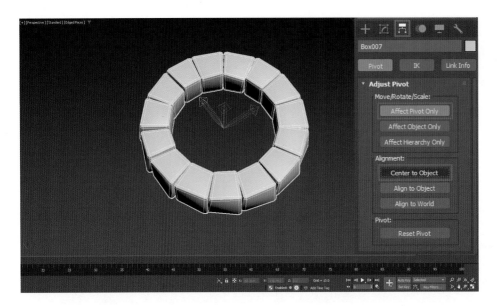

05 그다음 [Affect Pivot Only] 버튼을 해제하고 Viewport 중앙 하단 [Transform Type-In]에서 X:0, Y:0, Z:0을 각각 입력해서 오브젝트를 좌표축 (0,0,0)으로 옮겨줍니다. 기둥을 쌓을 준비가 끝났습니다.

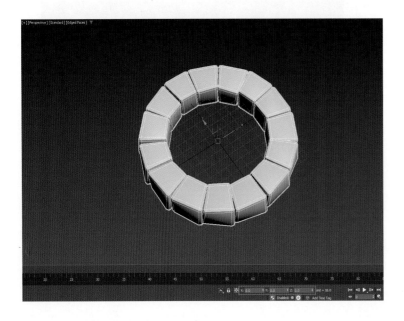

06 기둥을 쌓겠습니다. [Shift] 키를 누르고 ✛(Move) 툴로 Z축으로 움직여 오브젝트를 그림처럼 복사해줍니다.

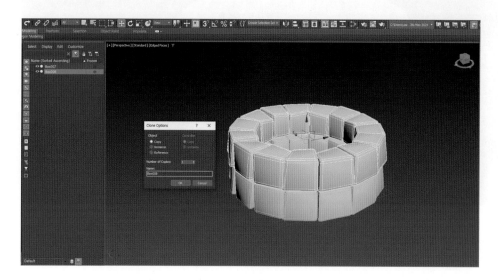

07 자연스럽게 보이도록 틀어서 쌓겠습니다. 복사한 오브젝트를 ⟳(Rotate) 툴로 Z축으로 회전시켜 격자 모양으로 만들어줍니다.

08 한 단 더 복사하여 06~07단계와 같은 작업을 해줍니다.

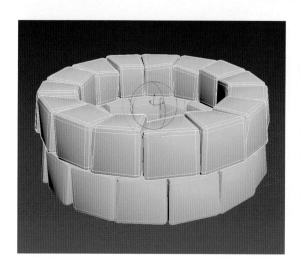

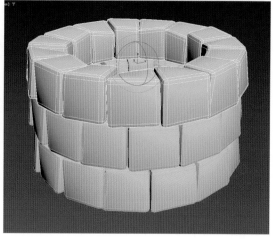

09 가장 윗단을 선택하고 [☑ Modify] 패널→[Edit Geometry] 롤아웃→[Attach] 명령을 적용하고 전부 클릭해 하나의 오브젝트로 만들어줍니다.

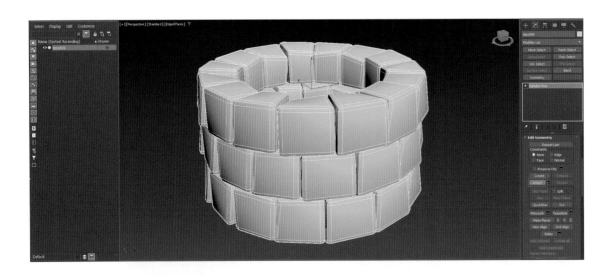

<u>IO</u> 3단 한세트가 된 돌기둥 부분 오브젝트를 다시 [Shift] 키와 ✛(Move) 툴로 그림처럼 4번 복사해 Z
축으로 쌓아줍니다. [☑ Modify] 패널→[Edit Geometry] 롤아웃→[Attach]로 전체 오브젝트를 다
시 하나의 오브젝트로 만들어줍니다. 하지만 돌기둥이 자연스럽지 않고 패턴이 눈에 보입니다. 조
금 더 자연스럽게 해봅시다.

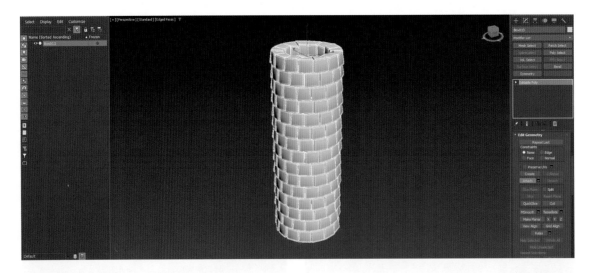

<u>II</u> [☑ Modify] 패널→[Soft Selection] 롤아웃의 [Use Soft Selection] Box를 체크하고 Vertex를 선
택하면 선택한 Vertex 하나가 아닌 영역 안에 있는 모든 Vertex가 영향을 받게 됩니다. 다음 그림
처럼 표시되는데, 빨간색은 100% 영향을 받는 것이고, 주황색, 노란색, 파란색으로 갈수록 영향을
덜 받게 됩니다. 영역의 크기는 [Falloff] 수치로 조정할 수 있습니다.

따라 하기 어려울 땐
고수의 View

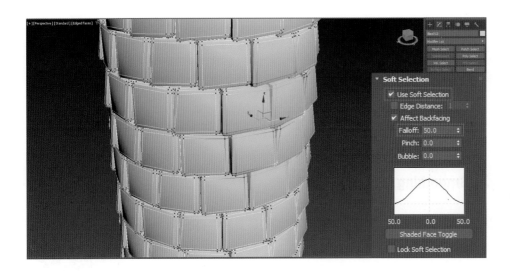

12 [Falloff] 수치를 조정해 가며 돌기둥의 군데 군데 Vertex를 움직여 자연스러운 형태를 만들어줍니다. 실제 사람이 쌓은 것 같이 인위적이지 않고 자연스러운 돌기둥 모델링이 완성되었습니다.

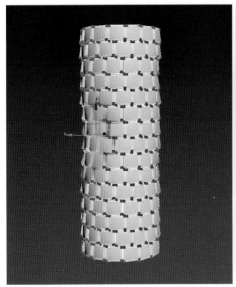
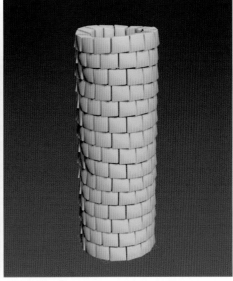

SECTION 04

게임 소품 모델링 _칼, 방패

여러 3ds Max 기능을 다루어보았으니, 이제 이 책의 목적인 게임 모델링으로 넘어가겠습니다. 시험삼아 게임에 흔히 등장하는 소품인 칼과 방패를 모델링해 보겠습니다.

4.1 칼 만들기(Smoothing Groups)

캐주얼 게임에 나올 만한 칼을 모델링하겠습니다. 오브젝트의 경계선을 만들 수 있는 'Smoothing Groups'에 대해 알아보겠습니다.

따라하기 어려울 땐
고수의 View

▌ 칼날

01 커맨드 패널(Command Panel)에서 [➕Create] 패널→[⚪Geometry]→[Standard Primi-tives]→[Box]를 선택하고, Top Viewport에서 마우스를 드래그해 그림처럼 직육면체를 생성합니다. Box를 마우스 우클릭하고, 메뉴에서 [Convert To:]→[Convert to Editable Poly]를 클릭해줍니다.

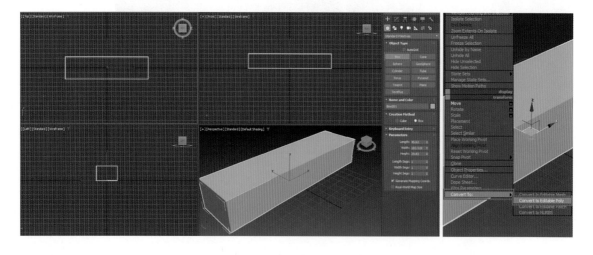

02 이 Box는 칼 받침대(가드)가 될 겁니다. 칼날과 손잡이를 추출하기 위해 분할을 해주겠습니다. [📝Modify] 패널→[Selection] 롤아웃→[Sub Selection]을 ◁(Edge)로 하고 세로 Edge를 하나 선택한 후, [Ring] 버튼을 눌러 병렬로 연결된 Edge 4개를 선택합니다. 마우스 우클릭 메뉴에서 [Con-nect] 명령을 내려 선 분할해줍니다.

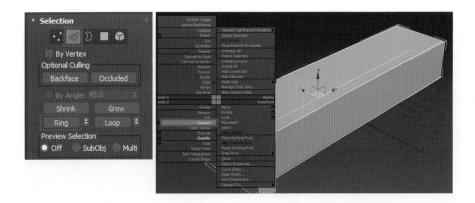

03 그럼 그림처럼 중앙을 나누는 Edge가 생깁니다. 같은 방법으로 수직 교차 방향의 Edge 4개를 모두 선택하고, [Connect] 명령으로 한 번 더 선분할 해줍니다.

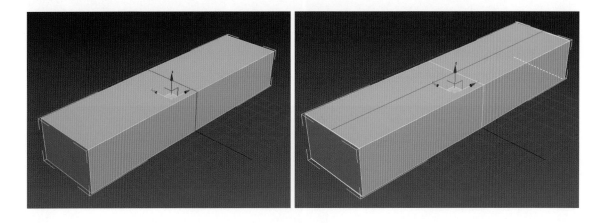

04 이제 칼날이 될 부분을 정해주겠습니다. [Sub Selection]을 █ (Polygon)으로 한 뒤, 윗면을 선택하고 마우스 우클릭 메뉴에서 [Inset] 명령을 주어 그림처럼 면 분할해줍니다.

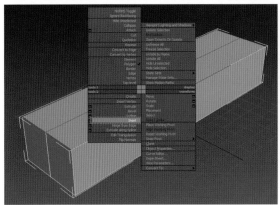
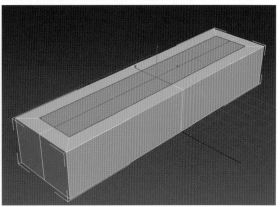

05 칼날 하단부를 만들겠습니다. 우선 메인 툴바의 ▨ (Scale) 툴로 아까 분할한 Polygon의 모양을 다
듬어줍니다. 그리고 마우스 우클릭 메뉴→[Bevel] 명령을 적용해서 Polygon을 위(Z축)로 살짝 추
출하고 크기를 넓혀줍니다.

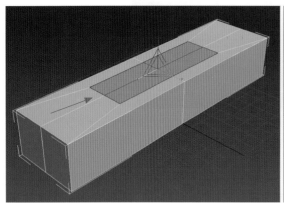 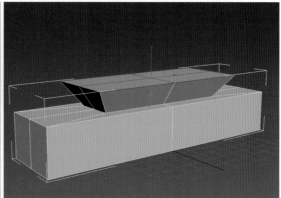

06 계속해서 마우스 우클릭→[Extrude] 명령으로 윗면 Polygon을 같은 면적으로 위쪽으로 한 번 더
추출합니다. 그리고 다시 한번 [Bevel] 명령으로 살짝 더 넓게 추출해줍니다.

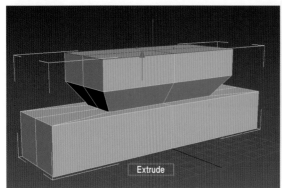 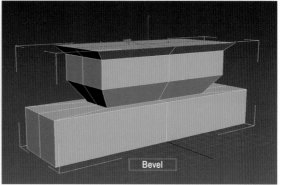

07 이 마지막 추출면이 칼날부입니다. 칼날 형태를 잡겠습니다. [Sub Selection]을 ▨ (Vertex)로 해
주고, 양 끝 중앙 Vertex 2개를 다중 선택해서 ✛ (Move) 툴로 X축으로 크기를 넓혀줍니다. 위아래
중앙 Vertex 2개도 다중 선택하여 ✛ (Move) 툴로 Y축으로도 조금 넓혀줍니다.

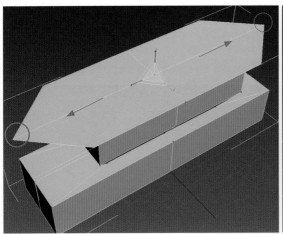
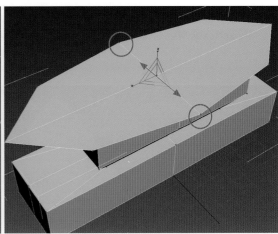

08 [Sub Selection]을 (Polygon)으로 바꾸고 방금 변형한 면을 선택해, 마우스 우클릭→[Extrude] 명령으로 Z축 방향으로 길게 추출해줍니다.

09 칼끝을 만듭시다. [Sub Selection]을 (Vertex)로 돌린 뒤 추출된 윗면 중앙의 Vertex를 하나 선택해서 ✥ (Move) 툴로 Z축 방향으로 당깁니다. 모양은 잡혔는데, 칼끝 Vertex와 칼 윗부분 Vertex 사이가 비었습니다.

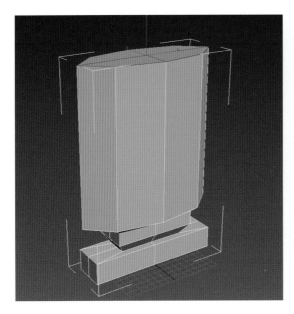
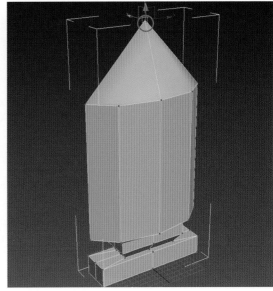

10 매핑 등 추후 단계에서 문제가 생기지 않게 Vertex를 모두 연결해주겠습니다. 칼끝 Vertex와 아래쪽 Vertex 중 하나, 총 2개를 선택해서 마우스 우클릭 메뉴→[Connect]로 사이 Edge를 생성합니다.

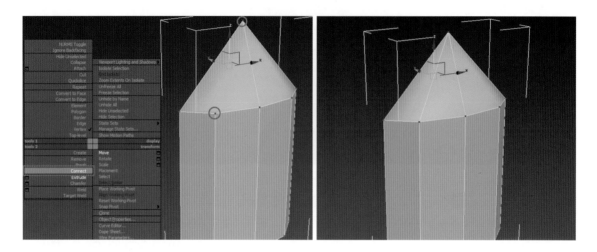

11 나머지 Vertex들도 같은 방법으로 칼끝 Vertex와 연결해줍니다. 그럼 칼날 윗부분은 완성입니다.

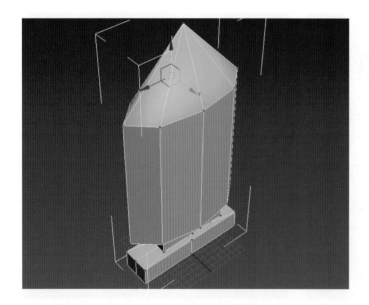

12 다음으로 칼날 측면부를 다듬기 위해 Segment를 나누겠습니다. [Sub Selection]을 ◁(Edge)로 하고 마우스 드래그로 칼날 세로 Edge들을 모두 선택합니다. 마우스 우클릭 메뉴에서 [Connect] 명령을 주어 선 분할합니다. 한 번 더 반복해 칼날을 3분할해줍니다.

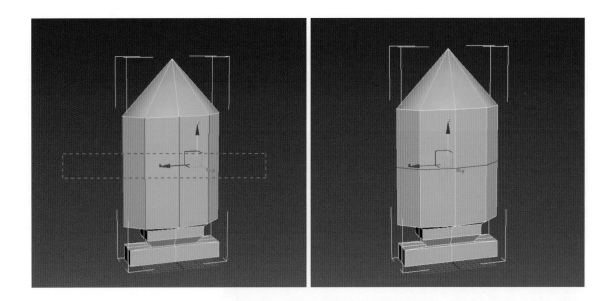

13 [Sub Selection]을 (Vertex)로 하고, 각 가로 Vertex들을 선택하여 (Scale) 툴을 이용해 너비를 조정합니다. 그림처럼 밑부분이 살짝 퍼지는 형태로 다듬어줍니다. 대략적인 칼날 형태가 만들어졌습니다.

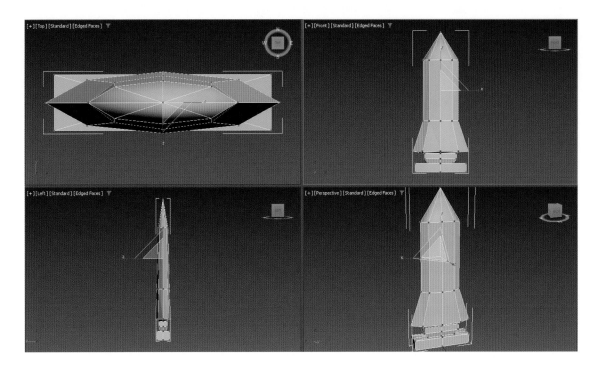

▌ 칼 손잡이와 가드

01 이제 손잡이를 만들겠습니다. Viewport를 받침대 아래쪽이 보이도록 돌리고, [Sub Selection]을 ▣(Polygon)으로 바꾼 뒤 밑 부분의 Polygon을 선택해서 마우스 우클릭 메뉴→[Inset] 명령으로 면 분할해줍니다.

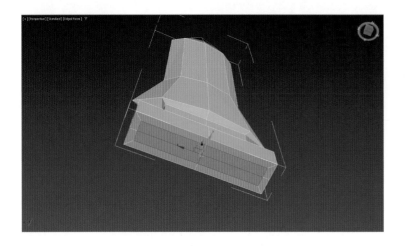

02 [Sub Selection]을 ⁘(Vertex)로 하고, 각 Vertex를 조정해서 그림처럼 모양을 둥글게 만들어줍니다.

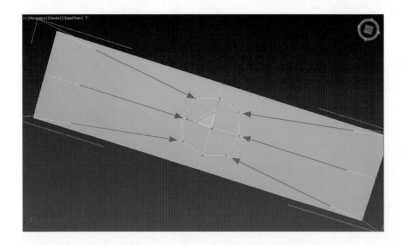

03 [Sub Selection]을 ▣(Polygon)으로 돌리고, 마우스 우클릭 메뉴→[Extrude] 명령으로 아래쪽으로 끌어 그림처럼 손잡이를 추출합니다.

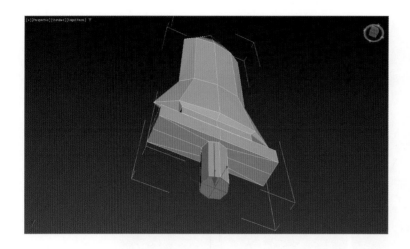

04 칼 손잡이 끝의 폼멜을 만듭니다. 손잡이 밑면을 선택하고, 마우스 우클릭 메뉴→[Bevel]로 살짝 넓어지도록 짧게 한 번, [Extrude]로 적당히 한 번, [Bevel]로 살짝 좁아지도록 다시 한번 짧게 추 출해 그림처럼 만들어줍니다. 칼 손잡이가 완성되었습니다.

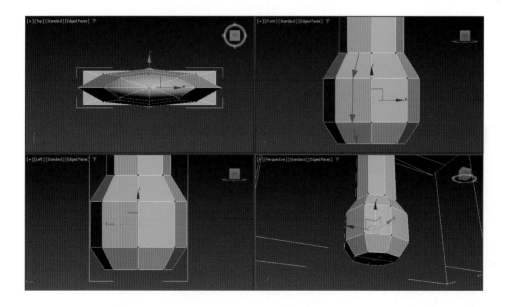

05 처음에 칼날과 손잡이의 기초로서 임시로 만들어둔 칼 받침대(가드)의 모양을 마저 잡아주겠습니 다. 좌우 대칭인 부분이므로, 절반을 지우고 대칭시켜 작업합니다. Front Viewport로 와서, 오른 쪽 절반의 Polygon을 드래그해서 선택한 후 키보드 [Del] 키로 지워줍니다.

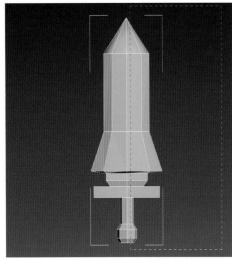
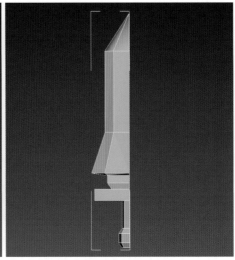

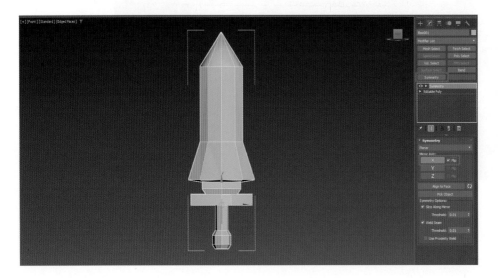

TIP

Viewport가 [Wireframe] 모드여야 뒤편의 Polygon까지 한꺼번에 선택해 깔끔히 지울 수 있습니다.

06 [Modify] 패널에서 [Symmetry] 버튼을 클릭해 반대쪽 절반을 생성해줍니다. 하단 [Symmetry] 롤아웃에서 Mirror Axis는 X로, 옆의 [Flip] 박스를 체크해줍니다.

07 Perspective Viewport로 돌아옵니다. 가드의 옆면을 선택해 마우스 우클릭 메뉴→[Extrude]로 추출한 뒤, 메인 툴바의 (Rotate) 툴로 Z축으로 회전시켜 그림처럼 만들어줍니다.

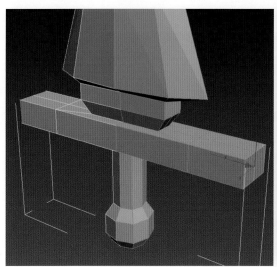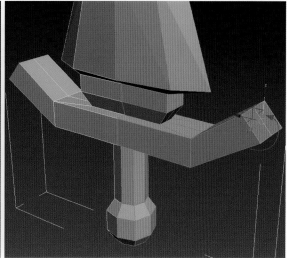

08 손잡이가 밋밋하네요. 미끄러지지 않도록 요철을 넣읍시다. 우선 [Sub Selection]을 (Edge)로 하고 손잡이 세로 Edge를 모두 선택한 뒤 마우스 우클릭 메뉴→[Connect]를 클릭합니다. [Connect Edges] 옵션창 맨 위 (Height) 항목 수치를 4로 하고, (OK)를 눌러 4분할해줍니다.

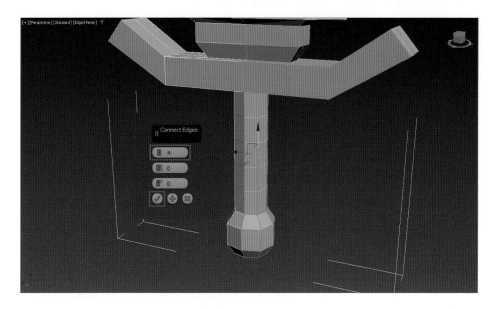

09 계속해서 마우스 우클릭 메뉴→[Extrude] 왼쪽 ■(Settings) 아이콘을 누릅니다. [Extrude Edg-
　　es] 옵션창 맨 위 ▥(Height) 항목의 수치를 조정해 그림처럼 Edge를 안쪽으로 밀어 넣어줍니다.
　　✅(OK)를 눌러 완료합니다.

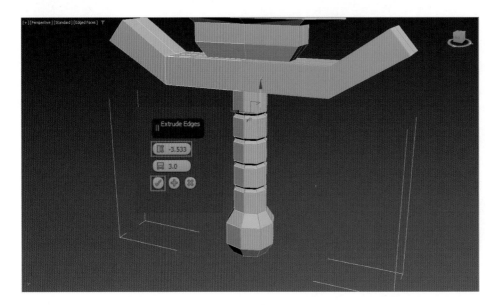

▌ 칼 마무리

01 마지막으로 칼을 마우스 우클릭하고 [Convert To:]
　　→[Convert to Editable Poly]를 적용해 'Symmetry'
　　를 'Editable Poly'에 내장시켜줍니다. 그런데 칼날의
　　Edge가 부자연스럽게 도드라져 어색합니다. 각지게
　　보이는 부분을 수정하겠습니다.

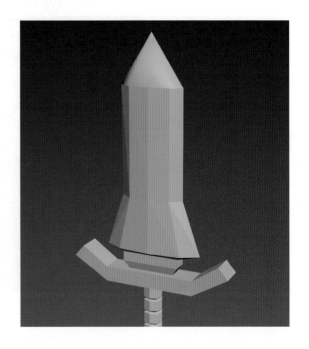

02 모든 Polygon을 선택하고 [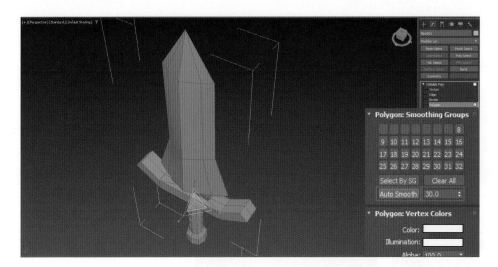Modify] 패널로 갑니다. 하단에서 [Polygon: Smoothing Groups] 롤아웃을 찾습니다. Auto Smooth 수치를 30으로 입력하고 [Auto Smooth] 버튼을 누릅니다.

03 그러면 양 옆 Polygon이 이루는 각도가 30도를 넘어가는 Edge는 Groups가 나눠져서 다음 그림처럼 새로 경계선이 잡힙니다. 01단계에서 보았던 (실제로는 없는) 불필요한 경계는 사라진 것을 볼 수 있습니다.

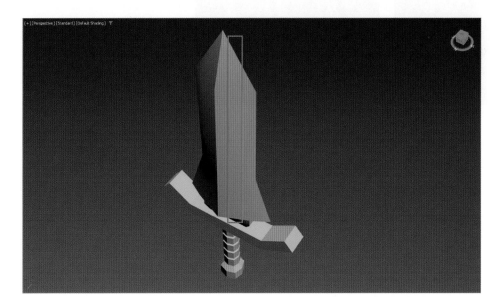

04 뚜렷한 중앙 Edge를 기준으로 양 옆 Polygon을 선택해 어떻게 달라졌는지 자세히 살펴보겠습니다. 왼쪽 Polygon은 Smoothing Group이 [5], 오른쪽 Polygon은 [2]입니다. 즉 그룹이 달라서 그 중간 부분에 경계선이 생긴 것입니다.

여기서는 [Auto Smooth]를 이용했지만, 원하는 Polygon을 선택해 원하는 수치를 줘서 더 세밀한 경계선을 만들 수도 있습니다.

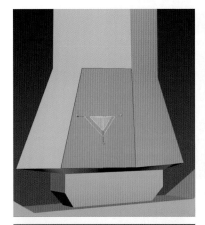
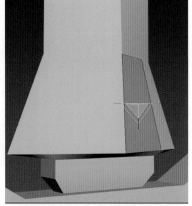

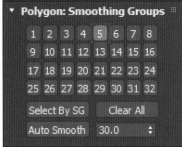
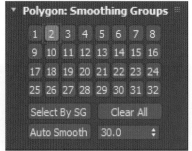

칼이 완성되었습니다.

4.2 방패 만들기

▌방패 형태

01 계속해서 방패를 만들겠습니다. [➕Create] 패널→[⭕Geometry]→[Standard Primi-tives]→[Sphere]를 선택하고, Front Viewport에서 Sphere를 생성해줍니다. 어느 Viewport에서

생성하든 Sphere의 겉모습은 똑같지만 와이어(Edge) 모양은 다 다릅니다. 대부분의 오브젝트는
Top Viewport에서 생성하지만 이번에는 꼭 Front Viewport에서 생성하도록 합니다.

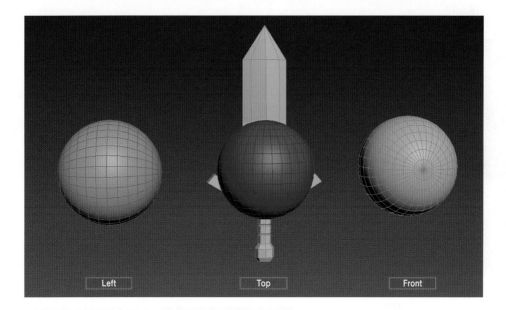

02 생성한 Sphere를 선택하고 [🗹 Modify] 패널→[Parameters] 롤아웃에서 Segment 수치를 12로
줄여줍니다. 그리고 마우스 우클릭 메뉴→[Convert To:]→[Convert to Editable Poly]를 클릭해
편집 가능하게 바꿉니다.

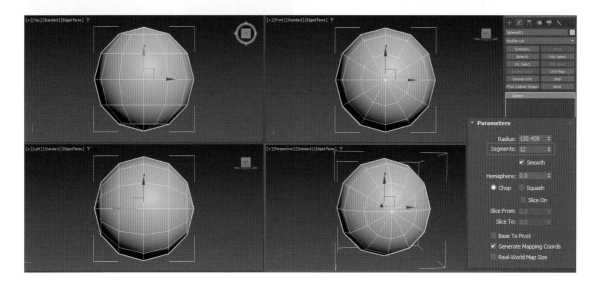

03 방패는 좌우 대칭이므로 절반을 지우고 대칭시켜 작업하겠습니다. [■ Modify] 패널→[Selec-
tion] 롤아웃→[Sub Selection]을 ■(Polygon)으로 한 뒤 Left Viewport에서 왼쪽 절반을 드래그
해 [Del] 키로 지워줍니다.

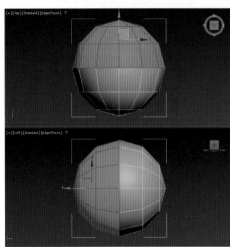
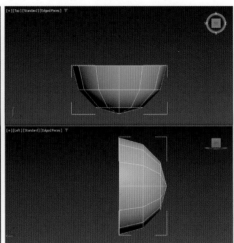

04 [Sub Selection]을 모두 해제하고 ■(Scale) 툴을 이
용해 Y축으로 조정해 그림처럼 납작하게 만듭니다. 원
형 방패 형태가 잡혔습니다.

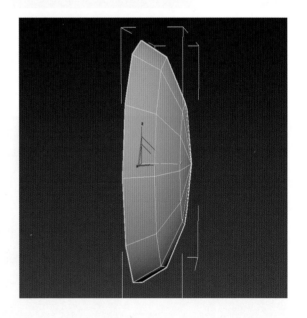

05 방패 안쪽을 만들겠습니다. 우선 [Sub Selection]을 ▷(Border)로 바꾸고 뒷부분 절단면을 선택
합니다. [Edit Borders] 롤아웃에서 [Cap] 버튼을 클릭하고 구멍 난 부분을 선택하면, 새 면이 생
성되어 사이를 메워줍니다.

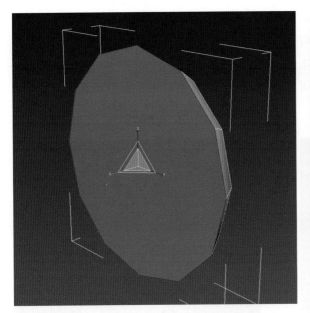

06 방패의 안쪽은 움푹 패여 있습니다. 그 디테일을 구현해주겠습니다. 다시 [Sub Selection]을 (Polygon)으로 바꾸고 생성한 면을 선택합니다. 마우스 우클릭 메뉴→[Inset] 명령으로 그림처럼 면 분할해줍니다.

07 계속해서 마우스 우클릭 메뉴→[Bevel]로 면을 안쪽으로 추출합니다.

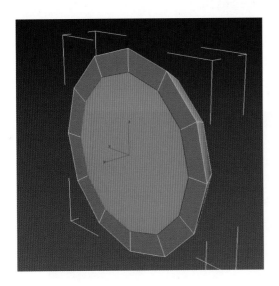
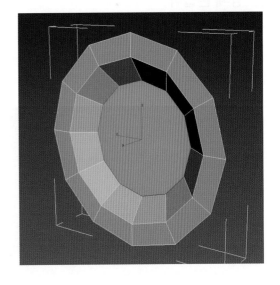

08 방패 앞쪽도 밋밋하지 않게 형태를 잡겠습니다. View-port를 돌리고, 테두리를 이루는 바깥 Polygon들보다 한 줄 안쪽의 Polygon들을 둥그렇게 다중 선택합니다. 그 뒤 똑같이 [Bevel] 명령으로 조정해 굴곡을 만들어 줍니다.

09 외부 충격을 받을 때 도움이 되도록 뾰족한 충각을 달아주겠습니다. [Sub Selection]을 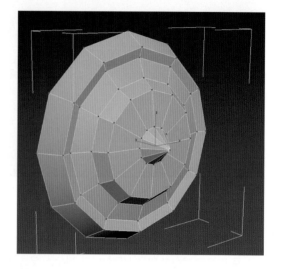(Vertex)로 하고, 방패 중앙 Vertex를 선택하고 마우스 우클릭 메뉴 →[Extrude]로 끌어 그림처럼 꼭지점을 추출해줍니다. 대략 모양이 잡혔습니다.

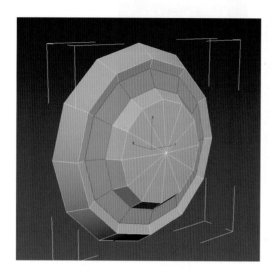

▌ 방패 손잡이

01 이제 손잡이를 만들겠습니다. 우측 [+Create] 패널→[◯Geometry]→[Standard Primi-tives]→[Torus]를 선택하고, Top Viewport에서 방패와 수직하도록 그림처럼 링을 생성합니다. 이어서 [✎Modify] 패널→[Parameters] 롤아웃에서 Segments와 Sides 수치를 각각 8로 지정해줍니다.

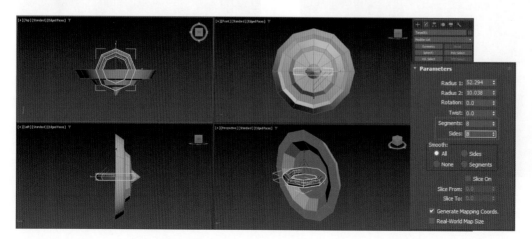

02 마우스 우클릭하고 [Convert To:]→[Convert to Editable Poly]로 편집 가능한 상태로 바꾼 뒤, 그림을 참고해 필요 없는 앞쪽 절반 부분은 지워줍니다. 그리고 [Sub Selection]을 ⬚(Vertex)로 하여 조금씩 모양을 다듬어줍니다.

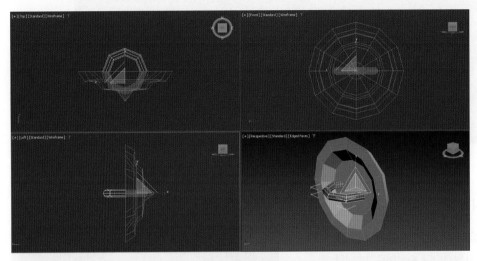

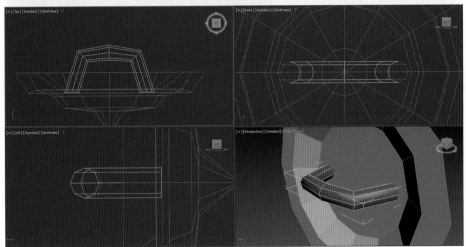

03 원하는 모양이 만들어졌다면 [Sub Selection]을 모두 해제하고, [Edit Geometry] 롤아웃에서 [Attach] 버튼을 클릭해 손잡이와 방패를 하나의 오브젝트로 만들어줍니다.

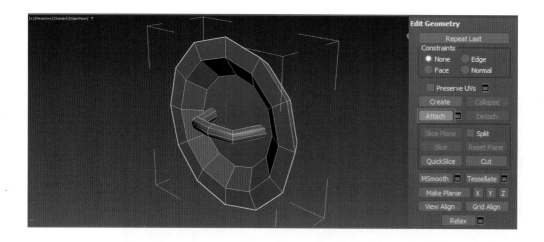

▌ 방패 마무리

<u>01</u> 모델링은 끝났습니다. 그런데 각이 지나치게 져서 모양이 마음에 들지 않습니다. 수정해주겠습니다.

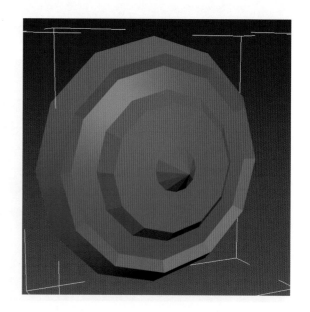

<u>02</u> 모든 Polygon을 선택하고 [Polygon: Smoothing Groups] 롤아웃에서 숫자 버튼 [1]을 클릭해 Smoothing Group을 [1]로 지정합니다. 또는 하단의 Auto Smooth 수치를 180으로 주고, [Auto Smooth] 버튼을 클릭해도 결과는 같습니다. 전체적으로 뭉그러져 보입니다.

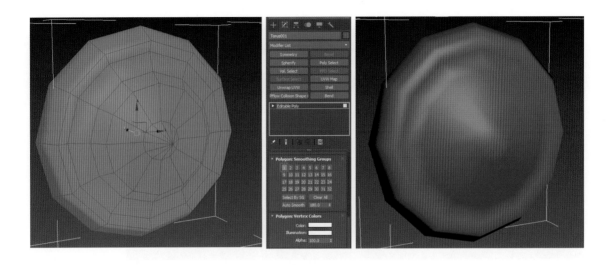

03 그림처럼 중간 부분 Polygon들을 원형으로 선택해서 Smoothing Group을 [2]로 지정해줍니다. 그럼 동일한 Smoothing Group에 속한 Polygon끼리는 아까와 똑같이 뭉그러져 보이지만, Smoothing Group [1]과 [2]의 경계는 뚜렷이 각져 보이게 됩니다.

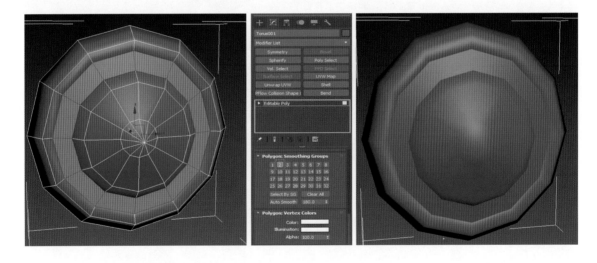

04 이런 방법을 이용해 원하는 Edge를 각져 보이게 할 수 있습니다.

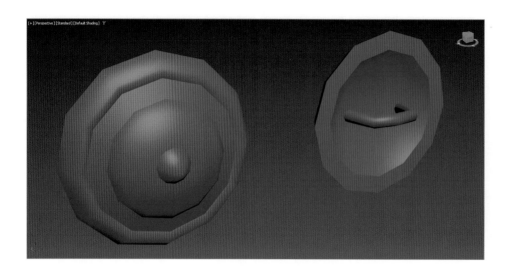

칼과 방패가 완성되었습니다.

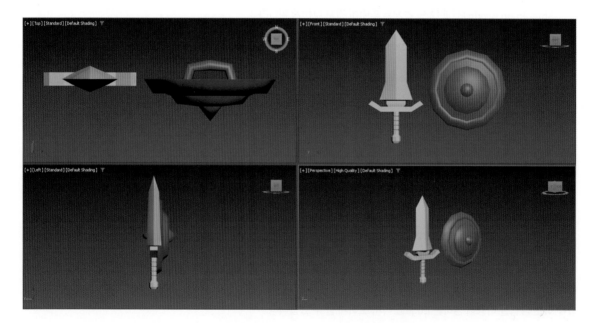

3D 모델링 기초(2) 캐릭터

앞서도 이야기했듯, 3D 모델링(Modeling)이란 오브젝트를 3차원으로 만드는 것입니다. 그중 게임 모델링이라고 하면, 게임 내의 캐릭터, 무기, 배경, 소품 등 모든 시각적 요소를 형상화하는 작업을 일컫습니다. 게임 모델링은 일반 모델링과 달리 한정된 Polygon으로 모델링을 해서 최적화하는 것이 특징입니다. 3ds Max에는 많은 모델링 툴이 있지만, 거의 90% 이상 Edit Poly 명령을 사용해 모델링을 진행하게 됩니다.

이전 Chapter에서는 다양한 소품 예제를 만들어보면서 3ds Max 프로그램의 기능과 모델링 방식에 대해 알아보았습니다. 지금부터는 배운 기능을 활용하여 사람의 손과 얼굴, 몸통의 기본형을 모델링해보면서, 본격적인 게임 캐릭터 제작 준비에 들어가보도록 하겠습니다.

02

SECTION

01

캐릭터 모델링 _손

앞으로 개성 있는 캐릭터를 많이 제작하게 될 테지만, 우선은 기본틀로 통용될 수 있는 일반적이고 기초적인 캐릭터 모델링을 연습하고자 합니다. 그 전에 3D 게임 모델링의 개념을 간략히 살펴보고, 워밍업 삼아 사람 손을 모델링해보도록 하겠습니다.

1.1 게임 모델링이란?

Chapter 01에서 3ds Max에서는 폴리곤(Polygon) 모델링 기법을 많이 사용한다고 했습니다. 폴리곤 모델링 기법으로 오브젝트를 만들면, 상대적으로 용량이 작을 뿐 아니라 부분이 나뉘어 있어 수정이 편리하다는 장점이 있습니다. 또 컴퓨터의 GPU(그래픽 처리 장치)에 적합한 방식이므로 게임처럼 실시간으로 그래픽 처리가 되어야 하는 분야에서는 거의 대부분 이 기법을 사용합니다.

일반적으로 게임 엔진은 삼각면을 기본으로 합니다. 따라서 게임 모델링은 대부분 사각면(Polyon) 기반의 Edit Poly로 작업하지만, Edit Mesh로 최종 정리를 해야 합니다. Edit Poly와 Edit Mesh의 차이점은 기본 면에 있습니다. Poly는 사각면(Polygon), Mesh는 삼각면(Face)이 기본입니다.

3ds Maxt상에서 이루어지는 게임 모델링의 일반적인 작업 순서를 간단히 정리하면 다음과 같습니다.

게임 모델링(3ds Max 기준)의 일반적인 작업 순서

1 Viewport에 기본 도형을 불러온 뒤, 편집 가능한 상태(Editable Poly)로 바꾼다. (Convert to Editable Poly)

2 Polygon(면)에 적정한 Segment(세그먼트, 구획)를 정해준다.

3 전체적인 형태를 생각하며 Polygon을 추출한다.

4 각 Viewport에서 Vertex(버텍스, 점), Edge(엣지, 선) 등을 변형해 원하는 형태를 만든다.

5 전체적으로 자연스럽게 다듬어준다.

단순히 네모난 덩어리였던 박스(Box)가 점점 형체를 갖추어가는 것을 보면 희열이 느껴질 정도로 3D 모델링은 재미있는 분야입니다. 특히 게임 캐릭터 모델링은 애니메이션이나 영화와 달리 실시간으로 처리되어야 하는 탓에 Polygon 수의 제약이 있습니다. 따라서 최소한의 Polygon만 사용하는, 소위 '로우폴리곤(Low Polygon)' 방식으로 세세한 표현을 해야 하므로 좀더 까다롭지만, 그만큼 재미있는 작업이라 생각합니다.

그럼 손부터 시작해서 얼굴과 몸통까지, 인간 캐릭터 기본형을 모델링해보며 전체적인 감을 잡아보도록
하겠습니다.

1.2 손 모델링

01 기본틀을 만들겠습니다. 커맨드 패널(Command Panel)에서 [➕Create] 패널→[⬤ Geome-
try]→[Standard Primitives]→[Box]를 차례로 선택하고, Top Viewport에서 Box를 생성합니다.
[🖊 Modify] 패널→[Parameters] 롤아웃에서 손가락 개수에 맞춰 Segment를 Length Segs: 4,
Width Segs: 3, Height Segs: 1로 각각 지정합니다. 그리고 Box를 우클릭하고, 메뉴에서 [Con-
vert To:]→[Convert to Editable Poly] 명령을 적용해줍니다.

따라하기어려울 땐
고수의View

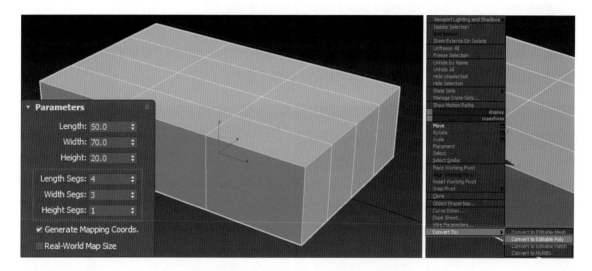

02 엄지손가락을 제외한 나머지 네 손가락부터 추출하겠습니다. [Selection] 롤아웃→[Sub Selec-
tion]을 ⬜(Polygon)으로 하고, Box 앞쪽 손가락이 생성될 부분의 Polygon을 선택합니다. [🖊
Modify] 패널→[Edit Polygons] 롤아웃에서 [Bevel] 명령 옆 ⬜(Settings) 아이콘을 클릭합니다.
이때 [Bevel] 옵션창 첫 번째 항목 [Bevel Type]을 🔲⬇(By Polygon)으로 지정하여, Polygon이
한 덩어리가 아니라 각각 분리되어 추출되게 해줍니다.

 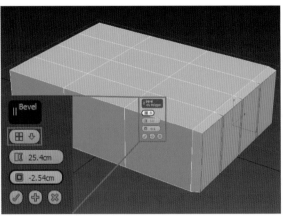

03 그 상태로 마우스를 움직여 살짝 추출해줍니다. 손가락이긴 하지만, 지금은 너무 가늘지 않게 추출하는 것이 좋습니다. 추후 전체 형태가 완성된 다음에 오브젝트를 부드럽게 하는 [Relax] 명령을 적용해야 하는데, [Relax]가 오브젝트 부피를 줄이기 때문입니다. 이어서 상단 메인 툴바의 ▦ (Scale)툴을 이용해 Polygon 단면을 그림처럼 정사각형으로 만들어줍니다. 계속해서 [Bevel] 명령을 이용해 3번 더 추출해 오른쪽 그림처럼 네 손가락의 기본형을 만듭니다.

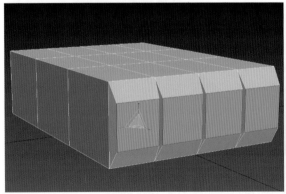 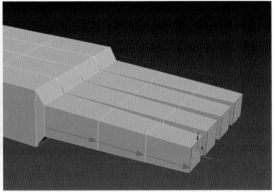

04 이번에는 Box 옆면 두 번째 Polygon을 선택하고, 똑같이 02~03단계를 거쳐 엄지손가락도 만들어줍니다. 단 엄지손가락 마디는 2개이므로, 정사각형 Polygon 추출은 2번만 하도록 합니다.

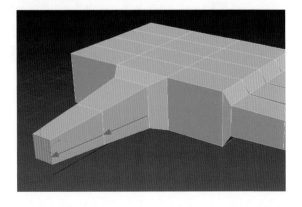

05 이제 손가락을 다듬겠습니다. 우선 [Sub Selection]을 (Vertex)로 바꾸고, Top Viewport에서 각 손가락의 Vertex를 움직여 검지, 중지, 약지, 소지의 길이를 자연스럽게 조정해줍니다.

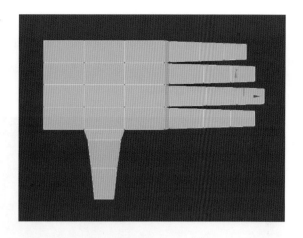

06 엄지손가락도 자연스럽게 위치를 잡아줍시다. 그림처럼 엄지손가락 Vertex들을 한꺼번에 선택하고, 다음 그림처럼 Top Viewport와 Front Viewport에서 (Rotate) 툴로 45도 정도씩 회전시킵니다.

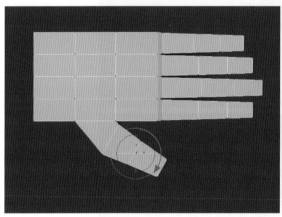
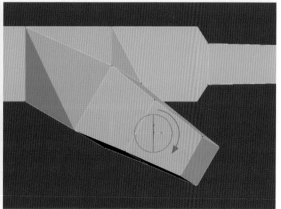

07 다음으로 손목을 만들겠습니다. [Sub Selection]을 (Polygon)으로 돌리고, Box 아래쪽 중앙 Polygon 2개를 다중 선택해서 [Bevel] 명령으로 추출해줍니다. 이때 [Bevel] 옵션창 [Bevel Type]을 (Group)으로 바꿔줘야 그림처럼 Polygon이 분리되지 않고 한 덩어리로 제대로 추출됩니다.

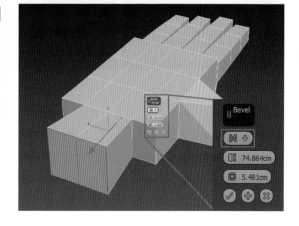

08 손이 각져 있으므로, 윤곽을 부드럽게 만들어 보겠습니다. [Sub Selection]을 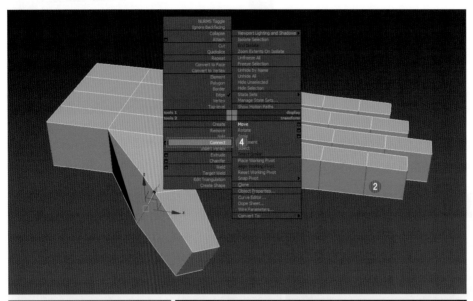(Edge)로 한 채 손의 옆쪽 Edge를 하나 선택하고 [Selection] 롤아웃의 [Ring] 버튼을 누르면, 그림처럼 손 둘레 의 모든 Edge가 선택됩니다. 그 상태로 마우스 우클릭한 뒤 메뉴에서 [Connect] 명령을 내려 가로 Edge를 하나 추가합니다.

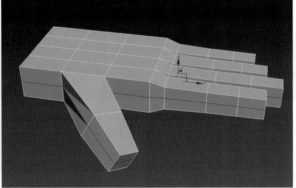

09 [Sub Selection]을 모두 해제하고, [📝 Modify] 패널→[Modifier List]에서 'Relax' 명령을 찾아 손 오브젝트에 적용합니다. [Parameters] 롤아웃의 [Relax Value] 수치를 1로 설정해 손을 부드럽게 만들어줍니다.

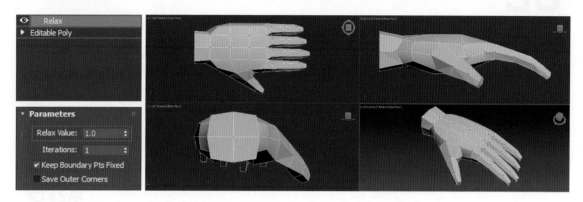

10 이로써 손이 다 만들어졌습니다. 이제 마무리 작업입니다. 모든 Polygon을 선택하고 [Polygon: Smoothing Groups] 롤아웃에서 Auto Smooth 수치를 180으로 준 다음 [Auto Smooth] 버튼을 누릅니다. 모든 Polygon이 각지지 않고 부드럽게 보이게 됩니다.

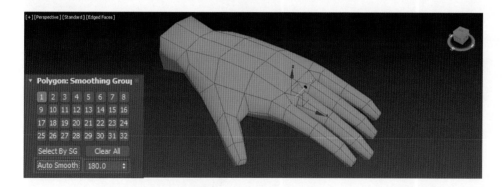

11 작업 중 흐트러진 좌표를 초기화하겠습니다. 커맨드 패널(Command Panel)→[🔧 Utilities] 패널 →[Utilities] 롤아웃에서 [Reset XForm] 명령을 줍니다. 그리고 바로 아래 [Reset Transform] 롤아웃의 [Reset Selected] 버튼을 누릅니다. 다시 한번 손 오브젝트를 우클릭하고 [Convert To:]→[Convert to Editable Poly]로 'Reset XForm' 명령을 내장시키면 손 모델링은 완성입니다.

SECTION 02
캐릭터 모델링 _얼굴 기본형

얼굴 만드는 방법은 여러 가지가 있습니다. 여기서는 초보자가 최대한 쉽게 따라 만들 수 있는 방법으로 설명하겠습니다.

2.1 머리

01 [➕Create] 패널→[⬤Geometry]→[Standard Primitives]→[Sphere]를 클릭하고 Left View-port에서 Sphere를 하나 생성합니다. [☑Modify] 패널→[Parameters] 롤아웃에서 [Seg-ments] 수치를 '12'로 잡아 Polygon을 최소화합니다. Viewport 하단 중앙의 [Absolute Mode Transform Type-In] X축에 숫자 '0'을 입력합니다. 모델링 시 항상 중심점을 0에 맞추어 좌우 대칭 작업에 문제가 없도록 합니다.

따라 하기 어려울 땐
고수의 View

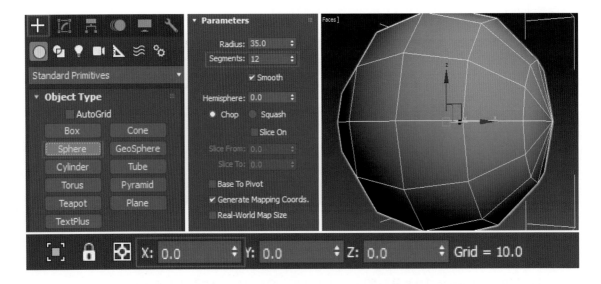

02 모델링을 위해 우클릭하고, [Convert To:]→[Convert to Editable Poly] 명령을 적용해줍니다.
사람 얼굴은 좌우 대칭이므로 [Selection] 롤아웃→[Sub Selection]을 ■(Polygon)으로 하고,
Front Viewport에서 한쪽 Polygon을 선택해 [Del] 키로 지웁니다.

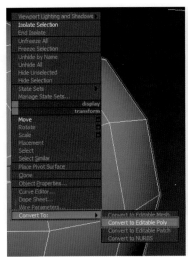
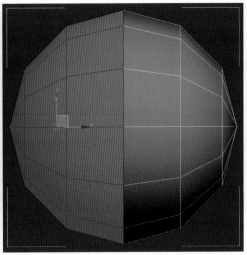

03 Vertex나 Edge만 대칭되는 일이 없도록 [Sub Selection]을 해제한 뒤, [Modify] 패널에
서 [Symmetry] 명령을 내려 반대쪽이 나타나도록 합니다. [Symmetry] 롤아웃에서 Mir-
ror Axis는 [Z]로 하고 [Flip] 박스에 체크하면 반대편에 Polygon들이 대칭되어 나타납니다.
[Modify Stack] 창에서 다시 'Editable Poly'를 선택하면 반대쪽 대칭 부분이 사라지는데, 이때
(Show End Result) 토글을 활성화하면 Symmetry 명령이 적용된 상태에서 모델링을 진행할 수 있
습니다.

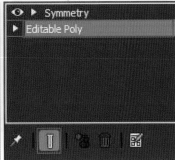

04 모델링을 시작할 준비가 되었습니다. 얼굴형부터 잡겠습니다. 우선 코와 입이 위치할 자리를 만
듭니다. [Sub Selection]을 (Edge)로 설정하고, Segment를 추가할 부분의 Edge를 그림처럼
선택합니다. 그 상태로 마우스 우클릭해 메뉴에서 [Connect] 명령을 적용해줍니다. 선택된 가로
Edge들을 가로지르는 세로 방향 Edge가 추가되었습니다.

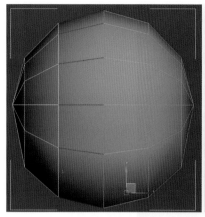

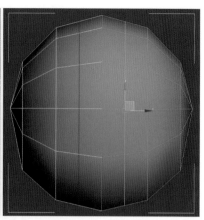

05 [Sub Selection]을 (Vertex)로 바꾸고, 추가된 Segment를 (Scale) 툴로 안쪽으로 밀어서 얼굴형을 갸름하게 만듭니다. 그다음 Left Viewport로 가 턱 부근의 Vertex 3개를 다중 선택한 뒤 (Move) 툴로 당겨서 그림처럼 만듭니다. 머리가 완성되었습니다.

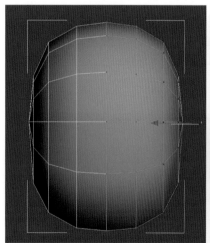
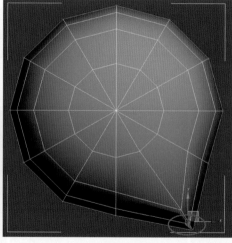

2.2 얼굴 윤곽

이제부터 이목구비가 위치할 자리를 마련하고 얼굴 윤곽을 잡기 위해 부분적으로 Segment를 더 추가하겠습니다. Segment 추가는 이전처럼 [Connect] 명령을 이용하면 됩니다.

01 얼굴의 중심인 중안부부터 작업합니다. 먼저 그림처럼 가운데 Segment의 세로 Edge 4개를 선택해서 [Connect] 명령으로 가로 Edge를 추가합니다. 그다음 추가된 Edge 1개를 포함해 평행한 가로 Edge 4개를 선택해서 똑같이 [Connect] 명령으로 Segment를 추가합니다.

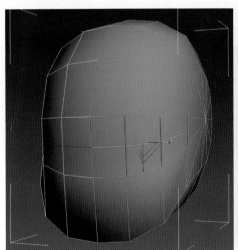 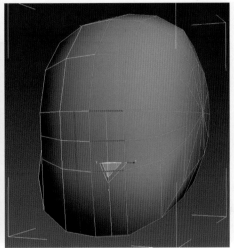

02 짧은 가로 Edge들을 추가해서 코끝과 입, 턱 위치를 잡겠습니다. 우선 세로 Edge 2개를 선택해서 코끝이 될 Segment를 추가합니다. 그다음 아래쪽 세로 Edge 3개를 선택해서 입술이 될 가로 Edge를 추가합니다. 가장 아래 턱 쪽 Segment에서도 마찬가지로 세로 Edge 3개를 선택해서 가로 Edge를 추가합니다.

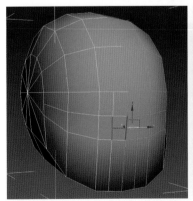 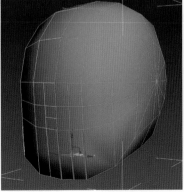 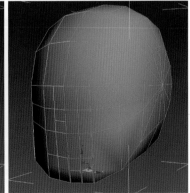

03 이제 콧대가 될 Edge들을 마련하겠습니다. Edge를 원하는 모양대로 추가하려면 [ Modify] 패널→[Edit Geometry] 롤아웃의 [Cut] 명령을 이용합니다. [Cut] 버튼을 클릭해 활성화하고, 코 부근의 Polygon을 마우스로 자르듯이 여러 번 클릭하여 그림처럼 Segment를 추가합니다.

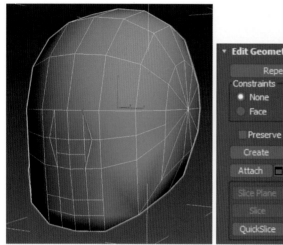

04 이번에는 아래에서 세 번째 가로 Edge를 기준으로 삼아, 똑같이 [Cut] 명령을 사용해 그림처럼 Segment를 추가해 입술 모양을 만들어줍니다.

05 기본적인 Segment 추가 작업은 끝났습니다. 이제 Perspective Viewport에서 Edge와 Vertex를 움직여 옆얼굴 윤곽을 잡겠습니다. 먼저 02단계에서 코 부분에 생성한 가로 Edge를 선택해 ✛(Move) 툴로 그림처럼 앞으로 당겨 코끝을 돌출시킵니다.

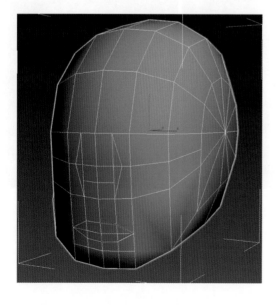

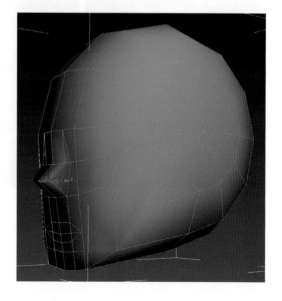

06 입술 중앙의 Edge 2개는 반대로 뒤쪽으로 밀어 입술 윤곽을 잡습니다.

07 같은 방법으로 눈 부근 가로 Edge 2개를 선택해서 뒤로 밀어서 움푹 파인 안와 윤곽을 잡습니다.

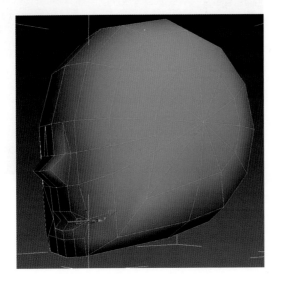

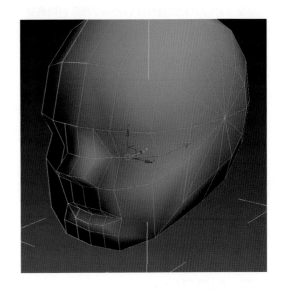

08 이제 전체적인 형태를 보다 세밀하게 만들겠습니다. 먼저 Left Viewport 또는 Right Viewport에서 Vertex들을 움직여 콧대와 정수리, 뒤통수, 턱까지 얼굴 윤곽을 전체적으로 그림처럼 다듬어줍니다.

09 Front Viewport에서도 코 모양과 입술 모양을 생각하면서 Vertex를 다듬어 그림처럼 잡아줍니다.

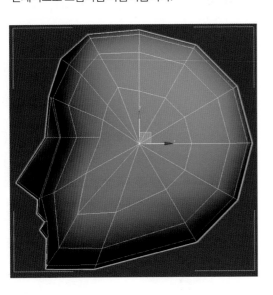

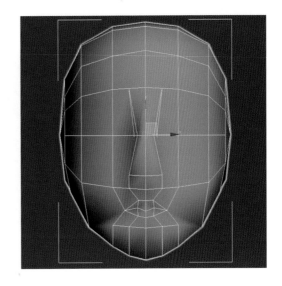

10 추후 작업을 고려해 항상 Polygon은 가능하면 사각형 모양으로 맞추도록 합니다. 지금 입 옆 부분 Polygon이 오각형입니다. 그림처럼 Vertex 2개를 선택하고, 마우스 우클릭 메뉴→[Connect] 명령으로 Edge를 생성해서 사각형으로 만듭니다.

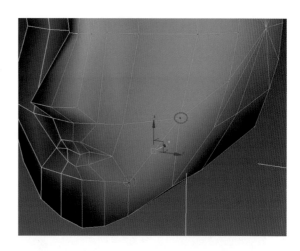

얼굴 윤곽이 모두 다듬어졌습니다. 이제 이목구비 각각의 세부 형태를 만들어보겠습니다.

2.3 이목구비(1)

▌눈

01 눈을 만들겠습니다. [Cut] 명령으로 그림처럼 마우스로 Segment를 추가합니다. Vertex는 총 8개입니다.

02 [Sub Selection]을 ▣(Polygon)으로 바꾸고, 새로 추가된 Edge 안쪽 Polygon을 모두 선택해서 키보드 [Del] 키로 지웁니다.

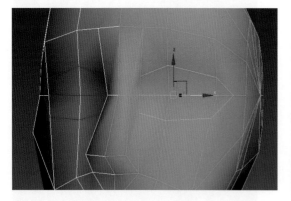

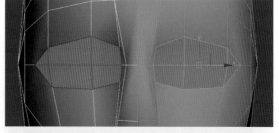

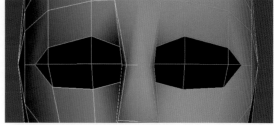

03 [Sub Selection]을 🌙(Border)로 바꾼 뒤 지워진 Edge 모두를 선택하고, 마우스 우클릭 메뉴에서 [Scale]을 적용합니다. 그 상태로 키보드 [Shift] 키를 누른 채 마우스를 안쪽으로 움직이면 그림처럼 눈 둘레 Polygon이 추출됩니다.

04 [Sub Selection]을 ⁘(Vertex)로 바꾸고, 각 Vertex를 조정해 원하는 대로 눈매를 다듬습니다.

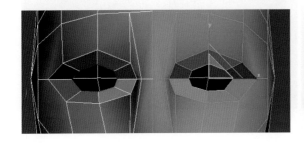

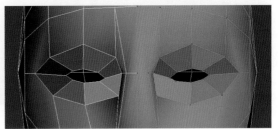

05 더 세밀한 표현을 위해 눈 둘레 Segment를 분할하겠습니다.

[Sub Selection]을 ◁(Edge)로 바꾸고 그림처럼 눈을 둘러싼 세로 Edge 8개를 선택합니다. 그리고 마우스 우클릭 메뉴→[Connect] 명령을 주면 그림처럼 눈을 둘러싸는 Segment가 하나 추가됩니다.

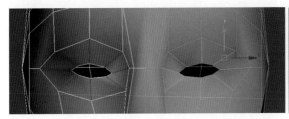

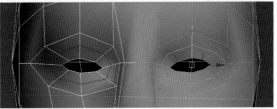

여기서는 이 정도로 마칩니다. 안구는 별도 제작해서 삽입할 예정입니다.

▌ 코

01 이제 코의 Polygon을 늘려 코 모양을 좀더 섬세하게 다듬겠습니다. Perspective Viewport에서 [Cut] 명령으로 그림처럼 Segment를 추가합니다.

02 [Sub Selection]을 ⬚(Vertex)로 바꾸고, 그림처럼 Right Viewport와 Front Viewport에서 추가
한 Vertex를 다듬어 자연스러운 콧망울 모양을 잡아줍니다.

03 이제 얼굴이 더 자연스러워지도록 콧대와 뺨, 하관까지
이어지는 Segment를 [Cut] 명령으로 그림처럼 잘라
추가합니다.

04 마지막으로 다시 한번 [Cut] 명령으로 코끝을 둘러싸는
Segment를 한 줄 더 추가해주고, [Sub Selection]을
⬚(Vertex)로 바꿔 코끝을 둥글게 다듬습니다. 코가 완
성되었습니다.

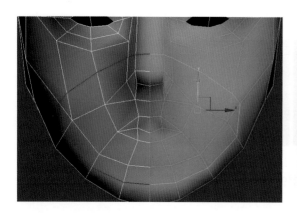

2.4 얼굴 근육

01 지금까지 작업한 얼굴의 모습입니다. 앞서 눈과 입술을 모델링하면서 Segment를 눈과 입 주위로
둥글게 추가했었습니다. 이렇게 추가하는 이유는 사람 얼굴 근육과 관련이 있습니다. 실제 근육과
유사하게 와이어 흐름이 잡혀 있어야, 표정 애니메이션이 어색하지 않습니다.

이목구비 모델링을 이어 나가기 전에, 이쯤에서 전체적으로 얼굴 전체의 Polygon 모양과 와이어 흐름을 정리해주는 시간을 갖겠습니다. 실제 모델링 시에도 부분 모델링만 계속할 것이 아니라, 중간중간 잠시 멈춰서 전체를 살펴보고 보완하고 정리하는 과정이 필요합니다. 그래야 오류와 재작업을 줄일 수 있습니다.

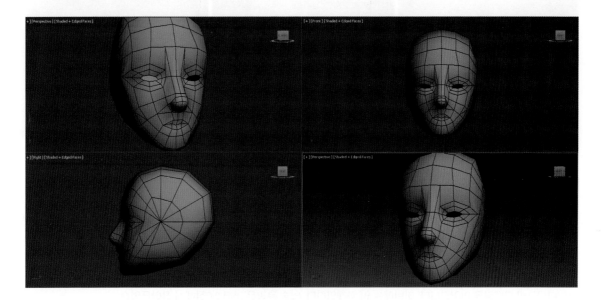

02 이전에 이야기했듯이, 가능한 사각형(Polygon) 모양으로 모델링을 해야 좋습니다. 삼각형을 만드는 불필요한 Edge를 선택해서, [Modify] 패널→[Edit Edges] 롤아웃의 [Remove] 명령으로 지워줍니다.

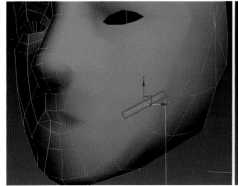
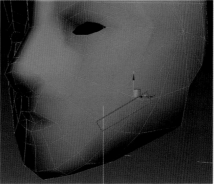

03 이번에는 Viewport를 돌려보며 다음 그림처럼 와이어가 중간에 끊긴 부분을 찾아서 Edge를 추가
해 이어줍니다. 같은 [Edit Edges] 롤아웃의 [Connect] 명령을 사용하면 됩니다.

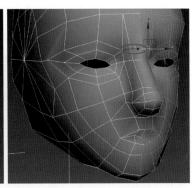

2.5 이목구비(2)

▌ 입

01 이목구비 모델링을 이어갑니다. 이번에는 입 차례입니다. 입술 윤곽은 아까 2.2절에서 잡아두었습
니다. 이제 입을 움직이기 위해 중앙 Edge를 분리하겠습니다. [Modify] 패널→[Edit Edges] 롤
아웃에서 [Split] 명령을 내려주면 선택한 Edge가 분리됩니다.

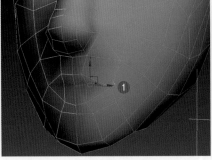

02 입술에 볼륨을 주겠습니다. [Edit Geometry] 롤아웃 →[Cut] 명령을 이용해 윗입술 중앙에 한 줄, 아랫입술 중앙에 한 줄, 총 두 줄의 Segment를 그림처럼 추가합니다.

03 추가한 위아래 Edge를 메인 툴바의 ✛(Move) 툴을 이용해 각각 앞쪽으로 당겨줍니다. 입술에 볼륨감이 생겼습니다.

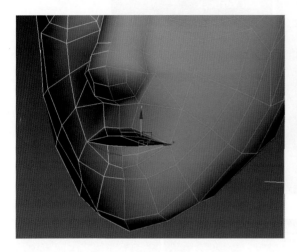

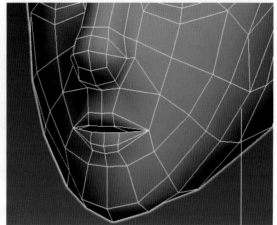

▌ 안구

01 아까 눈은 안와와 눈매만 잡아두고 잠시 멈췄었습니다. 이제 안구를 만들어 넣어주겠습니다. 그런데 현재 상태에서 바로 안구를 추가하면 빈틈이 보이게 됩니다. 문제를 방비해주겠습니다.

우선 [Sub Selection]을 ◁(Edge)로 바꾸고, 눈 둘레 Edge들을 모두 선택해줍니다. 그 상태로 마우스 우클릭해 메뉴에서 [Scale] 명령을 활성화합니다. 그 상태로 [Shift] 키를 누른 채 마우스를 움직여 그림처럼 빈 곳을 막아줍니다.

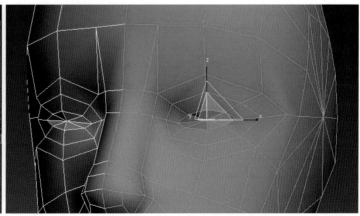

02 가운데에 새로 추출된 Vertex들이 모여 있습니다. [Sub Selection]을 ▦(Vertex)로 바꾸고 모두 선택해서, ✛(Move) 툴로 눈 안쪽 방향으로 밀어줍니다. 그다음 [▣ Modify] 패널→[Edit Vertices] 롤아웃의 [Weld]를 클릭하면 하나로 합쳐집니다.

03 준비가 끝났습니다. [✛ Create] 패널→[◉ Geometry]→[Standard Primitives]→[Sphere]를 차례로 선택하고, Front Viewport에서 안구가 될 Sphere(구)를 하나 생성합니다.

[▣ Modify] 패널→[Parameters] 롤아웃에서 Segments를 12로 줄여준 뒤, ✛(Move)와 ▦(Scale) 툴을 이용해 그림처럼 위치시킵니다.

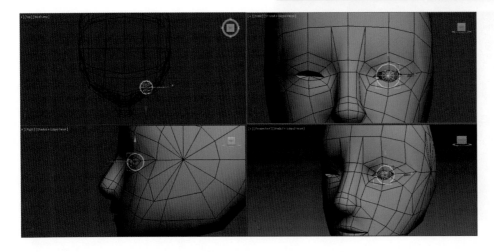

04 [Sub Selection]을 █(Vertex)로 돌리고, 눈 주위의
Vertex를 다듬어서 그림처럼 안구(Sphere)를 자연스럽
게 감싸도록 만들어줍니다.

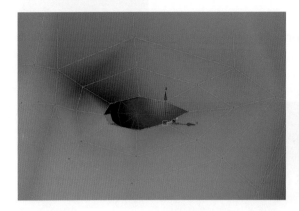

05 안구(Sphere) 뒤쪽은 숨겨져 보이지 않는 부분이므로,
Top Viewport에서 뒤쪽 절반 Polygon을 선택해 [Del]
키로 지워줍니다.

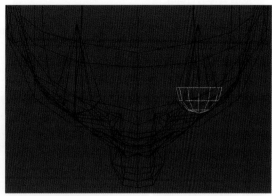

█ 귀

01 이제 귀를 만들도록 하겠습니다. Right Viewport로 가
서 옆머리 가운데로 모이는 Edge들을 모두 선택하고,
마우스 우클릭 메뉴→[Connect] 명령으로 그림처럼 둥
글게 Segment를 추가합니다.

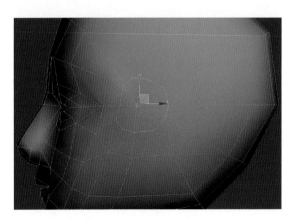

02 귀는 눈보다 약간 아래에 위치하므로 추가된 Segment
와 주변 Vertex들을 선택해서 ✛(Move) 툴로 약간 아
래로 이동시킵니다.

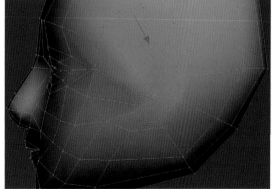

03 귀는 돌출되어 있으므로, 귀의 기본 형태를 잡아주겠습니다. 우선 [Sub Se-lection]을 ■(Polygon)으로 바꾸고, 추가된 Segment 부분 Polygon들을 전부 선택해서, [Ⓩ Modify] 패널→[Edit Polygons] 롤아웃→[Extrude] 명령으로 살짝 추출합니다.

그런 뒤 [Edit Geometry] 롤아웃으로 가서, [Make Planar] 옆의 [Z] 버튼을 누르면, Polygon들이 Z축 기준으로 평평해집니다.

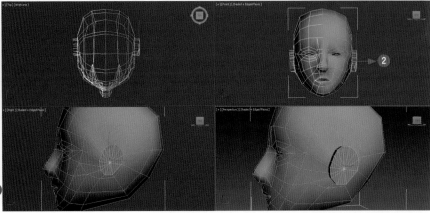

04 이제 귀의 입체 형태를 만들겠습니다. 우선 [Sub Selection]을 ꞏꞏ(Vertex)로 변경한 뒤 귀 중앙 Vertex를 선택해 ✥(Move) 툴로 안쪽으로 밀어넣습니다. 이때 남은 바깥쪽 Vertex들도 조금씩 움직여 실제 귀처럼 귀 앞쪽을 더 얇게 만들어줍니다.

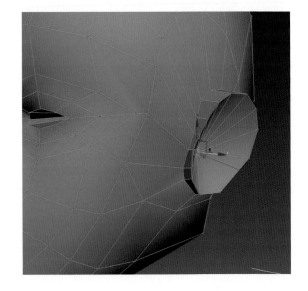

05 다음으로 [Ctrl] 키를 누른 채 귀 중앙 Vertex를 향해 모여드는 세로 방향 Edge들을 모두 선택합니다. 그 상태로 마우스 우클릭 메뉴→[Connect] 명령으로 귓바퀴 안쪽 Segment를 한 줄 추가하고, 그림처럼 모양을 둥글게 잡아 다듬어줍니다.

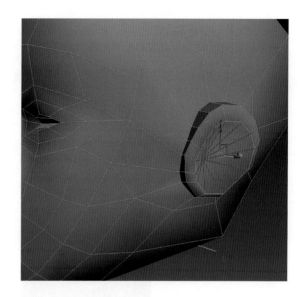

이렇게 귀까지 완성되었습니다.

2.6 마무리

01 얼굴 기본형 모델링이 거의 끝났습니다. 이제 마지막으로 정리하고 마치겠습니다. 우선 [Mod-ify] 패널→[Modifier List]에서 'Relax' 명령을 찾아 적용해줍니다. 얼굴 모델링이 전반적으로 부드러워집니다.

TIP

Relax는 전반적으로 윤곽을 부드럽게 만들어주고 와이어 간격을 균일하게 하는 명령으로 이전까지 제대로 작업이 되었다면 꼭 실행해야 하는 명령은 아닙니다.

02 모델링을 마치기 전에 항상 추후 다른 작업에 문제가 없도록 작업 시 꼬인 좌표축을 초기화(재정렬)해주어야 합니다. [🔧 Utilities] 패널→[Utilites] 롤아웃에서 [Reset XForm] 버튼을 클릭한 뒤, 이어서 하단 [Reset Selected] 버튼을 클릭해주면 됩니다.

03 우측 [Modifier Stack] 창을 보면, 'Editable Poly' 외에 별도 적용된 'Symmetry', 'Relax' 명령이 보입니다. 얼굴 모델링을 선택하고 마우스 우클릭해 메뉴에서 [Convert To:]→[Convert to Editable Poly]를 적용하여 Modifier들을 모델링에 내장시켜주고 마무리합니다.

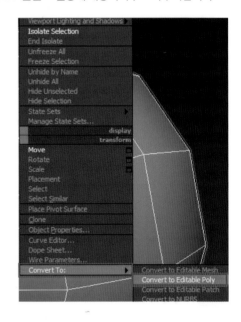

얼굴 모델링을 모두 마쳤습니다.

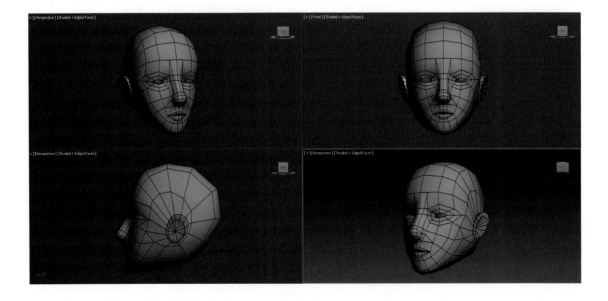

캐릭터 모델링
_몸 기본형

캐릭터에서 얼굴이 제일 중요하고 만드는 것도 제일 어렵습니다. 얼굴까지 잘 따라하셨다면 몸통은 쉬울 겁니다.

3.1   몸통

▌ 형태 잡기

01 몸통의 기본형은 Cylinder입니다. Top Viewport에서 [➕Create] 패널→[◯Geometry]→[Standard Primitives]→[Cylinder]를 클릭해서 Cylinder를 생성합니다. [✎ Modify] 패널→[Parameters] 롤아웃에서 Sides 수치를 12로 잡아 Polygon을 최소화합니다. 그리고 좌우 대칭에 문제가 없도록 Viewport 하단 중앙의 [Absolute Mode Transform Type-In] X축에 숫자 0을 입력해 중심점을 맞춰줍니다.

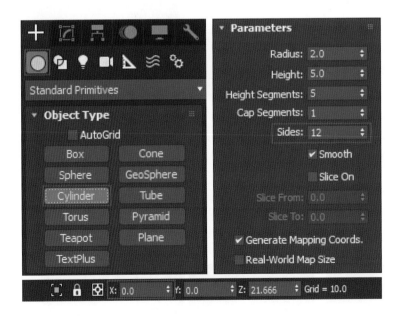

02 여기까지 마친 Viewport 모습입니다. Cylinder를 마우스 우클릭하고, [Convert To:]→[Convert to Editable Poly]를 적용해 편집 가능한 상태로 바꿔줍니다.

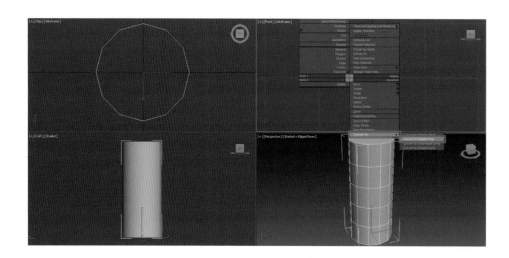

03 앞모습부터 잡아주겠습니다. Front Viewport에서 [Sub Selection]을 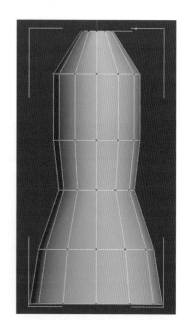(Vertex)로 설정한 뒤, 평행한 Vertex들을 드래그해 한꺼번에 선택합니다. 그 상태로 상단 메인 툴바의 (Scale) 툴을 이용해 X축으로만 조정해 그림처럼 만듭니다.

04 목을 만들어주겠습니다. [Sub Selection]을 (Edge)로 변경하고, 가장 위 Segment의 세로 Edge들을 그림처럼 다중 선택합니다.

그리고 마우스 우클릭 메뉴에서 [Connect] 명령을 적용해 가로 Edge를 하나 추가합니다. [Sub Selection]을 (Vertex)로 돌린 후 추가한 가로 Edge를 선택하고, (Scale) 툴로 X축으로만 줄여서 그림처럼 목을 만들어줍니다.

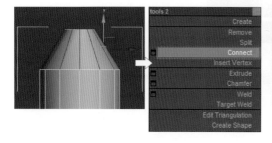
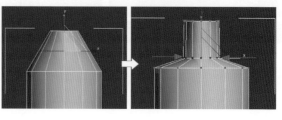

05 이제 Left Viewport로 가서, 옆모습도 똑같이 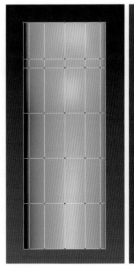(Scale) 툴을 이용해 X축으로만 너비를 조정해 만듭니다. 각 Vertex들을 조금씩 (Move) 툴로 움직여 자연스러운 옆 실루엣을 잡아줍니다.

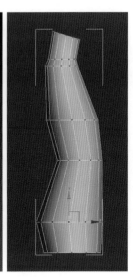

06 몸통도 좌우 대칭 작업입니다. 다시 Front Viewport로 와서 [Sub Selection]을 ■(Polygon)으로 바꾸고, 절반을 선택해 [Del] 키로 지웁니다.

[☑ Modify] 패널의 상단 명령 모음에서 [Symmetry]를 클릭해 적용하고, [Symmetry] 롤아웃에서 [X]축을 기준으로 설정해준 뒤, [Flip] 체크박스에 체크하여 그림처럼 반대쪽을 생성해줍니다. (이때 [Sub Selection]은 아무것도 활성화되지 않고 해제된 상태여야 합니다.)

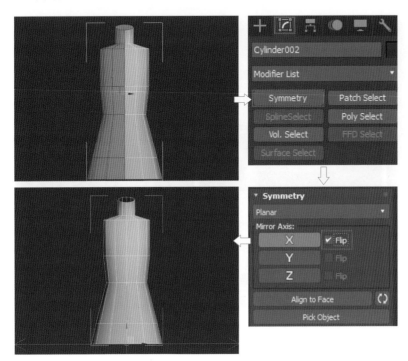

TIP 좌우 대칭 작업 시 좌표축

처음 작업 시작 시 오브젝트 좌표를 정확히 X:0, Y:0, Z:0으로 맞추고 시작했습니다. 그러므로 이 단계에서 Symmetry 명령
을 적용하면 정확히 좌우 대칭이 됩니다. 만약 제대로 중심점을 못 맞추었거나 정확히 좌우 대칭이 되지 않는다면, [Absolute
Mode Transform Type-in]에서 X축에 0.0을 입력하면 정확한 좌우 대칭 모델링이 나타납니다.

07 모델링을 위해 [Modifier Stack] 창에서 다시 'Editable Poly'를 선택하면
　　Viewport가 Symmetry 명령이 적용되지 않은 상태로 바뀝니다. 이때 하단
　　(Show End Result) 토글을 눌러 놓으면 Symmetry가 적용된 상태를 확인하면서
　　Edit Poly를 작업할 수 있습니다.

█ 골반

01 다리는 따로 만들어 이어줄 것입니다. 필요 없는 부분을 지우고 연결부를 다듬어주겠습니다. 우선
　　[Sub Selection]을 ■(Polygon)으로 하고, 그림처럼 하단 양쪽 Polygon들을 선택해 [Del] 키로 지
　　웁니다. 그런 뒤 [Sub Selection]을 ∴(Vertex)로 바꾸고 Vertex를 ✛(Move) 툴로 움직여서 골반
　　을 V자 형태로 만듭니다.

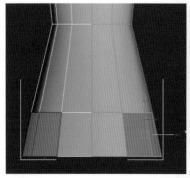 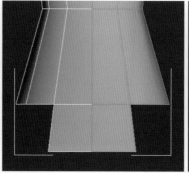 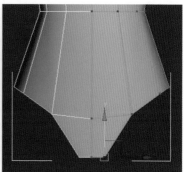

02 앞서 형태 잡기 06단계에서 Symmetry를 위해 반쪽 폴리곤을 삭제할 때 위아랫면 Polygon도 같
　　이 삭제됐기 때문에 밑 부분이 뚫려 있습니다. 이 부분을 메워주겠습니다.

　　[Sub Seleciton]을 ◁(Edge)로 바꾸고, 앞쪽과 뒤쪽의 Edge 2개를 다중 선택합니다. 그 상태로
　　[🖉 Modify] 패널→[Edit Edges] 롤아웃의 [Bridge]를 클릭하면, 그림처럼 선택한 Edge들을 잇는
　　Polygon이 생성됩니다.

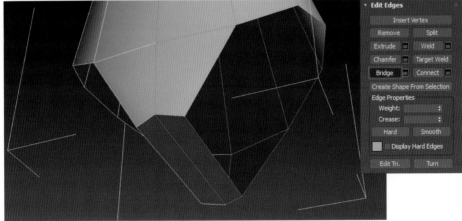

03 새로 생성된 Polygon 양쪽의 Edge 2개를 선택하고 이번에는 [Edit Edges] 롤아웃에서 [Con-nect] 명령을 적용해 중앙 가로 Edge를 하나 추가합니다. 이 Edge를 ✛(Move) 툴로 아래쪽으로 당겨서 다리 사이 형태를 잡아줍니다.

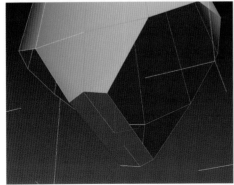
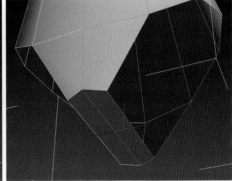

04 그리고 [Sub Selection]을 (Vertex)로 바꾸고 Left Viewport에서 봤을 때 둥글고 자연스럽게
보이도록 Vertex들을 그림처럼 다듬어주면 몸통은 완성입니다.

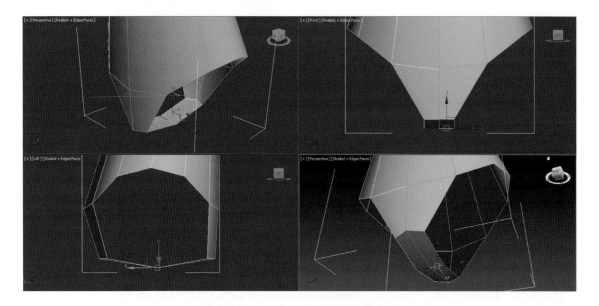

3.2 하체

다리

01 몸통에 다리를 달아줍시다. [＋Create] 패널→[⚫
Geometry]→[Standard Primitives]→[Cylinder]
를 Top Viewport에서 생성합니다. [✎Modify] 패널
→[Parameters] 롤아웃의 Sides 수치는 8로 설정합
니다.

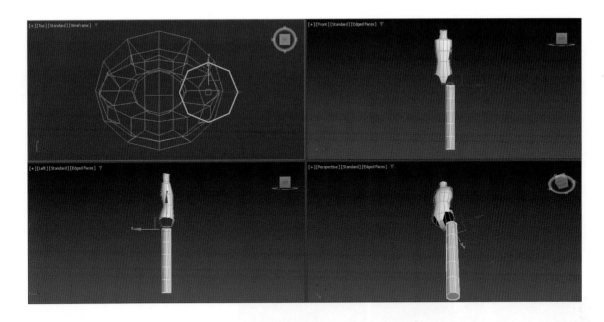

02 Cylinder를 마우스 우클릭하고, [Convert To:]→[Convert to Editable Poly] 명령을 적용합니다. 그리고 몸통 때와 마찬가지 방법으로 [Sub Selection]→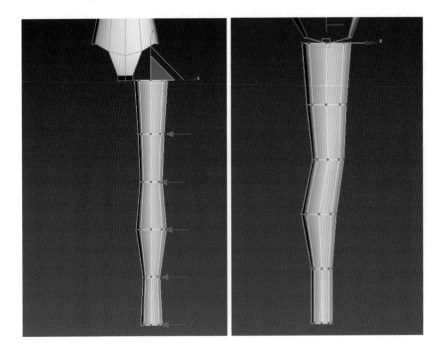(Vertex) 상태에서 Front Viewport, Left Viewport에서 Vertex들을 (Scale) 툴로 X축으로만 조정해서 그림처럼 자연스러운 다리 모양을 만들어줍니다.

03 좌우 대칭이므로 한쪽만 만들면 됩니다. 마음에 든다면 몸통과 다리를 하나의 오브젝트로 합쳐줍니다. 몸통 오브젝트를 선택하고, [☑Modify] 패널→[Edit Geometry] 롤아웃에서 [Attach] 버튼을 클릭한 뒤, 바로 다리 오브젝트를 클릭해주면 됩니다.

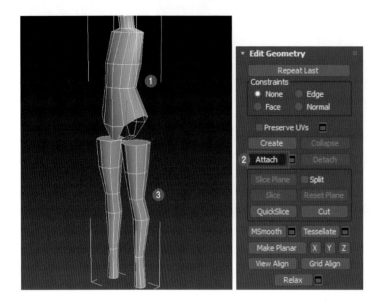

04 몸통과 다리를 이어주겠습니다. [Edit Vertices] 롤아웃의 Target Weld 명령을 사용합니다. Target Weld 명령을 적용하려면 중간에 Polygon이 없어야 하므로, 잠시 [Sub Selection]을 ■ (Polygon)으로 바꾸고 다리 윗부분 Polygon을 선택해 지워줍니다.

이어서 [Sub Selection]을 ⣫(Vertex)로 돌립니다. [Edit Vertices] 롤아웃→[Target Weld]를 활성화한 뒤, 다리의 Vertex를 하나 클릭합니다. 이 상태로 해당 Vertex가 연결될 몸통 아래 Vertex를 클릭하면, 다리 Vertex가 몸통 Vertex로 붙습니다.

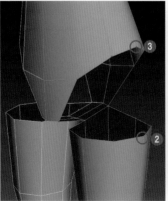
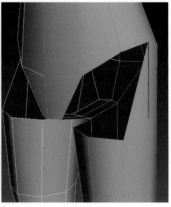

05 이 방법으로 다리의 모든 Vertex를 하나씩 몸통 Vertex에 연결합니다. 이때 몸통에서 다리가 아니라, 꼭 다리에서 몸통으로 연결해줘야 됩니다! 이렇게 몸통과 연결된 다리가 완성되었습니다.

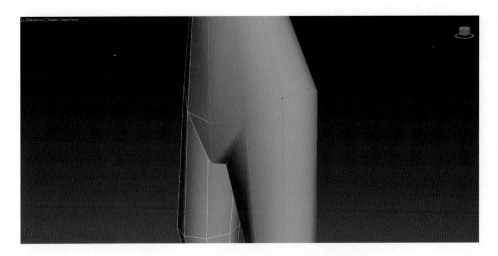

▌ 발

01 이어서 발을 만들겠습니다. 그림처럼 다리 맨 아래 전면 Polygon을 선택하고, [Edit Polygons] 롤 아웃→[Extrude] 명령으로 면을 2번 추출해줍니다.

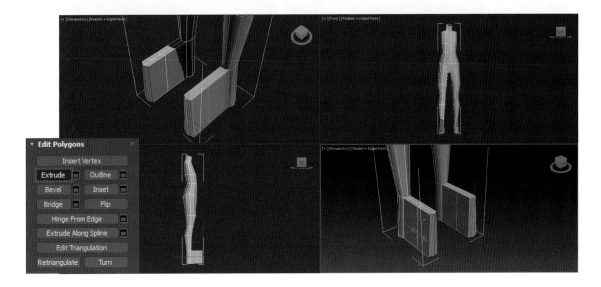

02 [Sub Selection]을 (Vertex)로 하고, 각 Vertex들을 (Move)와 (Scale) 툴로 조금씩 움직여 그림처럼 자연스러운 발 모양을 잡아줍니다.

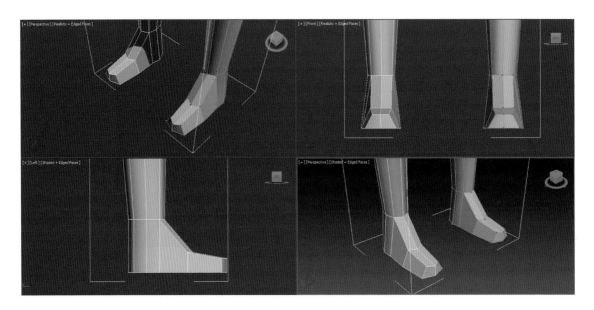

03 더 세밀한 표현을 위해 가로 Edge도 필요합니다. 그림처럼 발 세로 Edge들을 모두 다중 선택해서, 마우스 우클릭 메뉴→[Connect] 명령을 적용해 발 옆을 둘러싸는 Edge를 추가해줍니다.

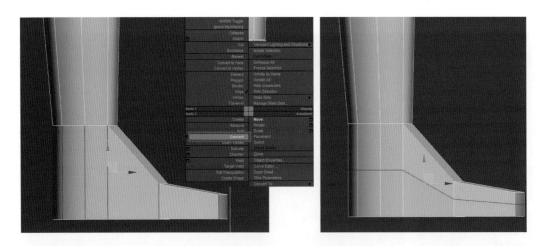

04 새로 추가된 가로 Edge까지 포함한 Vertex들을 전체적으로 다듬어, 한층 자연스러운 발 형태를 만듭니다. 초보자의 경우 발 만들기가 어려울 것입니다. 많은 연습이 필요한 부분입니다.

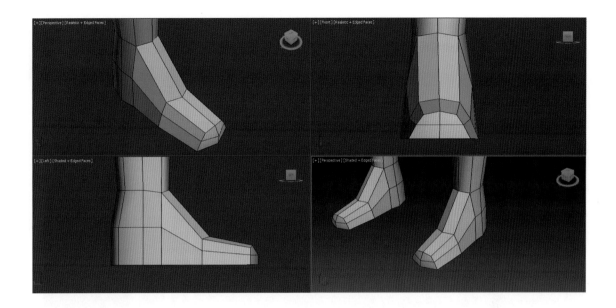

3.3 상체

팔과 손

01 [➕Create] 패널→[⚫Geometry]→[Standard Primitives]→[Cylinder]를 클릭하고, Front
Viewport에서 그림처럼 팔이 될 Cylinder를 생성합니다. [✒Modify] 패널→[Parameters] 롤아
웃의 Sides 수치는 '8'로 설정합니다. Cylinder를 마우스 우클릭하고, 메뉴에서 [Convert To:]→
[Convert to Editable Poly]를 적용해 편집 가능한 상태로 바꿔줍니다.

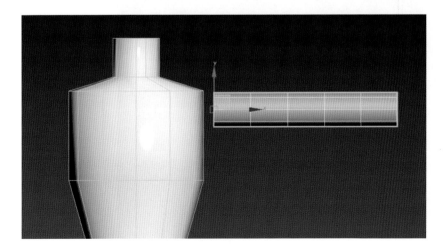

02 [Sub Selection]을 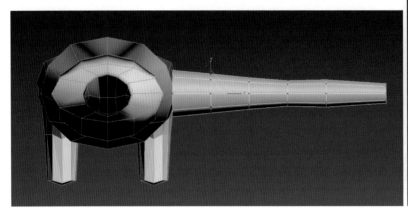(Vertex)로 설정하고, Front Viewport와 Top View-
port에서 (Scale) 툴로 그림처럼 Vertex를 다듬어 자연스러운 팔 모양을
잡아줍니다. 이때 몸통과는 달리 X, Y축 방향을 모두 활용해서 모양을 다듬
습니다.

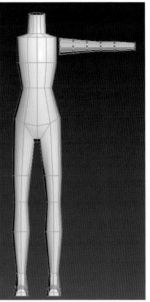

03 손은 앞서 Section 01에서 제작한 손 모델링을 재활용하겠습니다. 상단 메뉴에서 [File]→[Im-
port]→[Merge]를 이용해 예제 파일 중 손 모델링 'hand.max'를 불러옵니다. 연결하기 위해 손목
부분의 Polygon도 지웁니다.

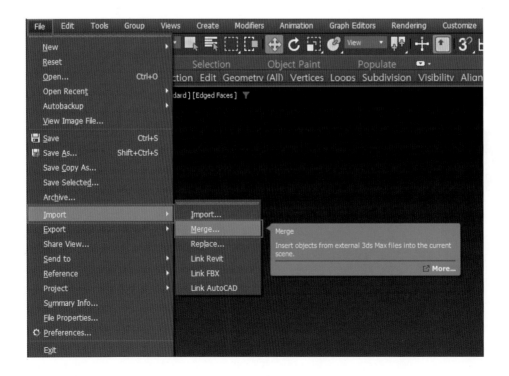

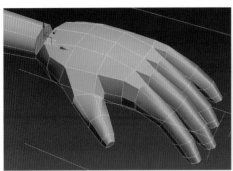
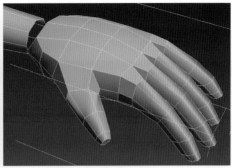

04 [Sub Selection]을 ██(Vertex)로 돌립니다. [Edit Vertices] 롤아웃→[Target Weld]를 활성화한
뒤, 손 Vertex와 손목 Vertex를 번갈아 클릭해 그림처럼 손을 손목에 연결해줍니다.

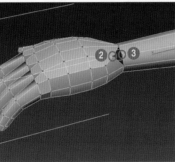
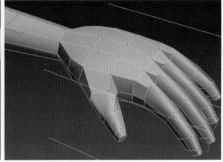

05 이제 몸통과 팔을 연결하겠습니다. 팔을 처음 만들 때 Cylinder의 Sides 수치를 '8'로 정했습니다.
Target Weld 명령이 정상적으로 적용되려면 연결되는 양쪽 오브젝트의 Vertex 숫자가 일치해야
합니다. 따라서 팔과 연결될 몸통 부분의 Vertex도 8개로 만들어줘야 합니다.

그림처럼 몸통 상단의 세로 Edge들을 모두 선택하고, 마우스 우클릭 메뉴→[Connect] 명령으로
몸통을 두르는 가로 Edge를 추가합니다. 한 번 더 반복해 팔과 바로 연결될 Edge를 생성해줍니다.

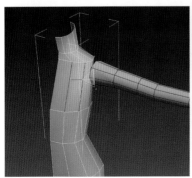
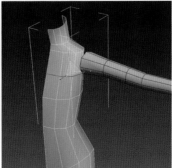
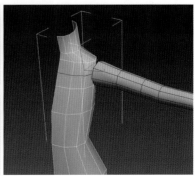

06 몸통을 선택하고 [☑ Modify] 패널→[Edit Geometry] 롤아웃에서 [Attach] 버튼을 클릭합니다.
그 뒤 팔 오브젝트를 클릭해 하나의 오브젝트로 만듭니다.

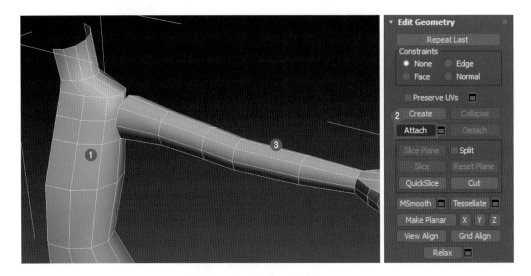

07 [Sub Selection]→■(Polygon) 상태에서 연결될 몸통 Polygon 4개와 팔끝 Polygon을 모두 선택
해 [Del] 키로 지웁니다. 그 뒤 [Sub Selection]을 ░(Vertex)로 다시 바꾸고, 손을 연결할 때와 똑
같이 [Edit Vertices] 롤아웃→[Target Weld] 명령을 이용해 팔 Vertex를 평행한 몸통 Vertex 쪽으
로 각각 이어줍니다.

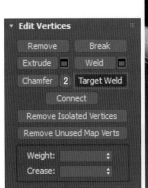
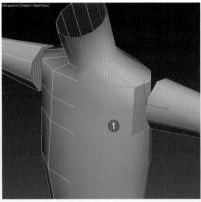
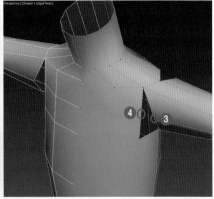

08 팔과 손이 완성되었습니다.

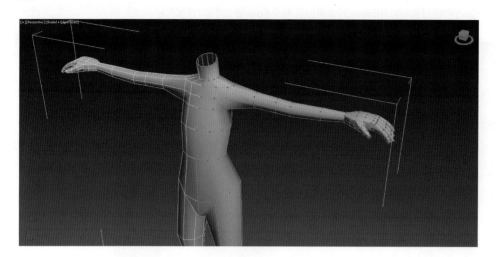

▌ 어깨

01 지금은 몸통과 팔을 그냥 이어만 둔 상태입니다. 실제 인체를 생각해서 자연스러운 어깨를 만들어 주겠습니다. 계속 팔을 벌린 상태로 모델링해도 되지만, 추후 애니메이션 적용을 감안해서 팔을 45도 정도 내린 상태로 모델링하는 것이 좋습니다. 팔 Vertex들을 한꺼번에 선택해서 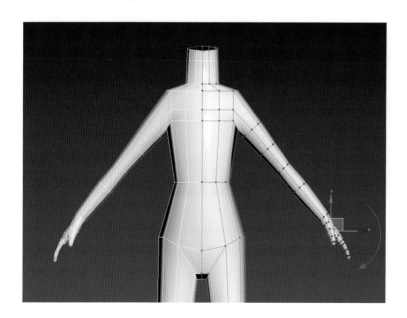(Rotate) 툴로 그림처럼 회전시킵니다.

02 팔 위쪽에 다른 곳보다 부자연스럽게 길쭉한 Segment가 생겼습니다. 어깨가 될 부분입니다. 자연
스러운 어깨로 만들기 위해 그림처럼 [Connect] 명령으로 세로 Edge를 2개 추가합니다.

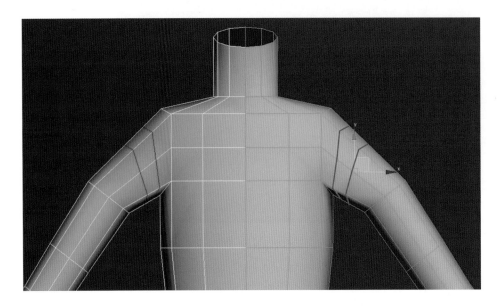

03 [Sub Selection]을 ▦(Vertex)로 되돌리고, 어깨 부분 Vertex들을 ✛(Move) 툴로 움직여 모양을
다듬습니다. 목 부분부터 어깨까지 역 S자 모양으로 만들면 됩니다. 목이나 쇄골 언저리에 가로
Edge를 생성해 Segment를 추가하고, 계속 다듬어 자연스러운 형태가 될 때까지 조정합니다.

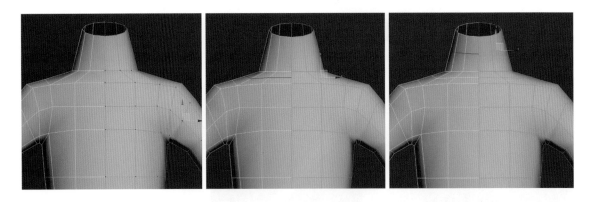

04 최종적으로 Vertex와 와이어가 다음 그림처럼 배치될 때까지 계속합니다. 이렇게 상체를 완성했습니다.

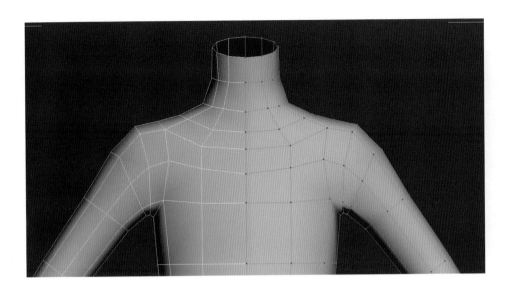

3.4 남성 캐릭터 마무리

▌ Segment 추가

01 여기까지 진행했고, 만일 남성 캐릭터라면 몸 모델링 자체는 거의 끝난 것입니다. 이제 마무리 작업에 들어가겠습니다. 전체적으로 부드럽게 만들겠습니다. 필요한 부분에 가로 Edge를 생성하고 Segment를 추가한 뒤, [Sub Selection]을 ▨(Vertex)로 바꾸어 Vertex들을 조정해 자연스럽게 다듬어주면 됩니다. 우선 상체부터 진행합니다.

허리 상단
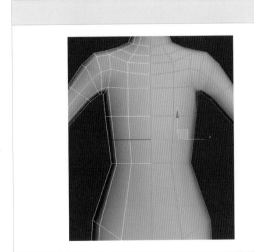 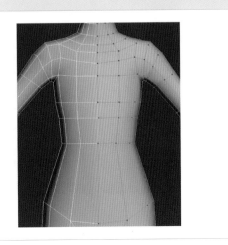

허리~골반 사이

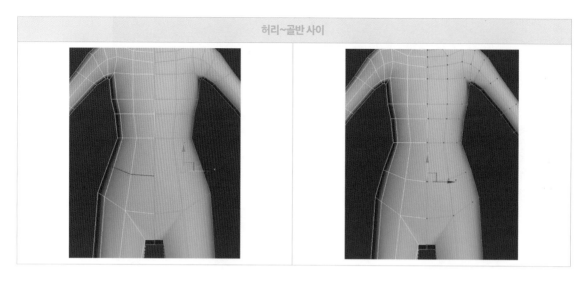

02 이어서 똑 같은 방법으로 다리도 Segment 추가와 다듬기 작업을 진행합니다.

허벅지 상단	허벅지 하단
무릎	종아리

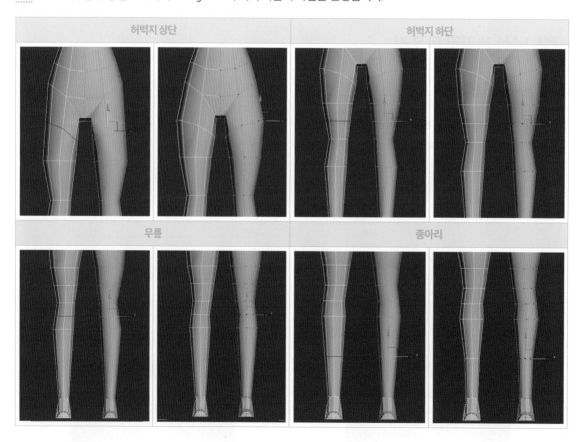

03 여기까지 진행한 몸 모델링 모습은 다음과 같습니다.

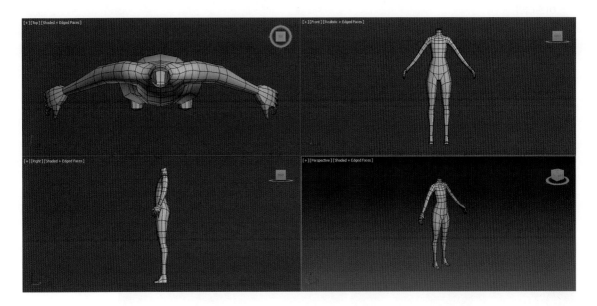

관절 정리

01 관절 부분은 애니메이션 시 자연스럽게 늘어나도록 최소 3줄의 Edge가 있게끔 만드는 것이 좋습니다.

우선 골반 부분에 추가로 Segment 2줄을 추가해서 다듬습니다. 신체 구조를 생각할 때, 사타구니는 이렇게 Segment가 많을 필요가 없습니다. 따라서 다리 안쪽은 [Edit Vertices] 롤아웃→[Target Weld] 명령을 이용해 Vertex들을 합쳐서 오른쪽 그림처럼 정리합니다.

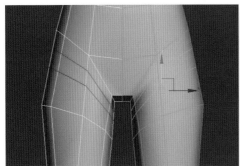 

02 이어서 무릎 부근에도 [Connect] 명령으로 Edge 2개를 위아래에 추가하여 그림처럼 3줄을 만들어줍니다.

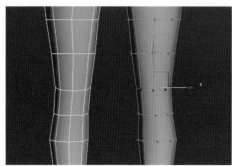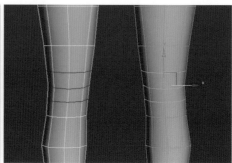

03 무릎은 앞으로는 구부러지지만 뒤로는 구부러지지 않습니다. 따라서 뒤쪽 오금은 [Target Weld] 명령으로 각 Vertex들을 가운데로 합쳐서 그림처럼 한 줄로 만듭니다.

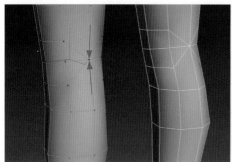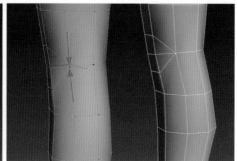

04 남은 무릎 와이어는 Vertex들을 움직여 그림처럼 무릎 보호대 형태로 다듬어줍니다.

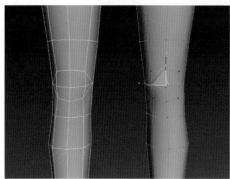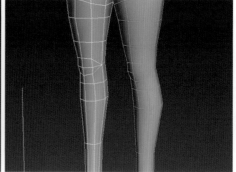

05 팔꿈치 역시 무릎과 같은 방법으로 구부러지는 안쪽은 한 줄, 팔꿈치는 보호대 모양의 3줄로 다듬

으면 됩니다.

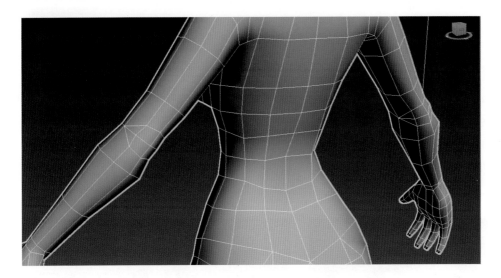

06 발목과 손목은 한쪽으로만 구부러지는 게 아니라 양쪽으로 다 구부러지므로, 그냥 3줄로 정리하

면 됩니다.

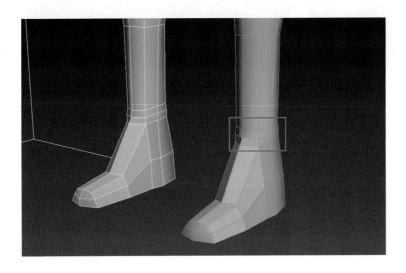

남성 캐릭터 몸 모델링은 여기서 완성입니다.

3.5 여성 캐릭터 마무리

▌가슴

01 여성 캐릭터의 경우, 추가로 가슴 부위를 만들어줘야 합니다. 어떻게 하는지 알아봅시다.

[➕Create] 패널→[◯Geometry]→[Standard Primitives]→[Sphere]를 클릭해 Front Viewport에서 Sphere를 하나 생성하고, [✎Modify] 패널→[Parameters] 롤아웃에서 [Segments] 수치를 8로 설정합니다. 그리고 그림처럼 위치시켜줍니다.

02 마우스 우클릭 메뉴→[Convert To:]→[Convert to Editable Poly]를 적용해 편집 가능한 상태로 바꿉니다. [Sub Selection]을 ■(Polygon)으로 설정한 뒤, Top Viewport에서 필요 없는 뒤쪽 Polygon들을 모두 선택해 [Del] 키로 지웁니다.

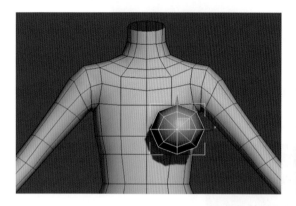

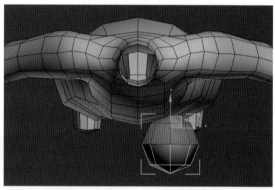

03 가슴 모양을 생각해서 ⟳(Rotate) 툴로 그림처럼 바깥쪽으로 살짝 회전시킵니다.

04 이제 몸통에 연결하겠습니다. 그림처럼 가슴이 연결될 부분의 몸통 Polygon들을 그림처럼 선택해서 [Del] 키로 지웁니다. Sphere의 Segments 수치를 8로 했으므로, 연결될 몸통의 Vertex 개수도 8개로 맞춰준 것입니다.

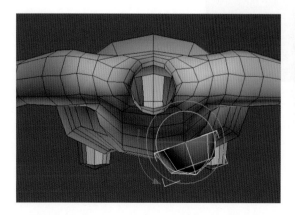

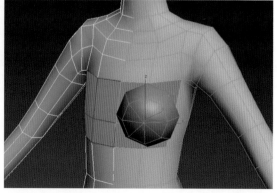

05 가슴과 몸통을 하나의 오브젝트로 만듭니다. 몸통을 먼저 선택하고, [🖊Modify] 패널→[Edit Geometry] 롤아웃에서 [Attach] 버튼을 클릭한 뒤 가슴을 선택하면 됩니다.

06 [Sub Selection]을 🔷(Vertex)로 바꾸고, [Edit Vertices] 롤아웃→[Target Weld] 명령으로 가슴과 몸통을 연결해줍니다. 가슴 오브젝트의 Vertex를 먼저 선택하고, 이어질 몸통 Vertex를 선택하면, 그림처럼 가슴이 몸통과 연결됩니다.

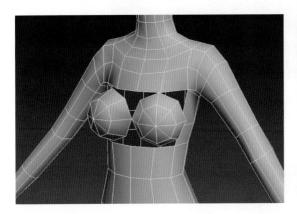

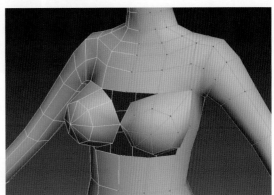

07 둘러 가며 7개 Vertex들을 다 연결하면 마지막에 몸통 정중앙의 Vertex가 하나 남습니다. Symmetry 로 나타난 가슴이 겹치는 부분입니다.

메인 툴바에서 ✛(Move) 툴을 선택하면 Viewport 하단 [Absolute Mode Transform Type-In]이 활성화됩니다. 그 상태에서 X축에 숫자 '0'을 입력하면, 중앙 Vertex가 그림처럼 가운데로 맞춰집니다.

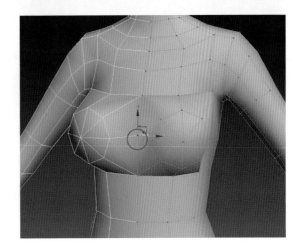

08 이렇게 연결은 되었지만, 지금은 부자연스럽게 각저 있습니다. 더 자연스러운 가슴 모양을 위해 Segment를 추가하겠습니다. [Sub Selection]을 ◁(Edge)로 바꾸고, 가슴 세로 Edge들을 선택해 마우스 우클릭 메뉴→[Connect] 명령으로 면을 분할합니다.

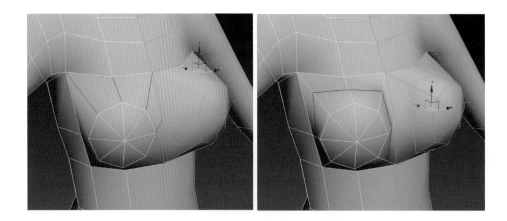

09 [Sub Selection]을 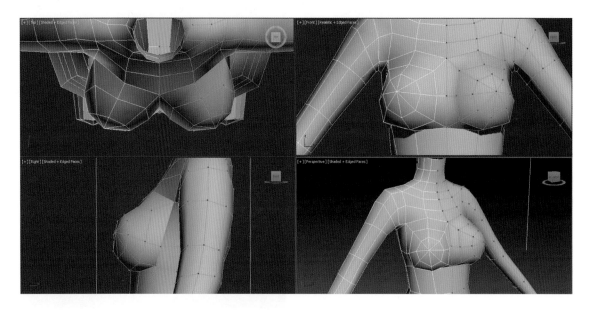(Vertex)로 되돌리고, 추가된 Vertex를 포함해 전체적으로 Vertex를 다듬어 모양을 자연스럽게 만듭니다.

▌ 뒷정리

01 여성 캐릭터의 모델링도 다 끝났습니다. 이제 남성 캐릭터 마무리에서 했던 것처럼 허리와 허벅지, 종아리 등에 Segment를 추가해서 부드럽게 다듬어줍니다. (3.4절 'Segment' 추가 01~02단계를 따라 진행하면 됩니다.)

단, 여성 캐릭터임을 감안하여 더 부드러운 실루엣을 잡아주도록 합니다.

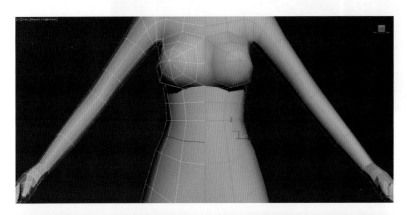

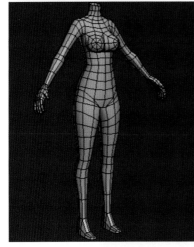
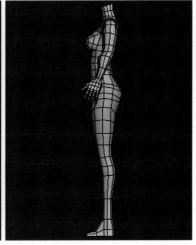

02 추가로 엉덩이도 그림처럼 볼륨 있게, 와이어가 심하게 꺾이지 않도록 모양을 다듬습니다.

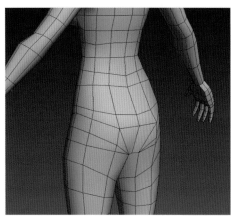 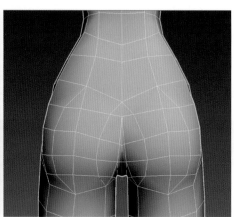

03 애니메이션을 고려해서 관절 부분은 최소 3줄의 Edge가 있어야 합니다. 마찬가지로 3.4절 '관절 정리'를 다시 참고하여, 골반, 무릎, 팔꿈치, 손목, 발목에 Segment를 추가하고 다듬어줍니다. 이 렇게 여성 캐릭터 몸 모델링이 완성되었습니다.

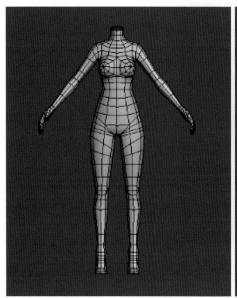 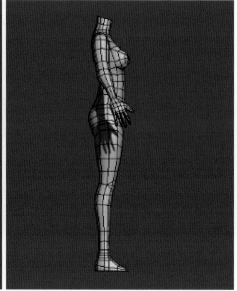

UV 및 텍스처링
기초

　지금까지 2개 Chapter에 걸쳐 3D 모델링
이 무엇이고 3ds Max로 모델링을 어떻게 작업하
는지를 살펴보았습니다. 원하는 오브젝트 형태를
완성했다면 이제 그 모델링 오브젝트에 색과 질감
을 부여해야 합니다. 이 채색과 질감 입히는 작업
을 통틀어 '텍스처링(Texturing)'이라고 합니다. 그
런데 3D 오브젝트는 2D와 달리 바로 채색을 할 수
없습니다. 3D를 2D로 바꾸는 'UV 작업'을 먼저 진
행한 후에 채색을 해야 합니다.

　이번 Chapter에서는 기본 오브젝트인
Box로 먼저 UV 및 텍스처링의 기초를 익힌 뒤, 실
제 오브젝트들을 작업하면서 연습을 해보도록 하
겠습니다.

03

Chapter 03

SECTION
01

UV
_기본 오브젝트

UV란, "3D를 2D로 만들어 맵소스 제작을 용이하게 하는 과정"을 말합니다. UV 작업 방법에는 여러 가지가 있는데, 우리는 [Unwrap UVWs]의 기본 메뉴와 가장 많이 쓰이는 UV 방법인 Pelt(펠트) 기능에 대해 알아보겠습니다. UV 작업 시, 가능한 한 재단을 많이 하지 않은 상태에서 체커맵을 제대로 적용하는 것이 중요합니다.

1.1 Box

기본 중 기본 오브젝트인 Box를 통해 UV 작업 방법과 전체 프로세스를 체험해보도록 합니다.

01 우측의 커맨드 패널(Command Panel)에서 [➕Create] 패널→[⬤Geometry]→[Standard Primitives]→[Box]를 선택해 Top Viewport에서 Box를 하나 생성합니다. [✐Modify] 패널→[Parameters] 롤아웃에서 Length, Width, Height 값을 모두 50으로 설정해 정육면체로 만듭니다.

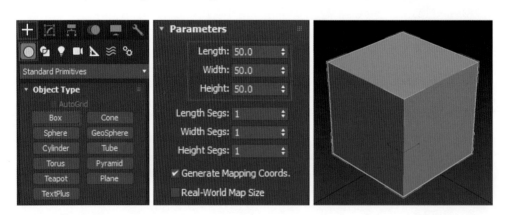

02 이 상태로 바로 UV 작업에 들어가겠습니다. [✐Modify] 패널 상단의 [Unwrap UVW] 버튼을 클릭해 UV 명령을 내립니다. ([Modifier List]에서 직접 'Unwrap UVW'를 찾아 클릭해줘도 됩니다.) [Modifier Stack] 창에 'Unwrap UVW'가 나타납니다. 하단을 보면 [Edit UVs] 롤아웃이 있습니다. [Open UV Editor] 버튼을 눌러 [Edit UVWs] 창을 실행시킵니다.

03 이 [Edit UVWs] 창에서 UV 작업을 하면 됩니다. 가운데가 작업 공간입니다. 이미 앞서 생성한 Box
가 들어와 있습니다. 마우스로 드래그하거나 키보드 [Ctrl + A] 키를 눌러 모든 Polygon을 선택합
니다. 이제 2D로 펼쳐주겠습니다. 상단 메뉴바에서 [Mapping]→[Unfold Mapping] 버튼을 누른
다음 옵션창에서 [OK] 버튼을 클릭합니다.

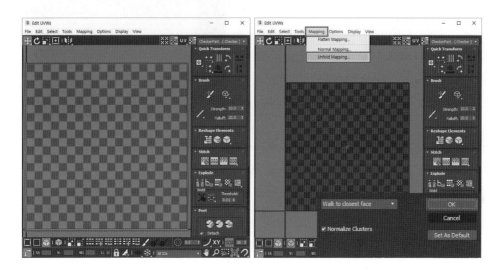

04 다음과 같이 3D Box가 자동으로 펼쳐져 2D 전개도로 나타납니다. 면들이 끊어지지 않고 UV 작업
이 되었습니다. 그렇지만 항상 UV 작업이 제대로 되었는지 확인해야 합니다. [Edit UVWs] 창 우측
상단의 [Texture List Drop-down]에서 [CheckerPattern (Checker)]을 선택합니다. 균일한 크기
의 모노톤 격자무늬 맵소스입니다.

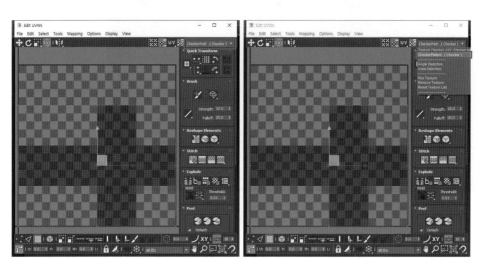

05 바깥 Viewport에서 3D Box에 적용된 체커맵([CheckerPattern])을
확인합니다. 모든 Polygon이 찌그러짐 없이 균일한 정사각형으로
보이면 제대로 UV 작업이 된 것입니다.

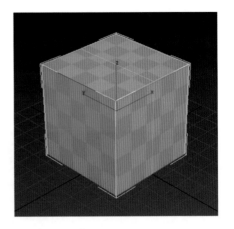

오브젝트를 펼쳐주는 기능인 Unfold Mapping은 간단한 오브젝트에
는 원활하게 적용되지만, 복잡한 오브젝트에서는 제대로 작업되지 않
습니다. 그럴 경우 오브젝트를 직접 재단해 펼쳐주어야 합니다. 이를
Seams라 하는데, 자세한 내용은 추후 소개합니다.

06 형태는 유지되었으나 빈 공간이 너무 많습니다. 다른 명령으로 공간 낭비를 줄여보겠습니다. [Edit
UVWs] 창 메뉴에서, 이번에는 [Mapping]→[Flatten Mapping] 명령을 적용합니다. 옵션창이 뜨
면 [OK] 버튼을 클릭합니다.

오른쪽 그림처럼 모든 면이 나누어지면서 자동 UV가 진행됩니다. 왼쪽 Unfold Mapping 결과와
다르게, 각 Polygon 사이 공간이 없게 배치된 모습을 볼 수 있습니다. 마찬가지로 우측 상단 [Tex-
ture List Drop-down]에서 [CheckerPattern (Checker)]을 적용해 Viewport에서 UV 작업이 제
대로 되었는지 확인하도록 합니다.

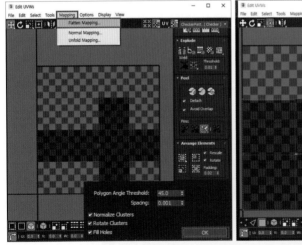

Flatten Mapping은 자동으로 UV 작업을 할 수 있는 편리한 기능이지만, 오브젝트가 복잡할 때는 UV가 너무 많은 조각으로 나
눠서 매핑할 때 문제가 될 수 있습니다.

⑴.⑵ Sphere

정육면체의 전개는 간단해 보입니다. 그렇다면 곡면 오브젝트는 어떨까요? 이번에는 Sphere, 구의 UV 작업을 해보겠습니다.

01 커맨드 패널(Command Panel)에서 [➕Create] 패널 →[◉Geometry]→[Standard Primitives]→[Sphere] 를 선택해 Sphere를 하나 생성하고, [☑Modify] 패널 상단의 [Unwrap UVW] 버튼을 클릭해 UV 명령을 내립 니다. 여기까지는 1.1절과 동일합니다.

02 [☑Modify] 패널→[Selection] 롤아웃→[Sub Selection]을 ◁(Edge)로 하고, 그림처럼 Sphere 세로 선상의 Edge들을 선택합니다. 이때 Edge 하나만 선택하고 [Selection] 롤아웃→[Modify Selection] 항목의 ▦(Loop) 버튼을 누르면 쉽게 선택할 수 있습니다.

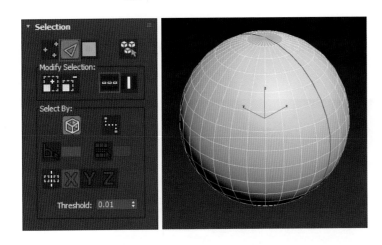

03 [☑Modify] 패널을 보면 [Peel] 롤아웃이 새로 나타나 있습니다. [Seams] 항목의 ▶(Convert Edge Selection to Seam) 버튼을 눌러 선택한 Edge를 Seam(재단선)으로 바꿉니다.

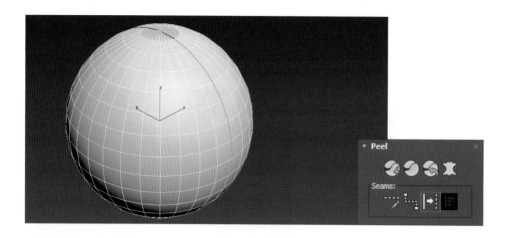

TIP **Seam이란?**

Seam은 재단선을 뜻합니다. 녹색 선은 자동으로 생성된 Seam, 혹은 이전에 작업한 Seam을 표시합니다. 새로 작업하는 재단선인 Seam은 파란 선으로 표시됩니다.

04 같은 방법으로 그림처럼 교차하는 Seam을 하나 더 만듭니다. 지금은 Map Seam(녹색 선)은 필요 없으므로 [Configure] 롤아웃→[Display] 항목에서 [Map Seams] 박스를 체크 해제해 없애줍니다. 그다음 [Peel] 롤아웃에서 ▨(Quick Peel) 버튼을 눌러줍니다. Seam을 기준으로 면을 펼쳐주는 명령입니다.

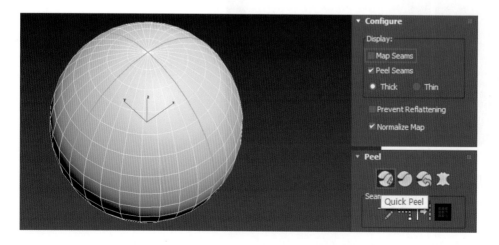

05 다음 그림처럼 UV가 되어 있는 [Edit UVWs] 창이 자동으로 팝업됩니다. [Edit UVWs] 창 우측 [Arrange Elements] 롤아웃에서 [Rotate] 박스에 체크하고, ▨(Pack Normalize) 버튼을 누르면 펼쳐진 면들이 정리됩니다.

[Edit UVWs] 창 우측 상단의 [Texture List Drop-down]에서 [CheckerPattern (Checker)]을 적
용하여, UV 작업이 제대로 되었는지(Viewport상에서 체커맵이 정사각형으로 보이는지) 확인합니다.

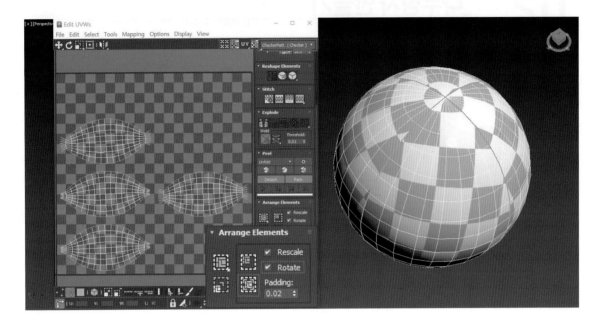

06 자동으로 정리되는 데는 한계가 있습니다. [Edit UVWs] 창에서 조각의 크기를 전체적으로 키워주
고 가능한 한 빈 공간이 없도록 정리해준 뒤 마무리합니다.

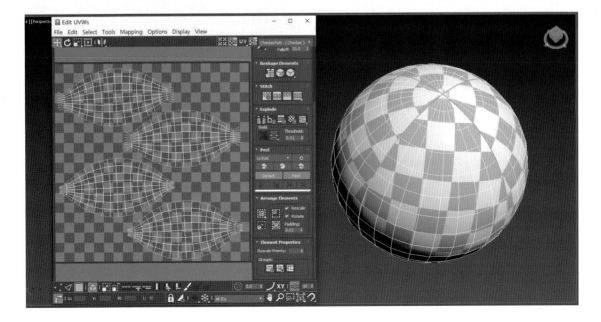

SECTION

02

텍스처링
_나무상자 만들기

이제 UV 작업 과정은 대략적으로 이해했을 것입니다. 이번에는 한 발 더 나아가, 실제 오브젝트인 '나무상자'를 만들어볼 것입니다. 나무상자를 모델링하고 UV한 뒤, 텍스처링(재질 적용)까지 직접 해보겠습니다.

2.1 모델링

따라 하기 어려울 땐
고수의 View

01 커맨드 패널(Command Panel)에서 [➕ Create] 패널 →[⬤ Geometry]→[Standard Primitives]→[Box] 를 선택하고 Top Viewport에서 하나 생성합니다.

[◪ Modify] 패널→[Parameters] 롤아웃에서 Length, Width, Height 값 모두 100으로 지정해 정육면체로 만들고, Length Segs, Width Segs, Height Segs 수치 역시 모두 1로 지정해 최소화합니다.

02 Viewport 하단 [Absolute Mode Transform Type-In]의 X축에 숫자 0을 입력해 박스를 정중앙에 위치하도록 합니다.

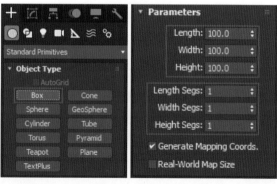

03 모델링을 위해 Box를 마우스 우클릭하고 메뉴에서 [Convert To:]→[Convert to Editable Poly]를 적용해줍니다. [🗹Modify] 패널→[Selection] 롤아웃에서 [Sub Selection]을 ⬛(Polygon)으로 한 뒤 윗면을 선택합니다.

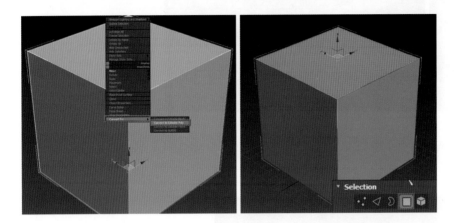

04 나무상자에는 테두리 판자들이 덧대져 있으므로, Bevel 명령을 이용해 면을 분할하겠습니다. 6개 면이 모두 동일해야 하니 안쪽 면의 정확한 크기를 정해주겠습니다. [Edit Polygons] 롤아웃→[Bevel] 버튼 옆 ⬛(Settings) 버튼을 클릭합니다.

[Bevel] 옵션창이 열립니다. 두 번째 ▥(Height)는 0, ⬛(Outline)은 -15로 각각 수치를 지정하면, 그림처럼 원래 면보다 크기가 사방 -15만큼 줄어든 새 면이 분할됩니다. ✔(OK) 버튼을 클릭해 완료합니다.

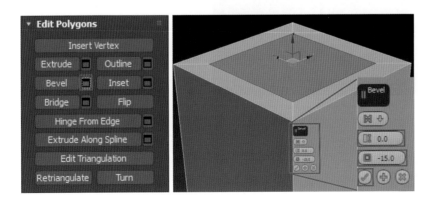

05 같은 방법으로 [Extrude] 옆 ⬛(Settings) 버튼으로 [Extrude] 옵션창을 불러낸 뒤, 두 번째 ▥(Height) 수치를 -5로 지정하면 면이 -5만큼 안쪽으로 들어갑니다. 마찬가지로 ✔(OK) 버튼을 클릭해 완료합니다.

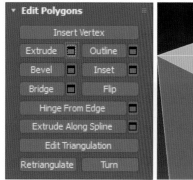
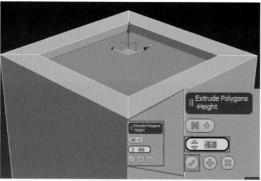

06 나머지 5개 면들도 04~05단계와 같은 방법으로 모델링합니다. 다음 그림처럼 나무상자 모델링이
완성되었습니다.

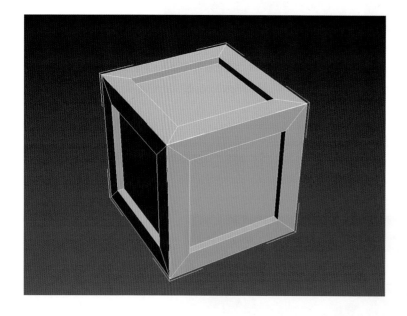

2.2 UV

01 이제 매핑을 위해 UV 작업을 할 차례입니다. [Modify] 패널 상단의 [Unwrap UVW] 버튼을 클
릭해 Unwrap 명령을 적용합니다. 이때 [Sub Selection]에 아무것도 선택되지 않은 상태여야 합
니다. 제대로 적용했으면 [Modifier Stack] 창에 'Unwrap UVW' 레이어가 추가되고, 나무상자 전
체에 녹색 선이 표시되는 것을 볼 수 있습니다.

따라하기 어려울 땐
고수의 View

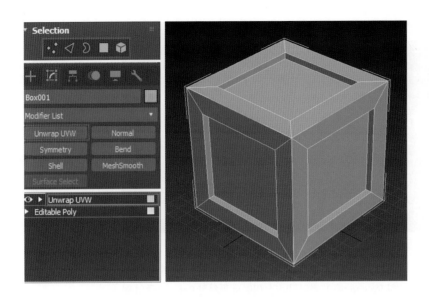

02 면마다 각각 UV를 작업하겠습니다. [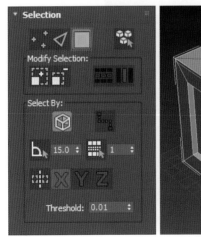Modify] 패널을 보면 'Unwrap UVW'와 관련된 롤아웃들
이 나타나 있습니다. [Selection] 롤아웃에서 ▣(Polygon)을 선택합니다. [Ctrl] 키를 누른 채 상자
위쪽의 안쪽 면과 테두리를 다중 선택해줍니다.

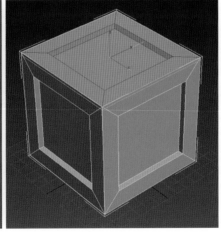

03 선택한 윗면 Polygon을 펼치겠습니다. [Peel] 롤아웃에서 ▨(Pelt) 버튼을 누릅
니다. [Edit UVWs] 창과 [Pelt Map] 창이 같이 실행됩니다.

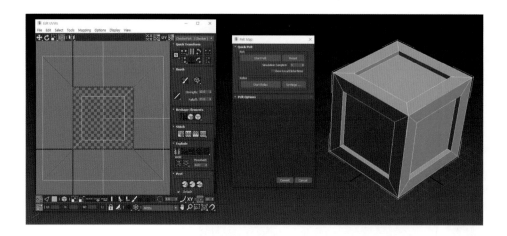

04 [Pelt Map] 창에서 [Pelt] 항목의 [Start Pelt] 버튼을 누르면 파란색으로 활성화되며 [Stop Pelt] 로 바뀌고, [Edit UVWs] 창에는 선택한 Polygon들이 펼쳐집니다. 이어서 펼쳐진 Polygon들이 형태를 유지하도록 [Relax] 항목의 [Start Relax] 버튼을 눌러줍니다. 역시 파란색 [Stop Relax]로 바뀝니다. 하단 [Commit] 버튼을 눌러 완료합니다.

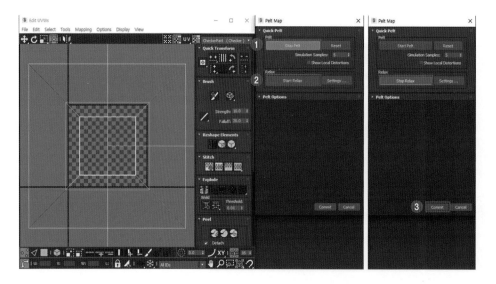

05 이제 [Edit UVWs] 창 우측 상단 [Texture List Drop-down]에서 [CheckerPatten (Checker)]을 선택하면 오브젝트에 체커맵이 적용됩니다. Viewport의 체커맵이 정사각형으로 잘 표시되면 UV 작업이 제대로 된 것입니다.

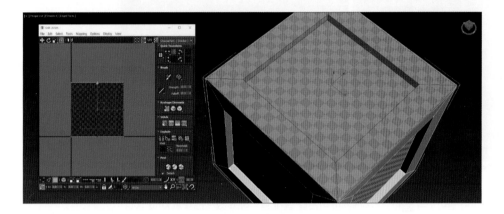

06 나머지 면들도 02~05단계와 같은 방법으로 UV를 펼치고 체커맵까지 적용해줍니다.

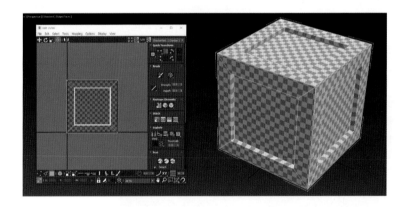

07 6면에 동일한 텍스처를 적용할 것이므로 UV를 같은 위치에 겹치도록 정리하겠습니다. Viewport에서 [Ctrl + A] 키를 눌러 모든 면을 선택한 다음 [Edit UVWs] 창→[Arrange Elements] 롤아웃에서 ▦(Pack Normalize) 버튼을 누릅니다.

이 상태에서 전체 Polygon을 마우스로 끌어 잠시 체크박스 아래로 옮겨 놓습니다.

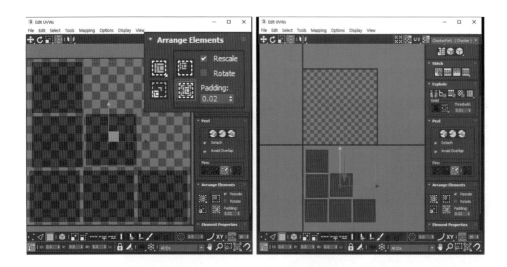

08 [Arrange Elements] 롤아웃의 ▦(Pack; Custom) 버튼을 길게 클릭하고 있으면 [Packing Tool] 옵션창이 뜹니다. 3ds Max 2024의 경우는 [Unfold3D]가 기본인데, 이를 [Non-Convex]로 바꾸어줍니다.

이제 면 조각을 하나씩 선택해서 [Arrange Elements] 롤아웃의 ▦(Pack; Custom) 버튼을 누르면 다음 그림처럼 선택한 Polygon이 체크박스 안에 가득 채워집니다.

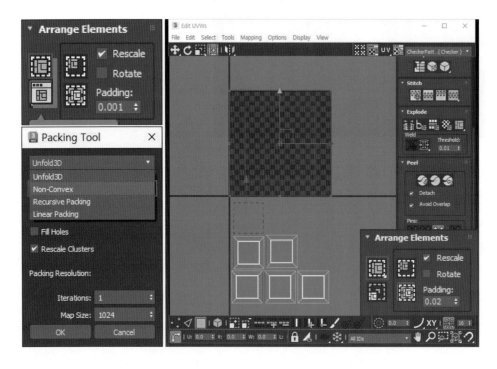

TIP **UV 작업 시 주의사항**

Polygon을 한 덩어리씩 선택할 때에는 [Edit UVWs] 창 좌측 하단 메뉴의 ⬡(Select By Element UV Toggle)을 활성화하면 쉽게 할 수 있습니다.

09 정리가 끝났습니다. 07~08단계는 [Edit UVWs] 창에 대해 이해를 돕고자 제시했던 것입니다. 06단계를 마쳤다면 바로 텍스처 작업으로 넘어가도 무방합니다.

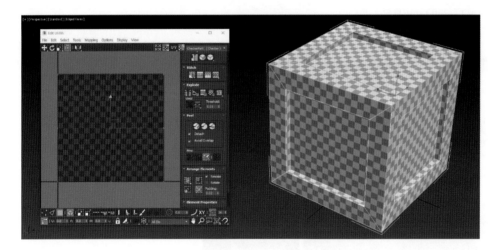

2.3 텍스처링

텍스처(Texture)란 3D 모델링 위에 '입혀지는' 색, 이미지, 질감 등의 총칭입니다. 차량을 도색하거나 옷의 천과 색을 정하는 것과도 비슷합니다. 판자로 짜인 나무상자의 경우, 판자의 색과 나뭇결 등이 해당될 것입니다. 이러한 텍스처는 3ds Max에서는 표현에 한계가 있으므로, 보통 별개의 그래픽 프로그램을 활용해 제작합니다. 주로 사용되는 것이 바로 Adobe사의 2D 프로그램 포토샵(Photoshop)입니다.

단순화한 텍스처 작업 과정

1. **3ds Max에서 UV 데이터 이미지로 저장하기**
2. **포토샵에서 UV 데이터를 불러와 그 위에 텍스처 작업하기**
3. **텍스처를 이미지로 저장하기**
4. **3ds Max에서 텍스처 이미지를 불러와 UV 데이터에 적용하기**

그럼 UV 작업까지 끝난 나무상자를 예제 삼아, 전체적인 텍스처 작업 과정을 익혀보도록 합시다.

▌ 준비: UV 이미지 추출하기, 텍스처 찾기

01 포토샵에서 텍스처 작업을 하려면 우선 UV 데이터를 포토샵으로 가져가야 합니다. 방법은 다음과
같습니다. UV 작업을 마쳤다면 [Edit UVWs] 창 메뉴에서 [Tools]→[Render UVW Template] 버
튼을 누릅니다. [Render UVs] 창이 팝업됩니다. 사이즈를 Width: 1024, Height: 1024로 각각 지
정하고 [Render UV Template] 버튼을 누릅니다.

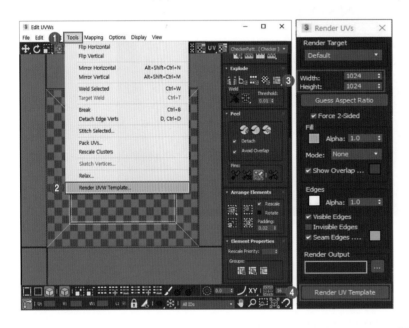

02 나무상자 UV 이미지가 담긴 [Render Map] 창이 팝업됩니다. 좌측 상단
의 ▦(Save Image) 버튼을 눌러 이미지(JPEG 형식)로 저장합니다.

03 이제 포토샵을 실행시키고, 메뉴에서 [File]→[Open]을 통해 저장한 UV 파일을 불러옵니다. 'Background' 레이어로 이전에 제작한 UV 파일이 들어와 있습니다.

04 이 상태로 직접 새 레이어를 추가하고 그래픽 작업을 해도 되지만, 보다 실사에 가까운 박스를 제 작하기 위해 사진 이미지를 이용하겠습니다.

www.textures.com에 접속합니다. 실사 텍스처들을 제공하는 사이트로, 유용한 이미지들을 구할 수 있는 무료 사이트입니다. 가입을 해야 자료를 내려 받을 수 있습니다.

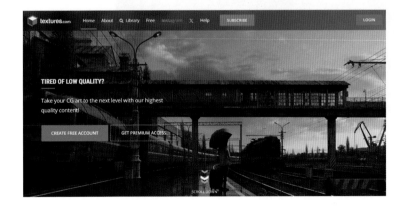

05 가입을 완료했다면, 상단의 [Library] 탭으로 갑니다. 좌측 목록을 스크롤해보면 다양한 3D 에 셋이 보입니다. 나무, 'Wood'는 가장 아래에 있네요. 여러 나무 이미지 가운데 판자는 [Wood] →[Planks]→[Bare]에 있습니다.

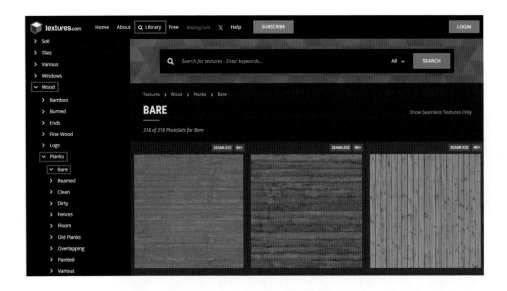

06 우리는 이 중 [WoodPlanksBare0065]로 진행합니다. 4개 이미지가 있는데, 첫 번째 'Image 1'을 내려 받겠습니다. 상단 검색창에 이름을 검색하면 쉽게 찾을 수 있습니다.

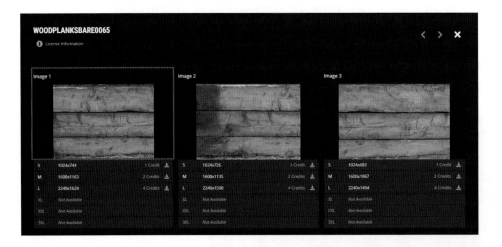

 TIP

꼭 'WoodPlanksBare0065'를 받을 필요는 없습니다. [Wood]→[Planks]→[Bare]의 이미지 가운데, 마음에 들거나 비슷한 이미지를 내려 받으면 됩니다. 적당한 자료를 찾는 것 역시 디자이너로서 중요한 자질입니다.

▌ 포토샵 텍스처 제작: 이미지 활용

01 사용할 텍스처도 찾았으니 포토샵으로 돌아갑니다. [File]→[Open]을 눌러 저장한 나무 이미지를
불러옵니다.

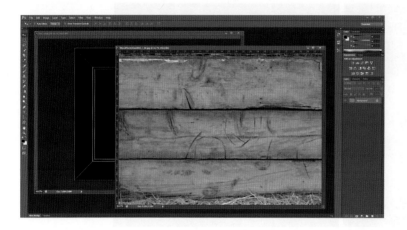

02 전부 사용하진 않고, 가운데 판자만 가져오겠습니다. 포토샵 좌측의 툴바에서 두 번째가 사각형 안
쪽 범위를 선택하는 ▦ (Rectangular Marquee Tool)입니다. 이걸 클릭한 뒤 가운데 판자만큼을 마
우스 드래그로 선택합니다. 그 상태로 [Ctrl + C] 키를 눌러 이미지를 복사한 다음, UV 이미지 창에
서 [Ctrl + V]를 눌러 붙여 넣습니다.

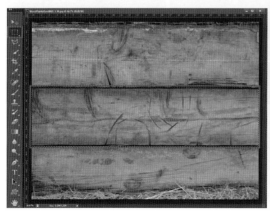 

🆃🅸🅿 포토샵 툴바

툴바에 원하는 툴 아이콘이 보이지 않는 경우에는, 비슷한 다른 툴이 대신 나타나
있는 것입니다. 아이콘을 마우스 우클릭하면 다음처럼 해당되는 툴 모음 목록이
뜹니다. 그중 원하는 것을 클릭해서 사용하면 됩니다.

03 현재 판자 크기가 커서 잘려 보이는 상태입니다. [Ctrl + T] 키를 누르면 이미지의 크기와 위치를 자유롭게 조절할 수 있습니다. 오른쪽 그림처럼 전체가 UV 이미지의 위쪽 테두리에 딱 맞게끔 배치해줍니다.

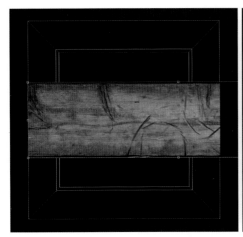
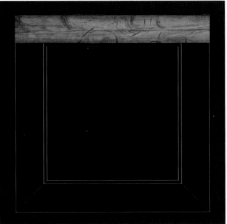

04 현재 UV 레이어 위에 나무 레이어가 있는 구조라 나무 판자에 가려서 UV 이미지가 보이지 않습니다. 나무 이미지와 UV 이미지가 같이 보이도록 레이어를 수정하겠습니다.

먼저 포토샵 우측 [Layers] 패널에서 맨 밑에 있는 UV 레이어인 'Background' 레이어를 더블클릭해서 일반 레이어 (Layer 0)로 만듭니다. 그런 다음 'Layer 0'을 드래그해서 'Layer 1' 위로 옮깁니다. 마지막으로 'Layer 0'을 선택한 채 패널 좌측 상단의 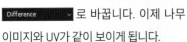 을 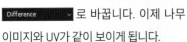 로 바꿉니다. 이제 나무 이미지와 UV가 같이 보이게 됩니다.

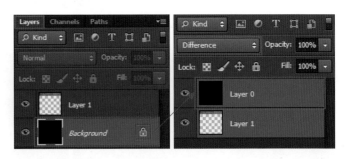

05 실제 나무상자처럼 이 판자 하나를 계속 복제해 이어붙여 UV 이미지 위에 전부 깔아주겠습니다. 먼저 테두리를 다 둘러준 다음, 안쪽 면을 일정하게 쌓습니다. 마지막으로 테두리와 안쪽 면 사이 (안쪽 면이 살짝 아래로 들어가며 생김)까지 나무 이미지로 채워주면 됩니다. 그리고 [Layers] 패널에서 순서를 조정해 마지막 그림처럼 나무 판자들과 UV 이미지가 같이 보이도록 만듭니다.

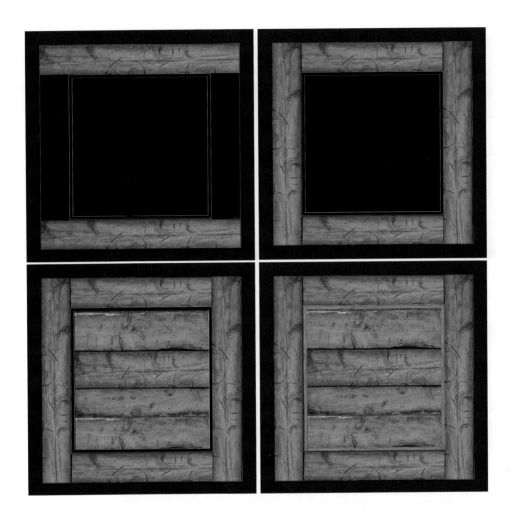

06 그런데 같은 판자를 계속 사용했기 때문에, 각 모서리에는 판자 2개가 겹쳐 있는 상태입니다. 모서리 부분을 수정하겠습니다. 우선 지워야 할 부분이 속한 레이어를 선택합니다. 이미지 위에 커서를 두고 마우스 우클릭하면 그림처럼 해당되는 레이어 목록이 팝업됩니다. 이런 식으로 움직여보면서 원하는 레이어를 선택하면 됩니다.

좌측 툴바에서 클릭한 지점을 직선으로 이어 선택하는 (Polygonal Lasso Tool)을 클릭합니다. 그리고 그림을 참고해 삼각형 모양으로 지워야 할 귀퉁이를 선택해줍니다. [Del] 키를 눌러 지워주면 됩니다.

07 나머지 세 모서리도 같은 방법으로 겹치는 부분을 삼각형 모양으로 잘라내 그림처럼 다듬어줍니다.

08 이미지 보정을 위해 지금까지 작업한 모든 레이어를 합치도록 하겠습니다. [Ctrl] 키를 누른 채로
우측 [Layers] 패널에서 'Layer 0'을 제외한 모든 레이어를 일일이 클릭해 다 선택해줍니다. 그리
고 마우스 우클릭 메뉴에서 [Merge Layer]를 선택하면 모든 레이어가 하나로 합쳐집니다.

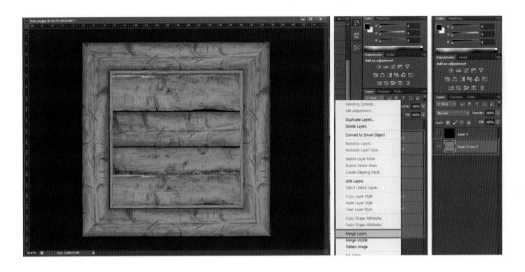

09 좀더 자연스럽게 색을 보정하겠습니다. 상단 메뉴바에서 [Image]→[Adjustments]→[Curves]를
차례로 클릭해줍니다. [Curves] 옵션창이 팝업됩니다. 가운데에 색상을 표시하는 사선이 보입니
다. 선을 잡고 그림처럼 아래로 향하는 곡선으로 만들어 약간 어둡게 해줍시다. 나무상자가 자연스
러워 보이려면 채도와 명도를 낮추는 게 좋습니다. 실제 프로젝트에선 기획에 따라 이미지를 보정
하면 됩니다. [OK]을 눌러 완료합니다.

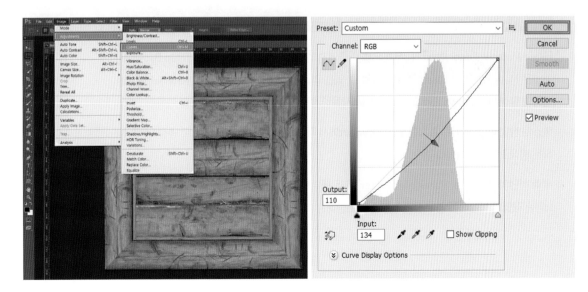

10 텍스처 작업이 완료되었습니다. UV 레이어는 중복이라 필요 없습니다. [Layers] 패널에서 'Lay-
er 0' 옆 👁 아이콘을 눌러 숨겨준 뒤, 상단 메뉴바의 [File]→[Save As]로 완성한 텍스처 파일을
JPEG 형식으로 저장합니다(파일 이름은 자유롭게 정하면 됩니다. 여기서는 'box_diffuse'를 사용했습니다.).

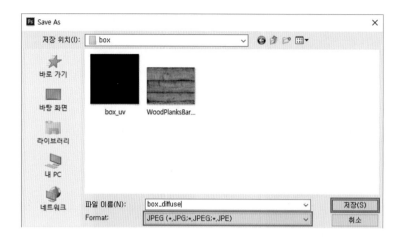

3ds Max: 텍스처 적용

01 이제 다시 나무상자 모델링이 있는 3ds Max로 돌아와서, 포토샵에서 만든 텍스처를 모델링에 적용하겠습니다. 메인 툴바의 █(Material Editor)를 이용하면 됩니다. 클릭하면 [Slate Material Editor(슬레이트 재질 편집기)] 창이 열립니다.

[Slate Material Editor]는 크게 3부분으로 이루어져 있습니다. 좌측의 [Material/Map Browser] 패널은 Material(재질)과 Map(맵)을 찾아볼 수 있는 리스트입니다. 이 중 원하는 Material/Map을 중앙의 활성 Viewport에 드래그 앤 드롭하여 사용하게 됩니다.

텍스처 작업은 [View1]로 표시된 활성 Viewport에서 각 Material/Map 노드를 서로 연결(와이어링) 하는 방식으로 이루어집니다.

우측 하단의 [Material Parameter Editor]에서 세부사항을 조정할 수 있으며, 상단의 [Navigator]는 작업이 복잡해질 경우 전체의 모습을 조망하는 데 도움이 됩니다.

02 어떻게 하는지 직접 해봅시다. 우선 좌측 [Material/Map Browser] 패널에서 [Materials]→
[General]→[PBR Material(Metal/Rough)]를 선택해 [View1]로 끌어옵니다. [Material #25 PBR
Metal]이란 이름의 목록 박스가 나타납니다. 이것을 '재질 노드(node)'라 합니다. 이것이 있어야 오
브젝트에 아까 제작한 텍스처를 적용할 수 있습니다. 이 전체가 나무상자 모델링에 '입혀진다'고
생각하면 됩니다.

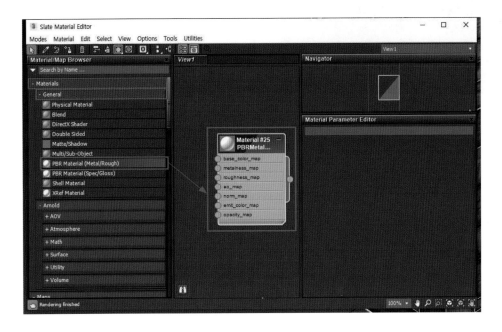

03 우리가 만든 나무상자 텍스처 이미지는 [Material #25 PBR Material] 노드에 바로 불러올 수 없고, 따로 가져와 연결해주어야 합니다.

[Material/Map Browser] 패널에서 이번에는 [Maps]→[General]→[Bitmap]을 [View1]로 끌어옵니다. 일종의 '이미지 맵'이기 때문에 자동으로 이미지 파일을 불러올 [Select Bitmap Image File] 창이 뜹니다. 포토샵에서 제작한 'box_diffuse.jpg' 파일을 선택하고 [Open] 버튼을 클릭합니다. 비어 있던 [Map #1 Bitmap] 노드 왼쪽 칸에 나무상자 텍스처 이미지가 보입니다.

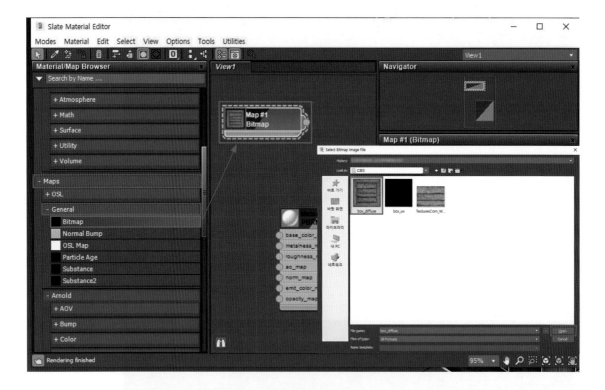

04 이제 연결하겠습니다. [Map #1 Bitmap]의 오른쪽 소켓을 마우스로 끌어서 [Material #25 PBRMetal] 노드의 첫 번째 'base_color_map' 왼쪽 소켓에 연결합니다. 이는 Material의 base color, 즉 기본 색상에 불러온 이미지 'box_diffuse.jpg'를 적용시키겠다는 의미입니다. 우측 [Material Parameter Editor]를 확인해보면 [Base/Albedo] 난에 'Map #1 (box_diffuse.jpg)'가 정상적으로 들어가 있습니다.

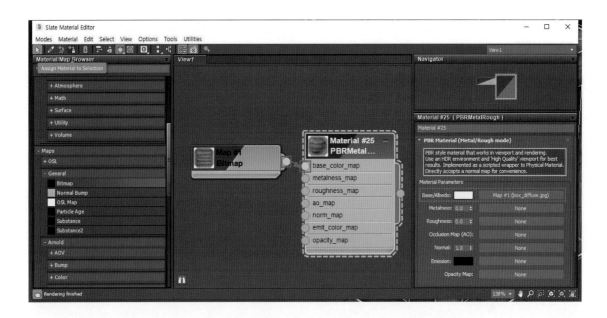

05 그러면 지정한 Material(텍스처)를 나무상자 모델링에 적용시키겠습니다. [Material #25 PBRMe-
tal] 노드를 선택한 상태로 [Slate Material Editor] 상단 메뉴 중
버튼을 누르면 바로 적용됩니다.

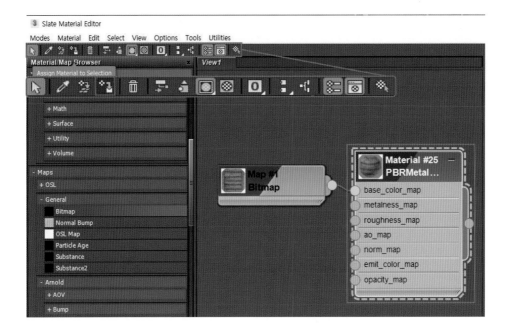

06 Viewport에서 결과물을 확인합니다. 만약 텍스처가 적용되지 않았다면 [Slate Material Editor] 메뉴의 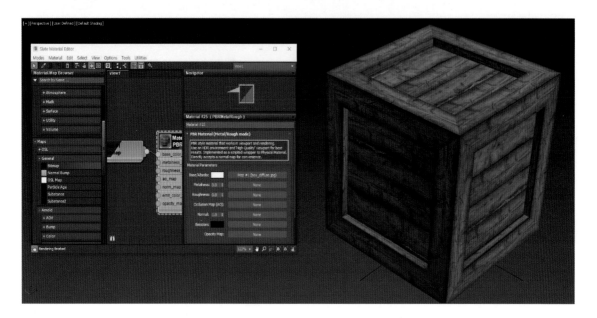(Show Shaded Material in Viewport) 버튼이 활성화되어 있는지 확인합니다.

SECTION
03

UV 및 텍스처링
_집 만들기

Section 01, 02에서 UV와 텍스처링의 원리와 방법에 대해 이해
했을 것입니다. 마지막으로 간단한 형태의 모형 주택을 예제로
하여 UV 및 텍스처링을 한 번 더 해보겠습니다.

3.1 모델링

01 커맨드 패널(Command Panel)에서 [➕Create] 패널→[⚫Geometry]→[Standard Primitives]→[-Box]를 차례로 클릭해 Top Viewport에서 그림처럼 Box를 하나 생성하고, [🗹Modify] 패널→[Parameters] 롤아웃에서 Length Segs를 1, Width Segs를 2, Height Segs를 1로 해줍니다.

따라 하기 어려울 땐
고수의 View

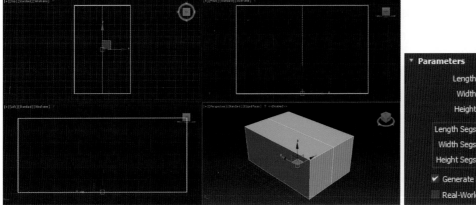

02 마우스 우클릭 메뉴→[Convert To:]→[Convert to Editable Poly]로 편집 가능한 상태로 바꿉니다. 그리고 [Selection] 롤아웃→[Sub Selection]을 ◁(Edge)로 하고 윗면 가운데 Edge를 선택해 ✛ (Move) 툴로 Z축 위로 당겨서 그림처럼 비스듬한 지붕을 만들어줍니다.

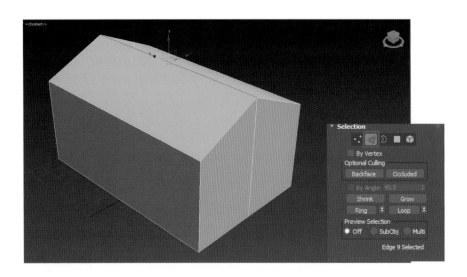

03 [Sub Selection]을 ■(Polygon)으로 바꾸고, [Ctrl] 키를 누른 채 지붕을 이루는 Polygon 2개를 다중 선택합니다. [☑ Modify] 패널→[Edit Geometry] 롤아웃의 [Detach] 버튼을 클릭해 분리해줍니다. Detach 옵션창은 그냥 [OK]합니다.

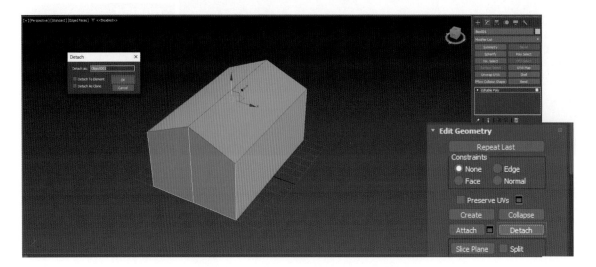

04 분리한 지붕이 될 면을 ▦(Scale)과 ✛(Move) 툴로 그림처럼 더 넓혀줍니다. [☑ Modify] 패널의 [Modifier List]에서 Shell 명령을 찾아 클릭합니다. 여기서처럼 미리 단축 명령 버튼을 꺼내두고 사용하면 편리합니다. Shell 명령으로 오른쪽 그림처럼 지붕 Polygon에 두께가 생깁니다.

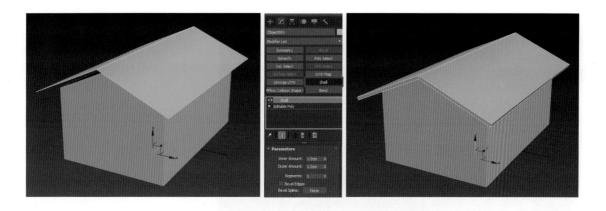

05 03단계에서 분리한 지붕을 다시 집과 합쳐주겠습니다. 집 본체를 선택하고 [▨ Modify] 패널
→[Edit Geometry] 롤아웃→[Attach]를 클릭한 뒤 지붕을 선택하면 다시 하나의 오브젝트가 됩
니다.

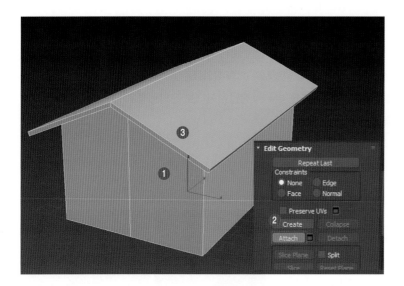

06 보이지 않는 부분까지 작업할 필요는 없습니다. 따라서 보이지 않을 집의 밑면 Polygon은 지워줍
니다. (만약 게임이든 애니메이션이든 집 밑면이 보이는 형태라면 지우지 않습니다.)

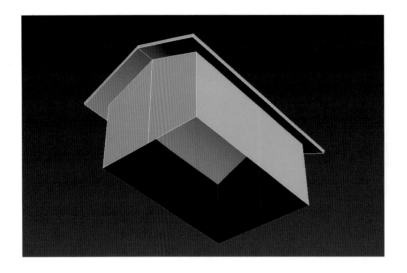

3.2 UV

이제 UV 작업을 진행하겠습니다. 그런데 UV 작업 전 꼭 좌표축을 리셋시키고 UV 작업하는 걸 추천드립니다. 문제가 안 생길 수도 있지만 모델링 중 좌표축에 오류가 생겼을 경우 UV 작업 시 제대로 안 되는 경우가 있으므로 꼭 리셋 작업을 하는 것이 좋습니다.

따라 하기 어려울 땐
고수의 View

▌좌표축 리셋 및 자동 UV

01 좌표축 리셋 방법은 간단합니다. 우측 커맨드 패널→[🔧 Util-ities] 패널→[Utilities] 롤아웃에서 [Reset XForm]을 클릭하고, 바로 밑 [Reset Transform] 롤아웃의 [Reset Selected] 버튼을 누르면 됩니다. [🖉 Modify] 패널에서 [Modifier Stack] 창을 확인해보면 'Editable Poly' 위에 'Reset XForm'이 적용되어 있습니다.

02 이 'Reset XForm'은 [Modifier Stack] 창에 있으면 안 되고, 내장시켜야 합니다. 집 오브젝트를 마우스 우클릭하고 메뉴에서 [Convert To:]→[Convert to Editable Poly]를 다시 선택해줍니다. Reset XForm이 없어집니다. 사라진 것이 아니라 Editable Poly에 적용된 상태라 생각하면 됩니다.

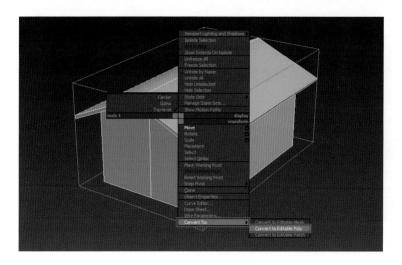

03 이제 본격적으로 UV 작업을 진행하겠습니다. [Modify] 패널 상단의 [Unwrap UVW] 버튼을 클릭해 Unwrap UVW 명령을 적용합니다. 그림처럼 녹색 선이 표시됩니다.

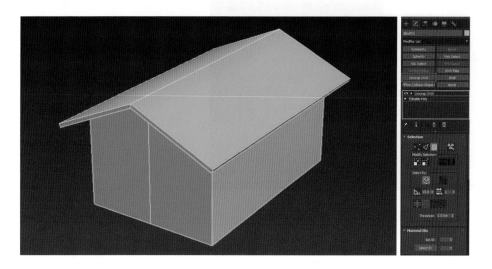

04 간단한 형태의 오브젝트이므로 자동 UV 기능을 한번 사용해보겠습니다. 우선 [Modify] 패널 →[Selection] 롤아웃에서 (Polygon)을 클릭하고, 단축키 [Ctrl + A]를 눌러 집의 모든 Polygon 을 선택합니다.

그다음 [Edit UVs] 롤아웃에서 [Open UV Editor]를 클릭해 [Edit UVWs] 창을 팝업시킵니다. 그리고 상단 메뉴바에서 [Mapping]→[Flatten Mapping]을 누르면 됩니다. [Flatten Mapping] 옵션창은 그냥 [OK]합니다.

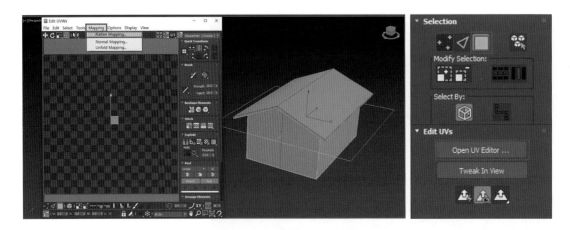

05 모든 면이 자동으로 펼쳐집니다. 그런데 너무 조각나 버렸습니다. 조각 수가 너무 많으면 텍스처 제작 시 문제가 됩니다. 조각들을 정리하겠습니다.

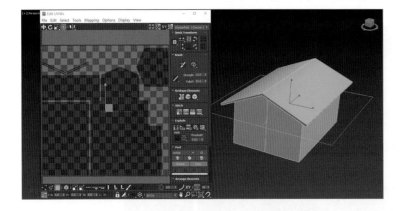

UV 조각 정리

01 조각난 면들을 연결하는 방법을 알아보겠습니다. [Modify] 패널→[Selection] 롤아웃을 (Edge)로 바꾸고 [Edit UVWs] 창에서 Edge 하나를 선택하면, 그 Edge와 연결될 Edge가 파란색으로 표시됩니다.

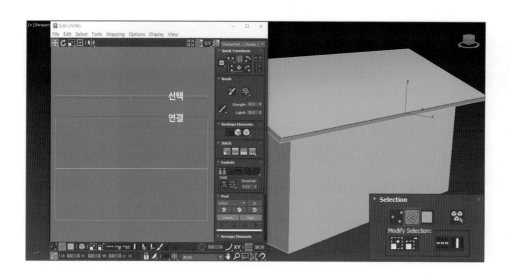

02 [Edit UVWs] 우측 패널의 [Stitch] 롤아웃에서, (Stitch To Target) 버튼을 클릭하면 선택한 Edge(빨간색)가 연결될 Edge(파란색)에 연결됩니다.

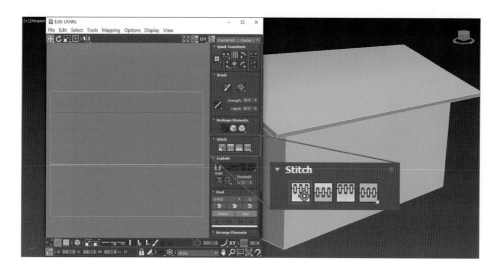

03 01~02단계를 반복하여 지붕에 해당하는 조각 4개를 모두 연결해줍니다. 분리된 Edge를 연결해 새로운 지붕 덩어리가 만들어졌으나 모양이 제대로 되지 않았습니다.

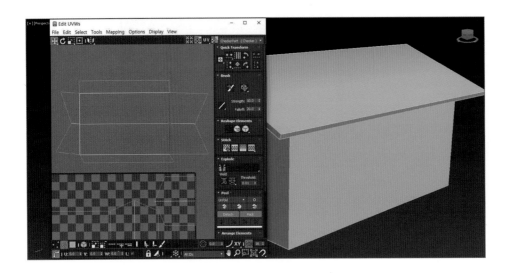

04 [Edit UVWs] 창에서 마우스 드래그로 지붕 Edge를 전부 선택하고, [Edit UVWs] 창 메뉴에서 [Tools]→[Relax] 명령을 줍니다. [Relax Tool] 옵션창이 팝업되면 [Apply] 버튼을 누릅니다. 지붕 조각의 형태와 비율이 3D 오브젝트와 동일하게 재정렬됩니다.

05 마무리를 하겠습니다. [Ctrl + A]를 눌러 모든 Edge를 선택하고 [Edit UVWs] 창의 [Arrange Elements] 롤아웃에서 ▦(Pack Normalize) 버튼을 누르면 체크박스 안에 UV들이 정리되어 배치됩니다.

UV 작업이 제대로 되었는지 확인합니다. 우측 상단 [Texture List Drop-down]을 [ChackerPattern (Checker)]으로 지정하면, 오브젝트에 체크맵이 적용되어 보입니다. 이 체크맵은 정사각형으로 보여야 하고, 크기 역시 균일해야 합니다.

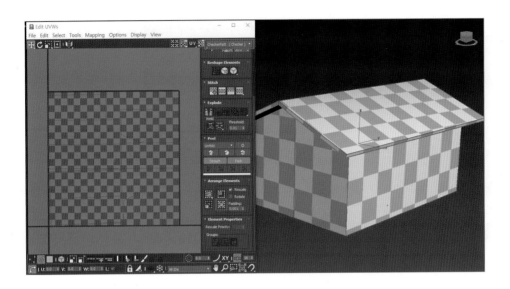

06 지붕 밑(처마)의 경우 3D 오브젝트상에서 잘 안 보이는 부분입니다. 그런 만큼 다른 조각과 같은 공간을 다 차지할 필요는 없습니다. 여기 해당하는 조각은 줄여서 작게 만듭니다. 이런 식으로 확보된 공간에는 다른 중요한 조각을 크게 만들어 배치해줍니다. 특히 게임 작업일 경우 '이 체크박스 안에서 얼마나 효율적으로 UV를 배치하느냐'가 큰 관건이 됩니다.

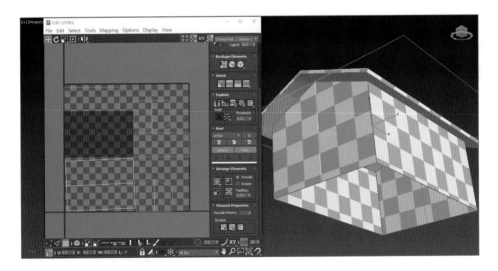

07 나머지 UV들의 크기와 위치를 전체적으로 조정해주고 마칩니다.

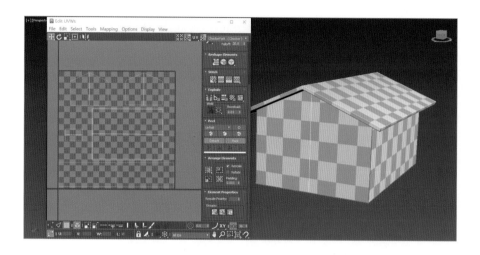

3.3 텍스처링

█ 포토샵 텍스처 제작: 이미지 활용

01 정리된 UV를 포토샵으로 가져가 텍스처를 만들겠습니다. [Edit UVWs] 창 메뉴에서 [Tools] →[Render UVW Template]를 누릅니다. [Render UVs] 창이 팝업됩니다. 사이즈는 Width: 1024, Height: 1024로 설정한 뒤 맨 아래 [Render UV Template] 버튼을 누르면 [Render Map] 창이 팝업됩니다. 좌측 상단 █(Save Image) 버튼을 눌러 원하는 위치와 파일명을 정하고 JPEG 형식으로 저장합니다.

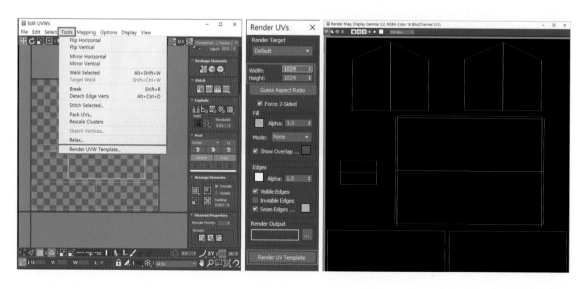

02 저장한 UV 파일을 포토샵에서 불러옵니다. 우측 [Layers] 패널의 'Background' 레이어를 더블클릭해서 일반 레이어('Layer 0')로 바꿔줍니다.

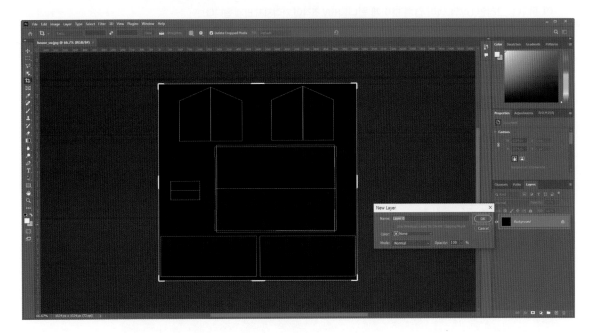

03 [Layers] 패널 하단 ⊞(Create New Layer) 버튼을 눌러 새로운 레이어 'Layer 1'을 생성합니다. 좌측 툴바에서 [Foreground Color] 박스를 클릭해 [Color Picker (Foreground Color)] 창을 엽니다. 원하는 색으로 지정하고 [OK]해줍니다. 집 텍스처의 기본 색을 정한 것입니다.

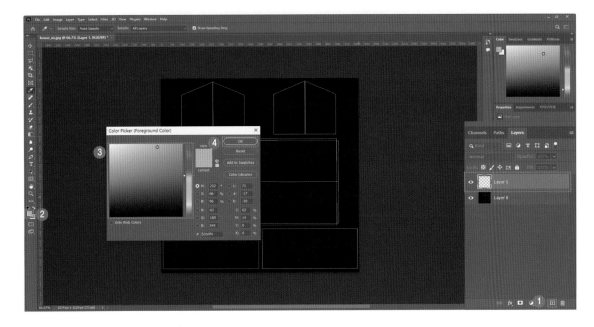

04 단축키 [Alt + Del] 키를 누르면 지정한 색이 레이어에 가득 채워집니다. [Layers] 패널에서 UV 레이어(Layer 0)를 Layer 1 위로 드래그해서 올려주고 Normal 을 Difference 로 바꾸어줍니다. 그러면 UV와 색이 겹쳐 보이게 됩니다(UV 조각이 가려지지 않게 됩니다).

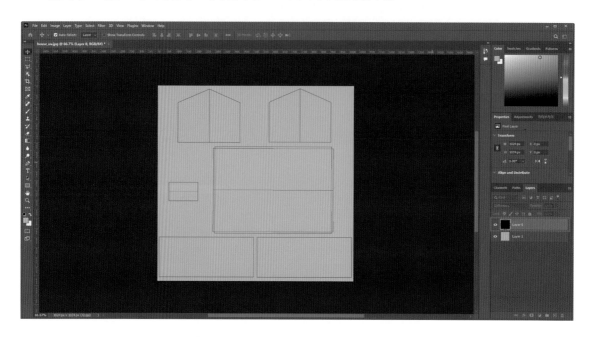

05 구글링(웹사이트 검색)을 통해 집에 사용할 텍스처 이미지들을 찾습니다. 자유롭게 골라보세요. 여기서는 다음과 같이 집 앞면, 옆면 그리고 지붕에 사용할 텍스처를 내려 받았습니다.

06 텍스처 이미지들을 포토샵에서 모두 엽니다. 옆면부터 하겠습니다. 옆면으로 사용할 텍스처 이미지 위에서 [Ctrl + C]를 눌러 복사한 후 작업 중인 UV 창에 [Ctrl + V]로 붙여 넣습니다. 단축키 [Ctrl + T]를 누르면 Free Transform이 가능해집니다. 각각 해당되는 UV 조각에 맞춰 위치와 크기를 조정해줍니다. 이때 키보드 [Shift] 키를 누른 상태에서 움직이면 좌우 비대칭으로 조절할 수 있습니다.

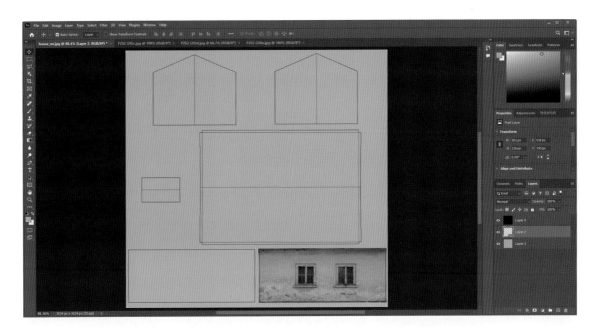

07 'Layer 2'에 집 옆면 하나가 완성되었습니다. 그런데 집 옆면은 2개입니다. 2번 작업할 것 없이 복사해서 사용하겠습니다. 좌측 툴바의 ✛(Move) 툴을 활성화하고, [Ctrl + Alt] 키를 누른 상태에서 움직이면 선택한 레이어가 복사됩니다. [Layers] 패널에 'Layer 2 Copy'가 생겼습니다.

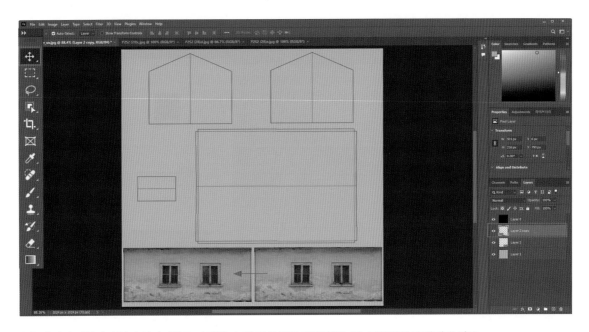

08 나머지 지붕이나 앞면 이미지들도 가져와 UV에 맞추어서 편집해줍니다. 필요하면 07단계를 참고해 레이어를 복제해 사용합니다.

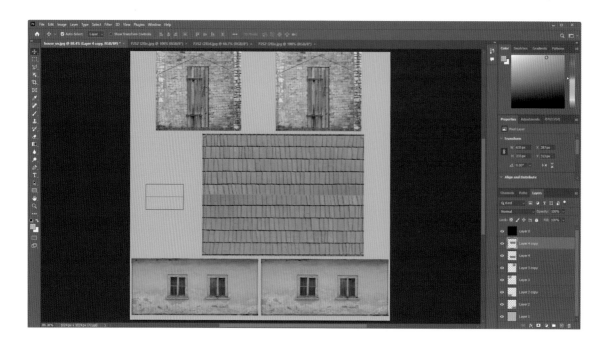

09 완성된 텍스처를 이미지로 저장하겠습니다. UV 레이어는 중복이라 필요 없습니다. [Layers] 패널
에서 'Layer 0' 옆 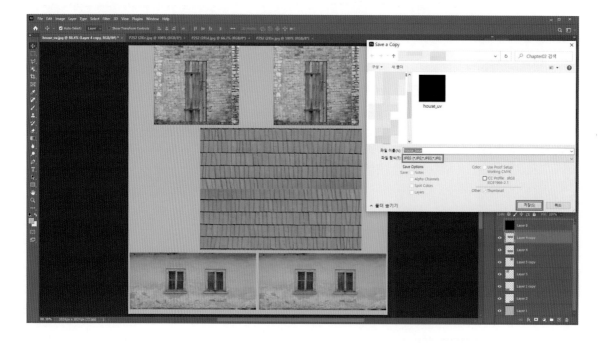 아이콘을 눌러 숨겨준 뒤, [Ctrl + Alt + S]로 현재 보이는 레이어(작업한 이미
지)만 저장합니다.

3ds Max: 텍스처 적용

01 3ds Max로 돌아옵니다. 포토샵에서 만든 이미지를 적용해보겠습니다. 메인 툴바 우측의 (Material Editor)를 클릭해서 [Slate Material Editor] 창을 팝업시킵니다.

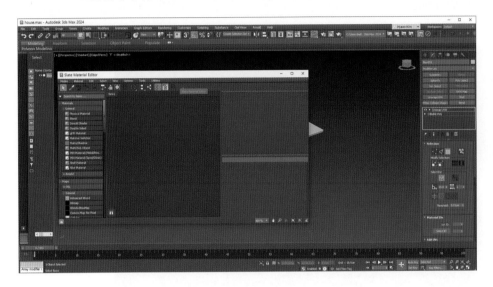

02 좌측 [Material/Map Browser] 패널에서 [Materials]→[General]→[PBR Material(Metal/Rough)]를 선택해 화면 중앙 [View1]에 드래그 앤 드롭해줍니다. 텍스처가 적용될 기본 재질 노드가 마련되었습니다.

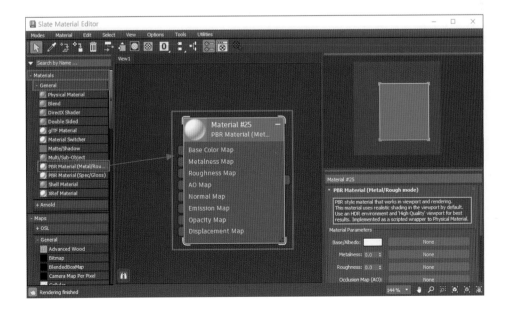

03 [Material/Map Browser] 패널에서 [Maps]→[General]→[Bitmap] 역시 화면 중앙 [View1]에 드래그 앤 드롭해줍니다. [Select Bitmap Image File] 창이 뜨면 포토샵에서 만든 이미지 파일을 선택해 가져옵니다. [Bitmap] 노드의 오른쪽 소켓을 [Material #25…] 노드의 첫 번째 'Base Color Map' 소켓에 연결(와이어링)해줍니다.

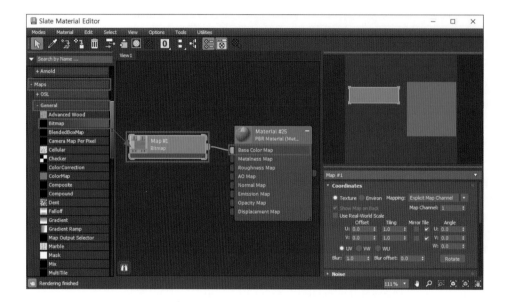

04 텍스처 할당이 끝났습니다. [Material #25…] 노드를 선택하고 [Slate Material Editor] 메뉴의 (Assign Material to Selection) 버튼을 눌러, 지정한 재질을 3D 오브젝트에 적용시킵니다.

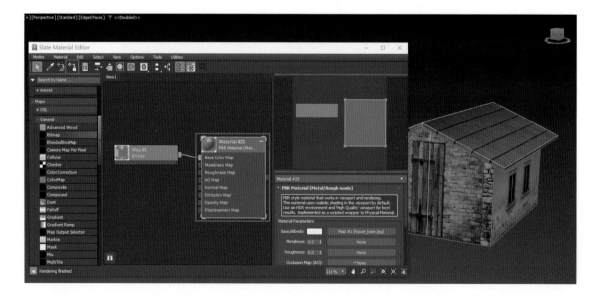

05 이렇게 집이 완성되었습니다.

여기까지 UV 및 텍스처링의 기초에 대해 살펴보았습니다. Chapter 04에서는 지금까지 배운 모델링, UV, 텍스처링 방법을 활용해 본격적으로 캐릭터를 제작해보겠습니다.

3D 캐릭터 디자인
준비: SD 로봇 제작

지금까지 우리는 3D 게임 제작 프로세스
와 3ds Max 프로그램 사용법부터 시작해 3D 모
델링, UV, 텍스처링 등 기본적인 작업을 다양한 예
제를 통해 익혀보았습니다. PART II 에서는 본격
적인 3D 게임 캐릭터를 제작할 뿐 아니라, 제작한
캐릭터로 애니메이션을 구현하고, 그것을 최종
결과물로 출력하는 렌더링(Rendering)까지 체험
해볼 것입니다.

이 Chapter에서는 본격적으로 인간 캐릭
터에 도전하기 전에, PART I 의 마무리로 연습 삼
아 캐주얼풍 게임에 나올 만한 간단한 로봇을 만
들겠습니다.

04

Section 01

모델링(Modeling)

Section 02

UV

Section 03

텍스처링(Texturing)

Chapter 04

모델링
(Modeling)

먼저 모델링을 진행하겠습니다. 간단한 박스 형태의 로봇으로 기본 오브젝트를 크게 변형하지 않고 만들겠습니다.

1.1 로봇 본체와 머리

▌본체

01 우측의 커맨드 패널(Command Panel)에서 [➕Create] 패널→[⚪Geometry]→[Standard Primitives]→[Box]를 선택하고 Top Viewport에서 드래그해 생성해줍니다. Viewport 하단 중앙의 [Absolute Mode Transform Type-In]의 X, Y, Z측에 0,0,0 수치를 줘서 Box를 Viewport 중앙에 위치시킵니다. 생성한 Box를 마우스 우클릭하고, 메뉴에서 [Conver To:]→[Convert to Editable Poly]를 선택해 편집 가능한 상태로 바꿔줍니다.

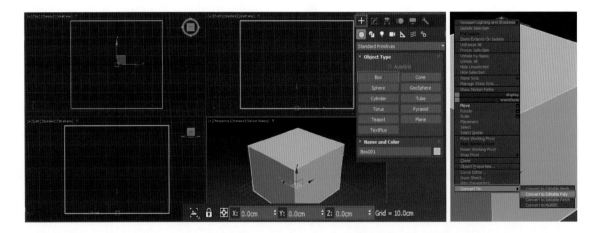

02 이 Box는 로봇 본체가 될 겁니다. 둥글둥글한 느낌을 주기 위해 모서리를 모따기해 둥글려주겠습니다. 키보드 [F4] 키를 누르면 Edge가 보입니다. [✎Modify] 패널→[Selection] 롤아웃→[Sub Selection]을 ◁(Edge)로 설정하고, [Ctrl + A] 키를 눌러 모든 Edge를 선택해줍니다. 그 상태로 마우스 우클릭하고, 메뉴에서 [Chamfer] 명령의 ▣(Settings) 아이콘을 클릭합니다.

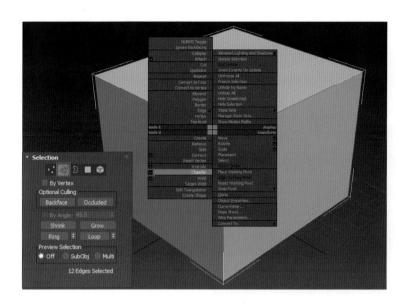

03 [Chamfer] 옵션창의 두 번재 항목에서 'Edge Chamfer Amount' 수치를 올려줍니다. 여기서는 3cm로 설정했습니다. 그림처럼 적절한 모따기를 만들고 (OK)를 클릭해 완료합니다. 본체가 만들어졌습니다.

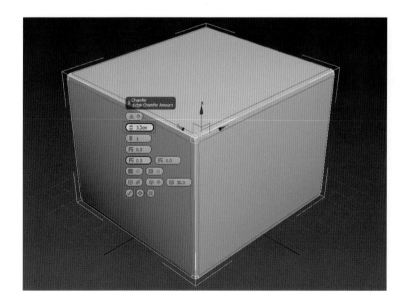

04 본체에 달린 모니터를 본체에서 복사해 만들어주겠습니다. [Sub Selection]을 모두 해제하고, 본체를 선택해 [Shift] 키를 누른 채 (Move) 툴로 움직여 복사해줍니다. [Clone Options] 창은 그냥 [OK]합니다.

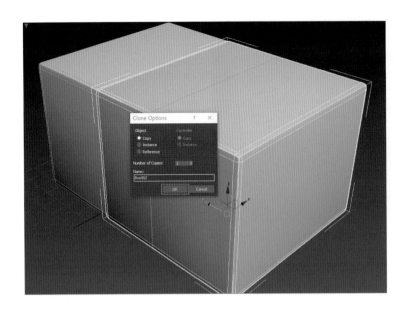

05 필요 없는 뒷부분을 지우겠습니다. [Sub Selection]을 ■(Polygon)으로 바꾸고, 모니터가 될 앞면 Polygon을 제외한 전체를 다중 선택([Ctrl] 키)해 [Del] 키를 눌러 지워줍니다. 크기와 위치를 그림 처럼 조절해줍니다.

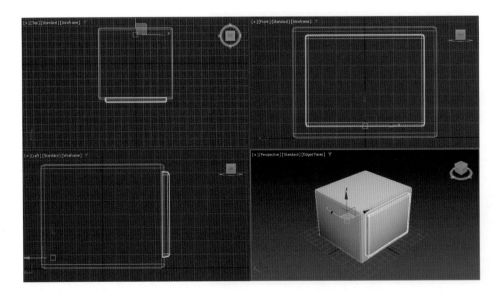

▍머리

01 머리를 달아주겠습니다. Top Viewport에서 Box를 다시 하나 생성하고 Viewport 하단 중앙 [Absolute Mode Transform Type-In]의 X와 Y 수치는 0으로 하고, Z는 적절히 조정해 그림처럼 본체 머리 위쪽에 위치시켜줍니다. [☑ Modify] 패널→[Parameters] 롤아웃에서 Length Segs, Width Segs, Height Segs를 모두 4,4,4로 지정합니다. 4*4 큐브와 같은 오브젝트가 만들어졌습니다.

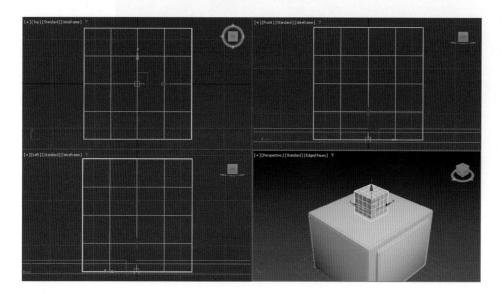

02 [☑ Modify] 패널 상단 명령 모음 중 [Spherify]를 클릭해 Box를 공 모양으로 만들어줍니다. (Spherify 명령은 [Modifier List]에서 직접 찾아 적용해줘도 됩니다.)

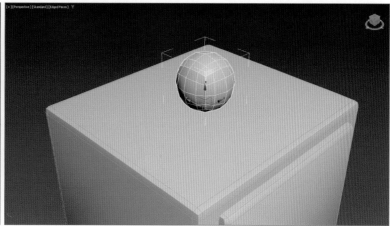

03 로봇 머리가 만들어졌습니다. 각 Viewport에서 확인하면서 메인 툴바의 ✛(Move)와 ▦(Scale) 툴을 이용해 다음 그림처럼 크기와 위치를 조절해줍니다.

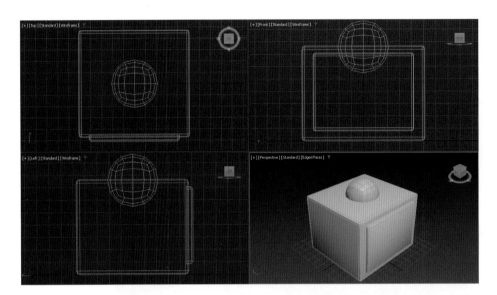

04 안테나를 만들겠습니다. [✛Create] 패널→[◉Geometry]→[Standard Primitives]→[Cylinder]를 클릭한 뒤 Left Viewport에서 Cylinder를 하나 생성하고, ✛(Move)와 ↻(Rotate) 툴을 사용해 회전시켜서 그림처럼 머리에 비스듬히 박히도록 위치시켜줍니다. 조금 각진 모양으로 하겠습니다. [▨Modify] 패널→[Parameters] 롤아웃에서 Height Segments는 1로, Sides는 8로 줄여줍니다.

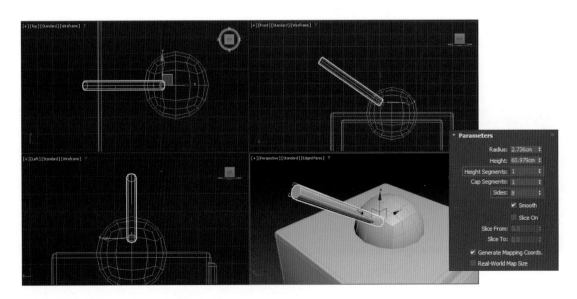

05 안테나의 끝에 둥근 수신기를 달겠습니다. Spherify 명령이 적용된 Box(로봇 머리)를 재활용하겠습니다. 로봇 머리를 선택하고 [Shift] 키와 ✛(Move) 툴로 복사해 안테나 끝에 위치시키고, ▣ (Scale) 툴로 크기를 줄여줍니다.

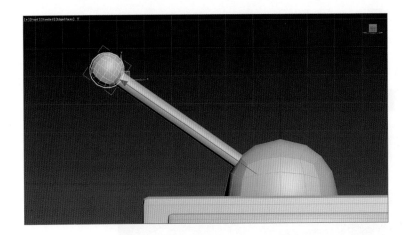

1.2 로봇 팔과 엔진

▌팔

01 팔을 만들 차례입니다. 팔을 생성하기 전에 본체와 팔 사이의 연결부를 만들겠습니다. 안테나 수신기 때 했듯 [Shift] 키와 ✛(Move) 툴로 로봇 머리를 하나 더 복사해서 Front Viewport 기준으로 로봇 본체의 왼쪽에 가져다 놓습니다. 그 상태에서 ▣(Scale) 툴로 X축으로 크기를 줄여 그림처럼 모양을 만들어줍니다.

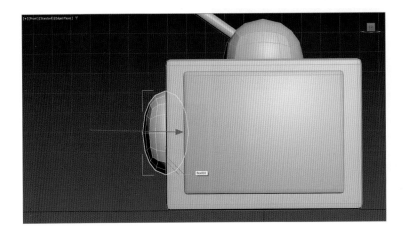

02 팔을 만들겠습니다. [➕Create] 패널→[⬤Geometry]→[Standard Primitives]→[Cylinder]를 클릭하고 Left Viewport에서 드래그해 Cylinder를 생성하고, 마우스 우클릭 메뉴→[Convert To:]→[Convert to Editable Poly]로 편집 가능한 상태로 바꿉니다.

로봇 팔이 점점 굵어지게 하겠습니다. [☑Modify] 패널→[Selection] 롤아웃→[Sub Selection]을 ⦂(Vertex)로 설정한 채 Left Viewport에서 팔 끝 부분 Vertex를 모두 선택하고 🔲(Scale) 툴로 전체적으로 키워주면, 그림처럼 길쭉한 긴 뿔대 형태가 됩니다.

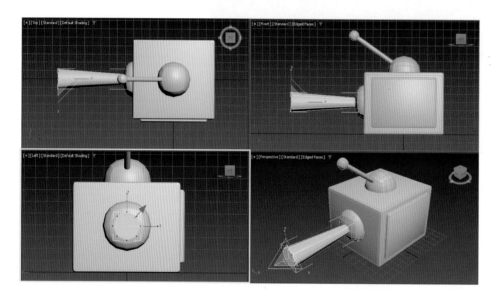

03 팔이 구부러지도록 관절을 추가하겠습니다. 우선 [Sub Selection]을 ◁(Edge)로 변경한 뒤, Front Viewport에서 Cylinder의 세로 Edge를 하나 선택하고, [Ring] 버튼을 눌러 모든 Edge를 선택합니다. 마우스 우클릭 메뉴에서 [Connect] 명령 옆 🔲(Settings) 아이콘을 클릭합니다.

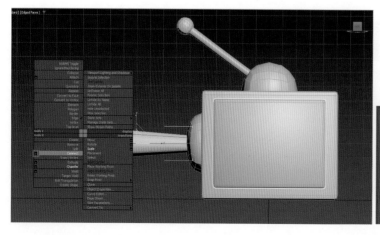

04 [Connect Edges] 옵션창이 뜹니다. 첫 번째 ▤(Segment) 항목 수치를 4로 변경하고, ✅(OK)해줍 니다. 그림처럼 뽈대 Edge에 수직으로 4줄이 추가됩니다.

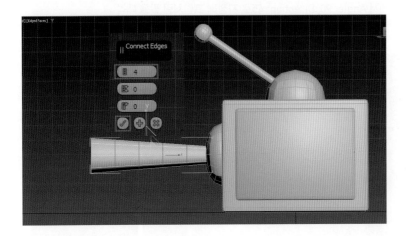

05 팔 관절 사이를 띄워 SD 로봇 느낌을 더 주겠습니다. 추가된 4개 Edge를 다시 선택하고 마우스 우 클릭 메뉴에서 [Extrude] 명령 옆 ▣(Settings) 아이콘을 클릭합니다. [Exturde Edges] 옵션창에 서 첫 번째 ▥(Height) 항목 수치는 마이너스로 줘서 Edge를 안쪽으로 들어가게 하고, 두 번째 ▦ (Width) 항목 수치는 적당히 조절해서 그림처럼 적당한 간격을 만들어줍니다. ✅(OK)를 눌러 완료 합니다.

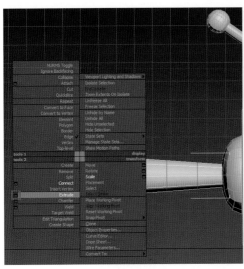
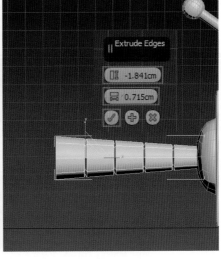

06 팔 형태는 완성입니다. 이제 자연스럽게 내려주겠습니다. [Sub Selection]을 모두 해제합니다. [☑ Modify] 패널 상단 명령 모음에서 [Bend]를 클릭합니다. 오브젝트를 구부리는 명령입니다. [Parameters] 롤아웃→[Bend] 항목에서 Angle: 90, Direction: 45로 지정해 그림처럼 팔을 대각선 앞으로 회전시킵니다.

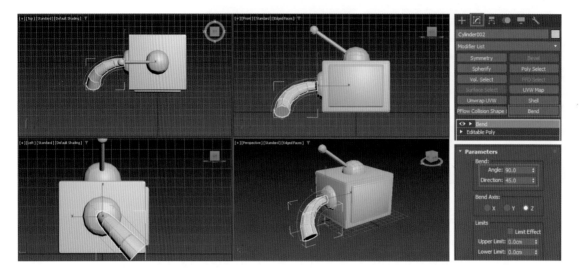

▌ 손

01 로봇 손 차례입니다. 다시 Spherify 명령이 적용된 Box(머리나 안테나 수신기)를 [Shift] 키와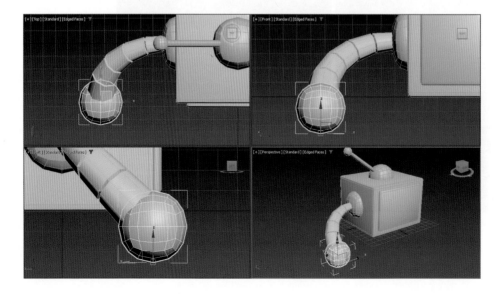
(Move) 툴로 복사해서 팔 끝에 위치시키고 (Scale) 툴로 크기를 적당히 조절해줍니다.

02 이 손에 손가락 몇 개를 달아주겠습니다. [➕Create] 패널→[⚫Geometry] 아래 메뉴에서 [Ex-tended Primitives]를 선택합니다. 기본 오브젝트 외 오브젝트가 모여 있는 곳입니다. 그중 [OilT-ank]를 선택하고, Front Viewport에서 생성해줍니다. [✏️Modify] 패널→[Parameters] 롤아웃에서 Sides: 12, Height Segs: 8로 설정합니다.

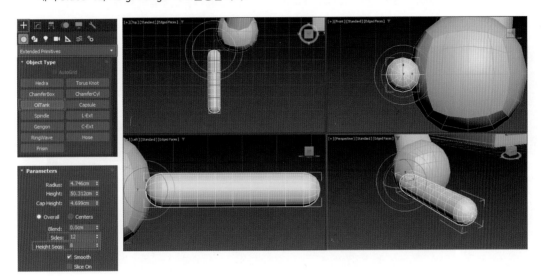

03 [✏️Modify] 패널에서 [Bend] 명령을 주고, [Parameters] 롤아웃의 Angle 수치를 100으로 설정합니다. 🔄(Rotate)와 ✥(Move) 툴로 그림처럼 위치와 모양을 다듬어줍니다. 손가락 하나가 만들어졌습니다.

이를 좌우 대칭 복사해 반대편 손가락도 붙여주겠습니다. 그런데 Top Viewport에서 손가락을 클릭해보면, 선택되었음을 나타내는 흰색 사각 테두리가 마름모꼴로 비스듬히 틀어져 보입니다. 좌표축이 돌아가 있음을 알 수 있습니다. 이 상태로는 제대로 좌우 대칭이 되지 않습니다.

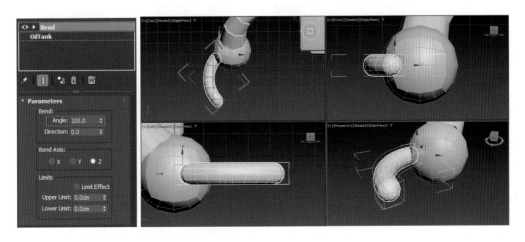

04 좌표를 재정렬해주겠습니다. 우측 커맨드 패널(Command Panel) 맨 우측의 [🔧 Utilities] 패널에서 [Utilities] 롤아웃→[Reset XForm]과 [Reset Transform] 롤아웃→[Reset Selected] 버튼을 차례로 클릭합니다.

[📝 Modify] 패널→[Modifier Stack] 창에 'Reset XForm'이 나타납니다. 마우스 우클릭 메뉴→[Convert To:]→[Convert to Editable Poly]로 명령들을 안 보이게 내장시켜줍니다.

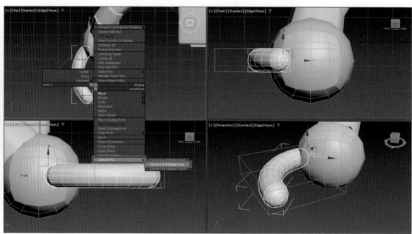

05 오류를 방비했으니 반대편 손가락을 만들어주겠습니다. [📝 Modify] 패널 상단 명령 모음에서 [Symmetry]를 클릭합니다. [Modifier Stack] 창에서 'Symmetry' 명령 하위의 'Mirror' 명령을 선택하면 노란색 기즈모가 나타납니다.

그 상태로 하단 [Symmetry] 롤아웃의 [Pick Object] 버튼을 클릭하고, Viewport에서 좌우 대칭 기준이 될 손 오브젝트를 선택해줍니다. 그러면 손 오브젝트인 'Box006' 기준으로 손가락 오브젝트 'OilTank001'이 좌우 대칭 복사됩니다.

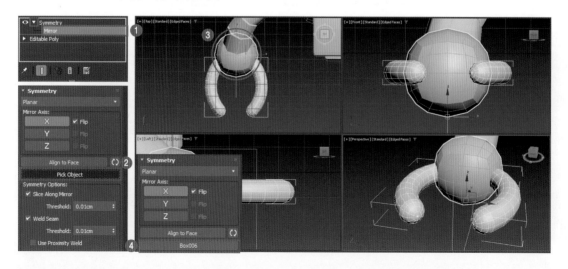

06 다음 작업을 이어가기 전에, 좌표축을 상하 대칭시킨 오브젝트들의 중심으로 조정하겠습니다. 우측 커맨드 패널(Command Panel)→[Hierarchy] 패널→[Adjust Pivot] 롤아웃에서 먼저 Affect Pivot Only 버튼을 눌러 좌표축만 움직일 수 있게 설정합니다. 그리고 [Alignment] 항목의 Center to Object 버튼을 누르면 좌표축이 오브젝트 중앙으로 이동됩니다.

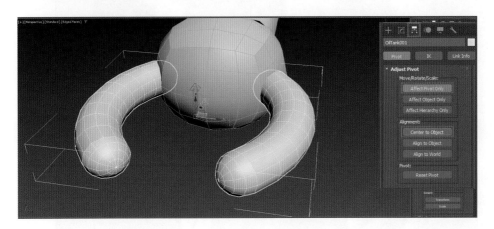

07 만들어진 손가락 2개를 복사해 세로 방향의 손가락 2개를 만들겠습니다. Affect Pivot Only 를 해제하고 Front Viewport에서 [Shift] 키를 누른 채 메인 툴바의 ⟳(Rotate) 툴로 Y축으로 90도만큼 회전시켜줍니다. 그림처럼 나타났다면, [Clone Options] 창에서 그대로 [OK]합니다.

이때 똑같이 메인 툴바에 있는 ⟳(Angle Snap Toggle)을 활성화시키고 회전하면 스냅이 걸려 5도 단위로 움직이므로, 정확히 90도로 돌리기 쉽습니다.

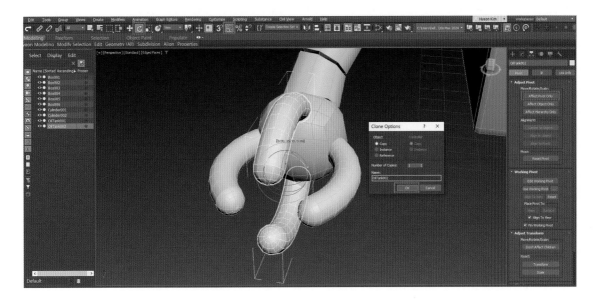

08 [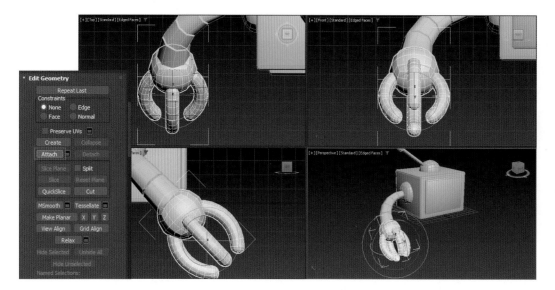Modify] 패널→[Edit Geometry] 롤아웃→[Attach] 버튼을 누른 뒤 손가락 오브젝트 2개와 손 오브젝트를 차례로 클릭해 하나의 오브젝트로 합쳐줍니다. 그 뒤 (Rotate)와 (Move) 툴을 이용해 그림처럼 팔 각도에 맞추어서 위치시켜줍니다. 손까지 완성되었습니다.

엔진

01 이 로봇은 다리는 없고 후면 추진체를 분사해서 이동합니다. 이 부분을 만들어주겠습니다. 모니터 때처럼 본체를 [Shift] 키와 (Move) 툴로 복사하고 그림처럼 크기와 위치를 잡아줍니다.

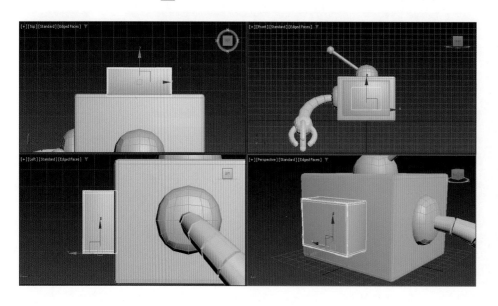

02 [➕ Create] 패널→[⭕ Geometry]→[Standard Primitives]→[Cylinder]를 클릭한 뒤 Top View-
port에서 드래그해 Cylinder를 생성하고, 마우스 우클릭 메뉴→[Convert To:]→[Convert to Edit-
able Poly]를 적용해줍니다.

[✏️ Modify] 패널→[Selection] 롤아웃→[Sub Selection]을 ⬛(Polygon)으로 하고, Cylinder 밑면
을 선택해서 Bevel, Extrude, Bevel, Extrude 명령을 차례로 적용해 그림처럼 분사구 모양을 만들
어줍니다.

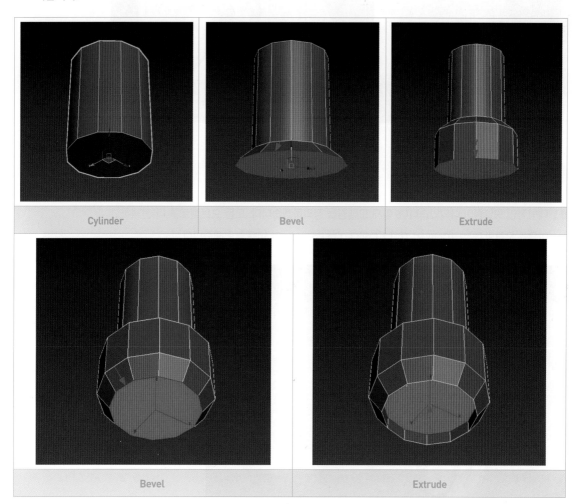

Cylinder   Bevel   Extrude

Bevel   Extrude

03 완성된 분사구를 엔진에 붙여주면 왼쪽 그림처럼 됩니다. 이제 생성한 Box와 Cylinder를 [Ctrl] 키로 다중 선택하고 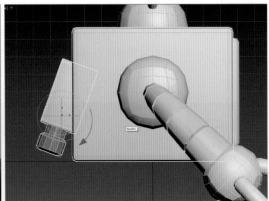(Rotate) 툴로 오른쪽 그림처럼 회전시켜줍니다.

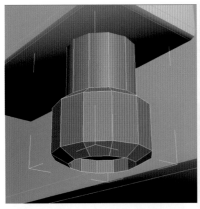

1.3 로봇 모델링 정리

01 대략적인 모델링이 다되었습니다. 이제 모델링을 정리하겠습니다. 모든 오브젝트를 다 선택하고 마우스 우클릭 메뉴→[Convert To:]→[Convert to Editable Poly]를 클릭해줍니다.

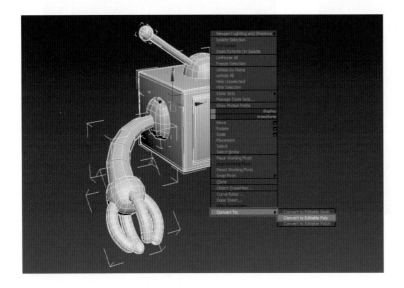

02 안 보이는 면을 지워주겠습니다. 용량만 차지하게 되므로 가려지는 부분은 지워주는 게 좋습니다. [Sub Selection]을 ■(Polygon)으로 하고, 그림처럼 각 부분의 필요 없는 면들을 선택해서 키보드 [Del] 키로 지웁니다.

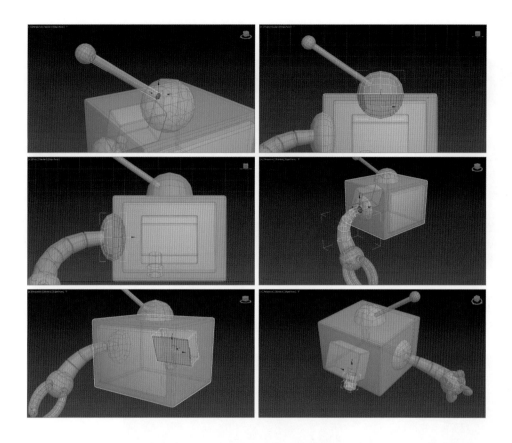

03 팔과 엔진을 한쪽씩만 만든 것은, 좌우 대칭으로 나머지 한쪽을 만들 예정이었기 때문입니다. 그러 자면 중앙 기준으로 오브젝트가 모두 절반으로 나뉘어 있어야 합니다. 그런데 모니터를 보면 중앙 에 Edge가 없습니다.

반을 자르기 위해 세로 Edge를 추가하겠습니다. 모니터의 가로 Edge들을 그림처럼 모두 선택합 니다. 마우스 우클릭하고, 메뉴에서 [Connect]를 적용해 선 분할해줍니다.

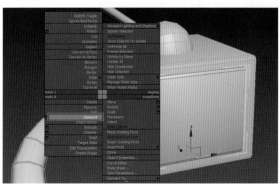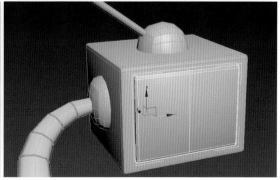

04 본체와 엔진도 03단계와 같은 방법으로 중앙 세로 Edge를 하나씩 추가해줍니다.

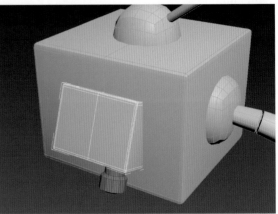

05 아무 오브젝트나 하나 선택하고 [☑ Modify] 패널→[Edit Geometry] 롤아웃→[Attach] 버튼을 활성화한 뒤 나머지 오브젝트들을 모두 클릭해서 하나의 오브젝트로 만들어줍니다.

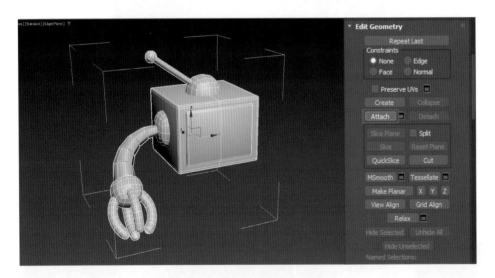

06 [Sub Selection]을 ■(Polygon)으로 하고, Front Viewport에서 오른쪽 Polygon을 모두 선택해 [Del] 키로 지웁니다. 그리고 [☑ Modify] 패널→[Symmetry] 명령으로 좌우 대칭 복사합니다.

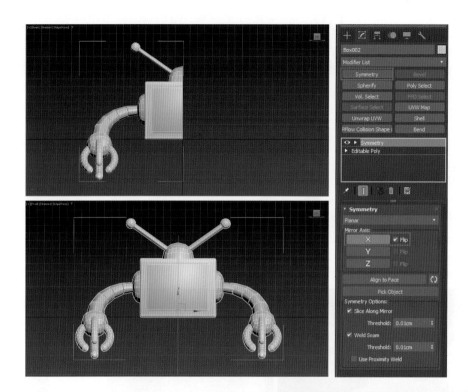

07 마지막으로 우측 [🔧 Utilities] 패널에서 [Utilities] 롤아웃의 [Reset XForm]과 [Reset Transform] 롤아웃의 [Reset Se-lected]를 차례로 클릭해 좌표축을 재정렬 해줍니다.

[🔁 Modify] 패널의 [Modifier Stack] 창에 'Reset XForm'이 보이지 않도록, 로봇을 마우스 우클릭하고 메뉴에서 [Convert To:]→[Convert to Editable Poly] 명령을 다시 내려주면, 'Editable Poly' 만 남고 깨끗해집니다.

이렇게 SD 로봇 모델링이 완성되었습니다.

SECTION

02

UV

완성된 모델링에 텍스처를 입히겠습니다. 알다시피 텍스처 작업을 하려면 먼저 UV 작업을 진행해야 합니다. UV는 텍스처에 따라 작업 방식이 조금 달라집니다. 여기서는 텍스처가 좌우 대칭이라는 전제하에 오브젝트 절반만 UV 작업을 진행하겠습니다

2.1 재단 및 펼치기

01 Section 01에서 만든 Editable Poly 상태의 완성된 모델링에서 바로 시작합니다. Front Viewport에서 [🗹 Modify] 패널→[Selection] 롤아웃→[Sub Selection]을 ■(Polygon)으로 하고, 오른쪽 절반을 선택해 [Del] 키로 지웁니다.

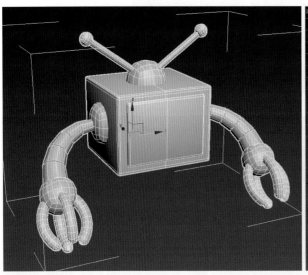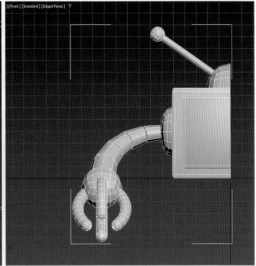

02 다시 [🗹 Modify] 패널에서 [Unwrap UVW] 명령을 줍니다. 오브젝트에 자동으로 적용된 UV선이 녹색으로 표시되는데, 필요 없으므로 안 보이게 하겠습니다. [🗹 Modify] 패널→[Configure] 롤아웃→[Display] 항목에서 [Map Seams] 박스 체크를 해제합니다.

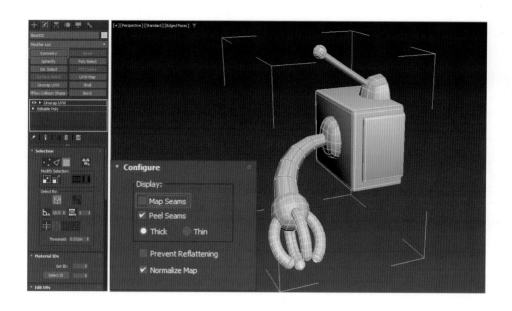

03 이제 UV가 제대로 펼쳐지도록 재단하겠습니다. 모니터부터 시작합니다. [Modifier Stack] 창에서 'Unwrap UVW' 하위의 'Polygon'을 선택합니다. 하단 [Peel] 롤아웃→[Seams] 항목에서 (Edit Seams) 버튼을 선택하고 그림처럼 모니터 모서리 Edge를 클릭해서 재단해줍니다. 재단된 선은 파란색으로 표시됩니다.

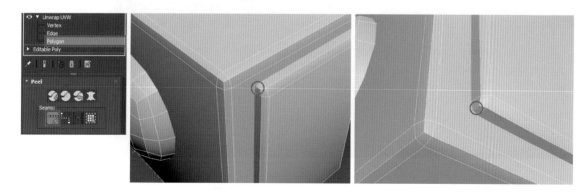

04 [Peel] 롤아웃에서 (Edit Seams)를 해제합니다. 모니터의 아무 면을 하나 클릭하고 (Expand Polygon Selection To Seams) 버튼을 누르면 연결된 Polygon이 다 선택됩니다.

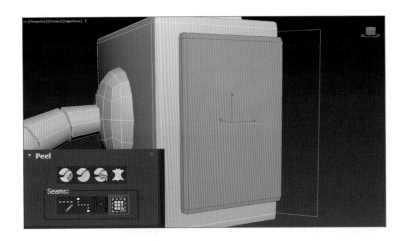

05 선택된 면들을 UV 작업하겠습니다. [Peel] 롤아웃의 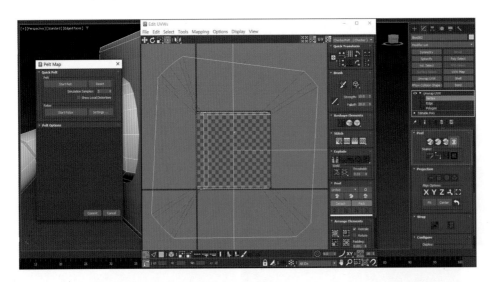(Pelt Map) 버튼을 클릭하면 다음 그림처럼 [Pelt Map]과 [Edit UVWs] 창이 동시에 팝업됩니다.

06 [Pelt Map] 창에서 [Start Pelt] 버튼을 누르면 [Edit UVWs] 창에 선택한 면들이 펼쳐집니다. [Pelt Map] 창 하단 [Commit]를 눌러 완료합니다.

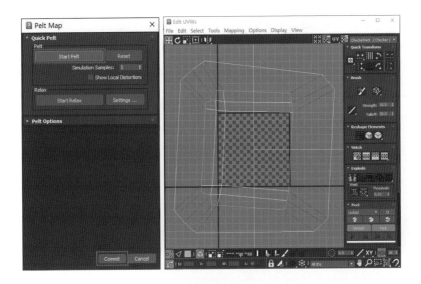

07 이번에는 안테나 수신기 Sphere를 펼치겠습니다. [Modifier Stack] 창에서 'Unwrap UVW' 하위의 'Edge'를 선택한 채로 오브젝트의 Edge를 하나 더블클릭하면 연결된 Edge들이 모두 빨간색으로 선택됩니다. [Peel] 롤아웃에서 (Convert Edge Selection To Seams)를 눌러 Edge를 파란색 Seams(재단선)로 바꾸어줍니다.

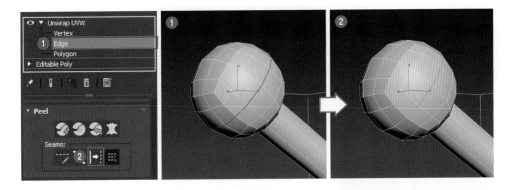

08 잘 펼쳐지도록 모서리쪽의 세로 Edge 2개도 같은 방법으로 그림처럼 재단해줍니다.

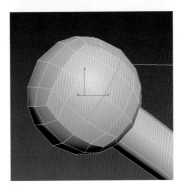

09 [Modifier Stack] 창에서 다시 'Polygon'을 선택하고 ▦(Expand Polygon Selection To Seams) 버튼을 눌러 재단한 면만 선택합니다. 다시 [Peel] 롤아웃에서 ▨(Pelt Map)을 눌러 UV 작업을 시작합니다. [Pelt Map] 창의 [Start Pelt]로 면을 펼치고 [Commit]로 완료해줍니다.

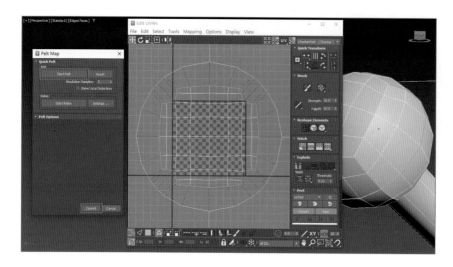

10 03~06단계를 참고해, 나머지 파츠도 모두 재단한 뒤 Pelt Map 작업까지 진행합니다.

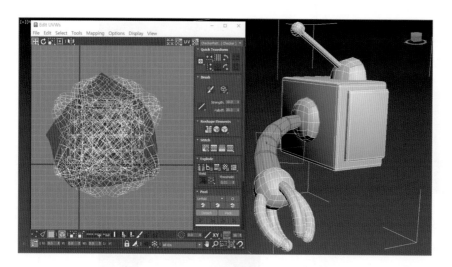

11 [Edit UVWs] 창 우측 [Peel] 롤아웃의 ▨(Quick Peel)을 클릭하면 펼쳐둔 면들이 좌우 대칭에 맞게 Relax되고 다음 그림처럼 체크맵 안에 균일하게 정리됩니다. 우측 상단의 [Texture List Drop-down]에서 [CheckerPattern (Checker)]을 선택해 오브젝트에 체크맵을 적용합니다. 이 체크맵이 Viewport 상에서 균일한 정사각형으로 나타난다면 제대로 UV가 된 것입니다.

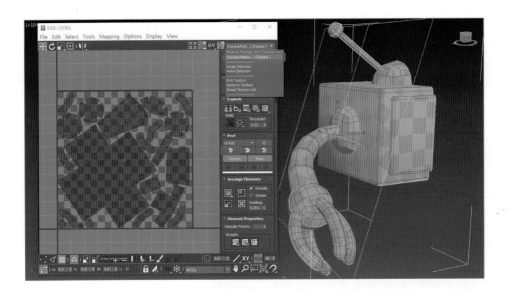

2.2 정리 및 저장하기

01 지금 배치가 너무 빽빽합니다. 채색하기 쉽게 여유를 주겠습니다. [Edit UVWs] 창→[Arrange Elements] 롤아웃에서 Padding 수치를 0.005로 줍니다. (적정 수치는 작업 파일에 따라 다를 수 있습니다. Padding 수치를 올리면 면들 사이의 간격이 커집니다.) ⬚(Pack Normalize)를 눌러 체크박스 안의 면을 재정렬해줍니다.

100% 자동으로 정리되지는 않습니다. 오른쪽 그림을 참고해 수동으로 각 조각을 움직여 적절히 배치시켜줍니다. (하단의 ⬡(Select By Element UV Toggle)을 켜면 덩어리 하나씩 선택됩니다.)

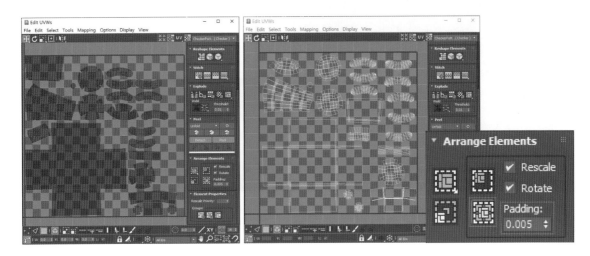

02 UV 작업이 끝났습니다. 이제 포토샵으로 가져가서 채색을 진행하겠습니다. [Edit UVWs] 창 메뉴
바에서 [Tools]→[Render UVW Template]을 클릭해 [Render UVs] 창을 팝업시킵니다. 여기서
원하는 사이즈를 지정하고 [Render UV Template]을 누릅니다.

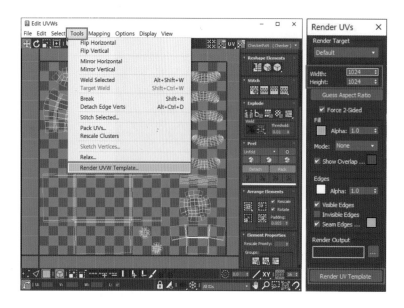

03 [Render Map] 창이 팝업됩니다. 좌측 상단 ⊞(Save Image) 버튼을 눌러 JPEG 이미지로 저장합니다.

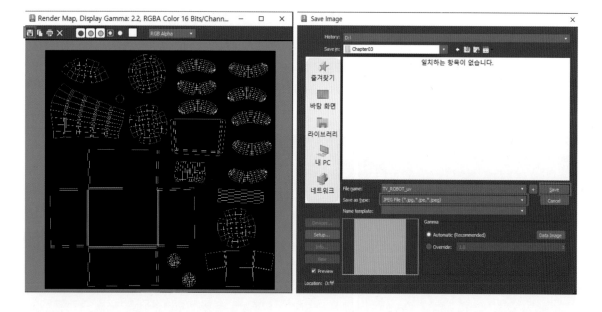

SECTION

03

텍스처링
(Texturing)

텍스처링은 여러 가지 툴과 방법으로 진행할 수 있습니다. 여기서는 가장 기본적인 방법인 포토샵을 이용해서 텍스처를 만들고 적용하겠습니다.

3.1 포토샵 텍스처 제작: 채색

01 3ds Max에서 저장한 UV 파일을 메뉴의 [File]→[Open]으로 포토샵에 불러옵니다. 처음 보이는 'Background' 레이어는 더블클릭해서 일반 레이어('Layer 0')로 만들어줍니다.

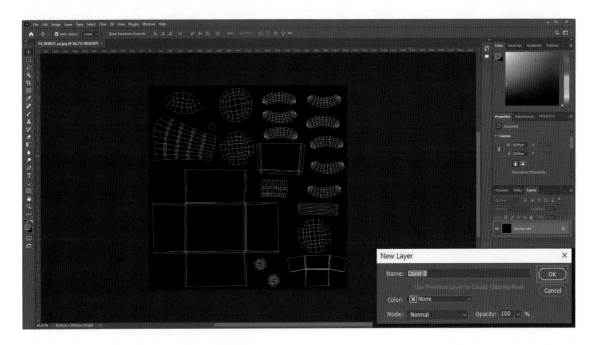

02 우측 [Layers] 패널 하단의 🖽(Create New Layer)를 눌러 새 레이어 'Layer 1'을 생성합니다. 좌측 툴바의 [Foreground Color] 박스를 클릭해 원하는 Foreground Color를 고른 뒤, 단축키 [Alt + Del] 키를 누르면 레이어 전체에 Foreground Color 색이 채워집니다.

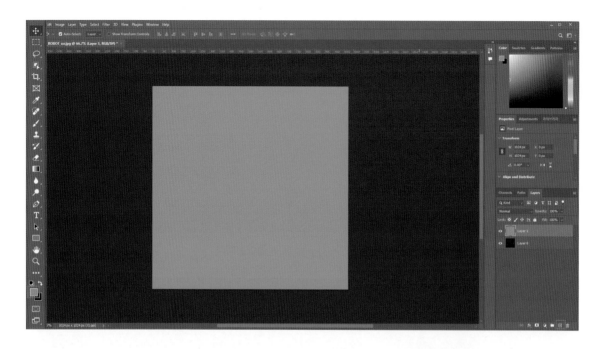

03 [Layers] 패널에서 UV 레이어인 'Layer 0'을 드래그해서 맨 위로 올리고, 모드를 Difference
로 바꾸면 두 레이어가 겹쳐 보이게 됩니다.

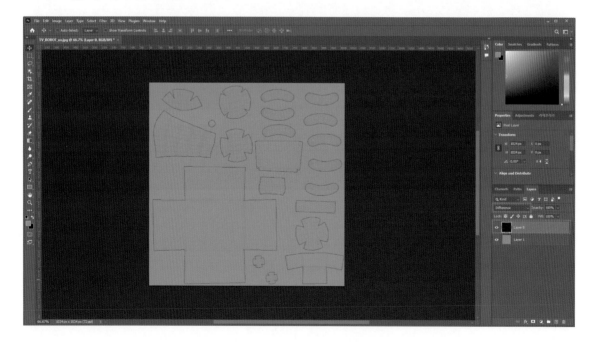

04 별도 이미지 없이 단순 채색으로만 진행하겠습니다. 다시 ⊞(Create New Layer)로 레이어를 하나 추가합니다. 레이어 이름은 '모니터'로 정했습니다. 좌측 툴바의 ▨(Polygonal Lasso) 툴로 윤곽을 따라 클릭해서 그림처럼 모니터에 해당되는 UV 조각을 선택해줍니다.

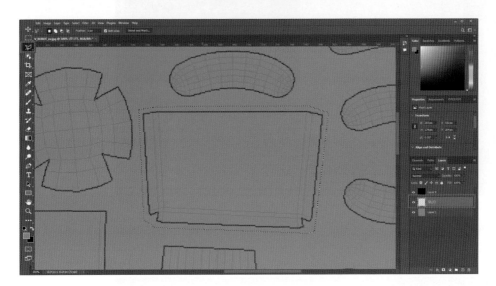

05 Foreground Color를 원하는 색으로 바꿔줍니다. 역시 [Alt + Del] 키를 눌러 색을 채웁니다. 단축키 [Ctrl + D]를 누르면 완료됩니다.

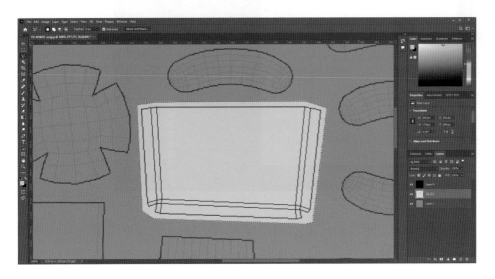

06 04~05단계를 반복하며 같은 방법으로 나머지 조각들도 작업해줍니다. 색을 자유롭게 조합해보세요. 같은 색은 동일 레이어로 처리하면 됩니다.

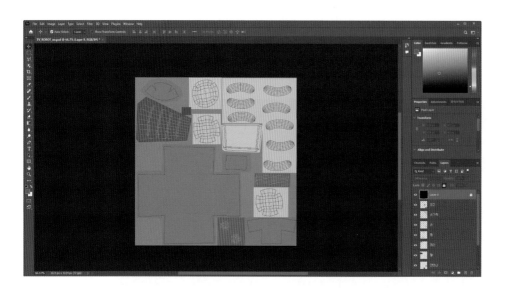

07 완료되었다면 UV 레이어인 'Layer 0'을 숨김 처리한 뒤, 작업한 파일을 JPEG 형식으로 저장해줍니다.

3.2 3ds Max: 텍스처 적용

01 포토샵에서 작업한 텍스처를 3ds Max의 모델링에 적용시켜보겠습니다. Viewport 상단 메인 툴바에서 우측에 위치한 ▓(Material Editor)를 눌러 [Slate Material Editor] 창을 띄웁니다.

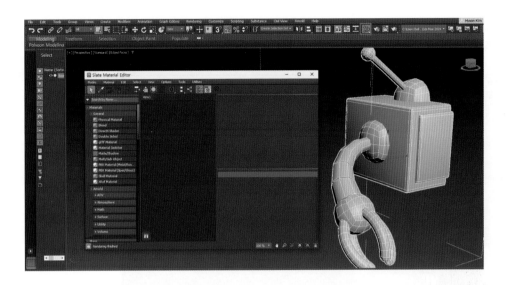

02 좌측 [Material/Map Browser] 패널에서 [Materials]→[General]→[PBR Material(Metal/Rough)]를 선택해 [View1]로 끌어옵니다.

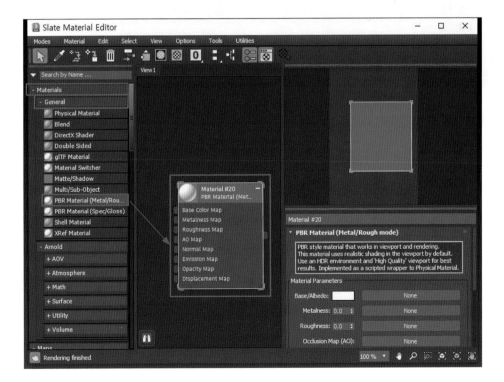

03 [Maps]→[General]→[Bitmap] 역시 [View1]로 끌어옵니다. [Select Bitmap Image File] 창이 뜨
면, 포토샵에서 작업한 Base Color를 선택해줍니다.

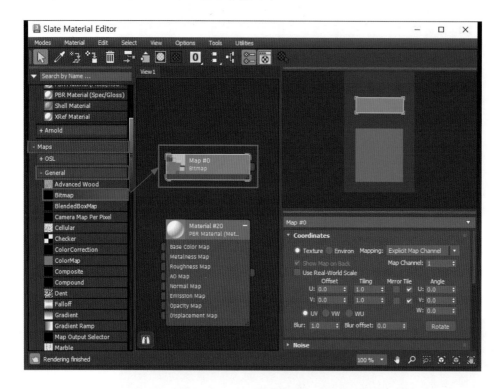

04 [Map #0] 노드의 오른쪽 소켓을 클릭하고 드래그해 [Material #20 PBR Material]의 첫 번째
'Base Color Map' 소켓과 연결해줍니다. 기본색으로 아까 작업한 포토샵 텍스처가 지정되었습니
다. Viewport에서 로봇 오브젝트를 클릭하고 [Slate Material Editor] 창에서 [Material #20 PBR
Material] 노드를 선택합니다. 그 상태로 상단 메뉴의 ⬛(Assign Material To Selection)을 누르면
Material이 오브젝트에 적용됩니다.

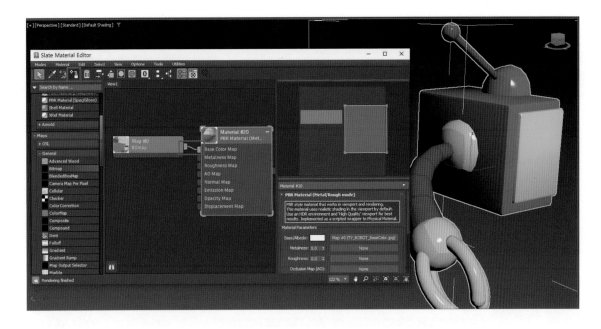

05 [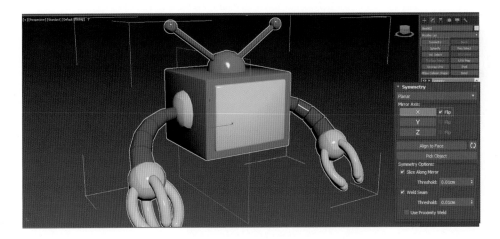Modify] 패널 상단 명령 모음에서 [Symmetry]를 적용하면 반대쪽 데이터도 생성됩니다. 이 때 [Symmetry] 롤아웃에서 [Flip] 박스를 꼭 체크하도록 합니다.

06 전체적인 느낌을 살펴보고, 괜찮다면 포토샵에서 새 레이어를 추가해 좀더 디테일하게 채색 작업을 해줍니다. 여기서는 눈도 그려주고, 장식 페인팅도 더해주었습니다.

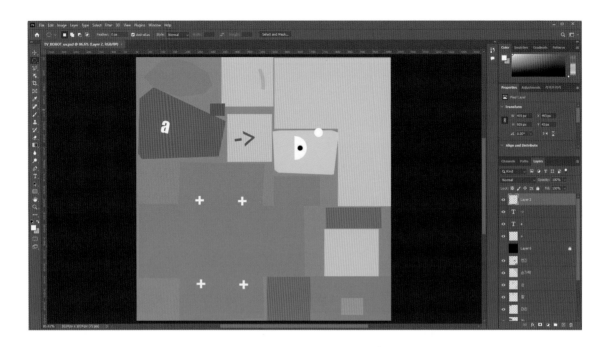

07 텍스처 작업에 따라 퀄리티와 느낌이 많이 달라집니다. 책 특성을 감안해 지금은 이쯤에서 마무리

하겠습니다!

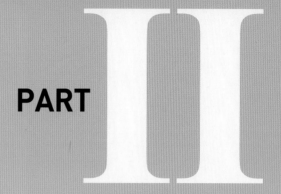

게임 그래픽 실전: 기사 모델링부터 애니메이션, 렌더링까지

지금까지 PART Ⅰ을 통해 3ds Max와 3D 그래픽 작업에 어느 정도 감을 잡았으리라 생각합니다. 이제부터는 실전에 들어가도록 하겠습니다. 실제 게임에 등장할 법한 기사 캐릭터와 장비를 제작하고, 애니메이션을 구현해 렌더링을 거쳐 최종 결과물까지 만들어보는 과정을 논스톱으로 밟아볼 것입니다. 이 과정은 게임 제작 파이프라인과도 유사합니다. 긴 호흡의 과정이지만, 조바심 내지 않고 차분히 하다 보면 원하는 캐릭터도 완성하고, 전체적인 개념도 잡을 수 있을 것입니다.

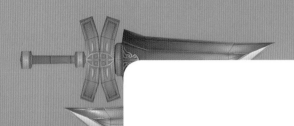

기사를
만들어보자!

게임 모델링은 일반 모델링과 달리 한정
된 Polygon을 사용해 그래픽이나 애니메이션을
최적화한다는 특징이 있습니다. 이번 Chapter
에서는 메인 예제로 기사를 만들어 보겠습니다.
얼굴부터 시작해 몸과 갑옷, 무기까지 모두 만드
는 과정입니다. 모바일용 SD 캐릭터로 상정하여
Polygon을 최소화해 모델링한 뒤, 텍스처는 포토
샵으로 제작해서 적용하겠습니다.

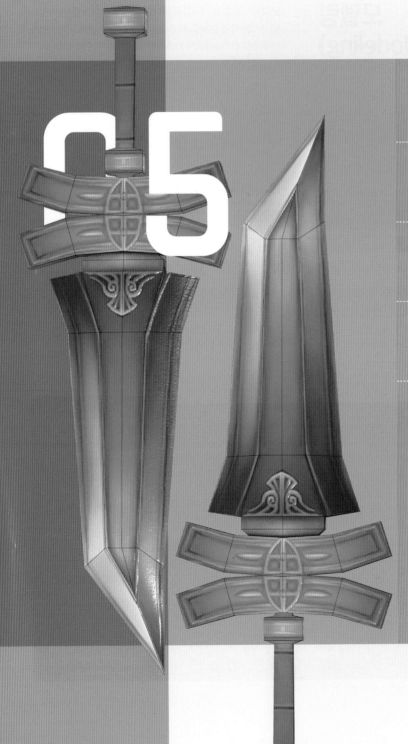

Chapter 05

모델링
(Modeling)

본격적으로 함께 기사를 만들어봅시다. 얼굴 형태를 먼저 만든 뒤, 상체→하체 순서로 차근차근 해나갑시다. 앞서 이야기했듯 이 불필요한 Polygon은 최소화한 '로우폴리곤' 모델링입니다.

1.1 얼굴

머리

01 Viewport 우측 커맨드 패널에서 [＋Create] 패널→[◉Geometry]→[Standard Primitives]→ [Box]를 차례로 클릭해 Top Viewport에서 Box를 하나 생성합니다. 그리고 [☑Modify] 패널 →[Parameters] 롤아웃에서 Length/Width/Height(길이/너비/높이) 값을 모두 30으로 변경해 정육 면체로 만듭니다. 그 아래 각 Segs(세그먼트) 값은 4로 늘립니다.

Viewport 하단 중앙 [Absolute Mode Transform Type-In]의 X축에 숫자 0을 입력합니다. 이렇게 모델링 시 항상 중심점을 0에 맞추어, 좌우 대칭 작업에 문제가 없도록 합니다.

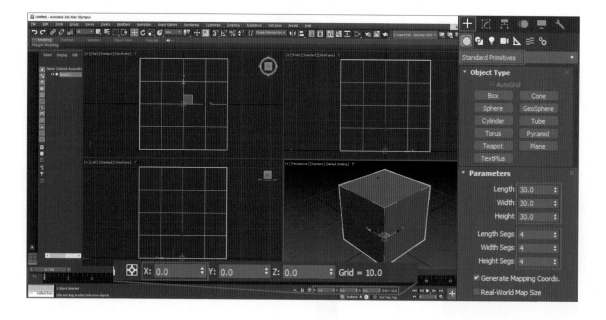

02 다시 [Modify] 패널 상단 [Modifier List]에서 Spherify(스피어리파이) 명령을 찾아 클릭합니다.
([Modifier List]를 검색창 삼아 직접 영문으로 입력해도 됩니다.) Spherify는 오브젝트를 구 형태로 만들어
주는 명령입니다. 구로 바뀐 오브젝트를 마우스 우클릭합니다. 메뉴에서 [Convert to:]→[Convert
to Editable Poly]를 선택해 편집 가능한 상태로 바꿉니다.

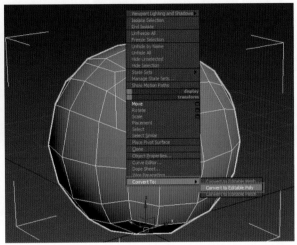

03 얼굴은 양쪽 대칭이므로 한쪽에서만 작업하면 됩니다. [Modify] 패널→[Selection] 롤아웃에서
(Polygon)을 클릭하고, Front Viewport에서 오브젝트의 오른쪽 절반 Polygon을 모두 선택해
[Del] 키로 지웁니다.

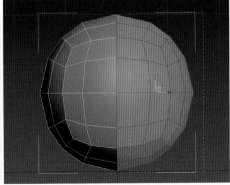

04 남은 절반을 대칭시켜줄 것입니다. [Modify] 패널→[Selection] 롤아웃에서 Polygon이 선택 해
제된 것을 확인하고, [Modifier List]에서 Symmetry 명령을 클릭합니다. [Symmetry] 롤아웃에
서 [Mirror Axis]를 X축으로 선택하고, [Flip] 박스에 체크하면 반대편에 Polygon이 나타납니다.
이렇게 머리의 기본이 되는 구를 완성했습니다.

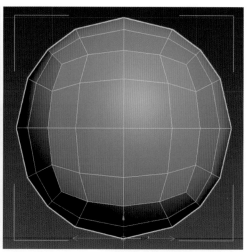

05 모델링을 계속하기 위해 우측 [Modifier Stack] 창에서 [Editable Poly]를 선택
합니다. 그런데 구의 왼쪽 절반이 사라져 버립니다. 이때 하단의 ▓ (Show End
Result), 즉 최종 결과물을 보여 달라는 토글을 누르면 Symmetry 명령이 다시 적
용되어 왼쪽 절반이 나타납니다. 이 상태로 작업을 계속하면 됩니다.

06 이목구비를 만들려면 우선 Edge를 추가해 코나 입이 될 Segment를 마련해줘야 합니다. [Selec-
tion] 롤아웃→[Sub Selection]에서 ◁ (Edge)를 클릭하고, Segment를 추가할 부분의 세로 Edge
들을 그림처럼 드래그해서 선택합니다.

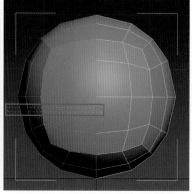

07 마우스 우클릭 메뉴에서 [Connect] 명령을 내립니다. 그러면 선택한 Edge들을 잇는 가로 Edge가 생기고, 그림처럼 Segment가 추가됩니다.

 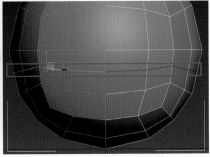

08 06~07단계와 같은 방법으로 이번에는 중앙에 가까운 가로 Edge들을 선택해, 세로 Edge를 만들어 그림처럼 Segment를 추가해줍니다.

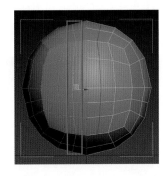

> **TIP Symmetry 적용 시 유의점**
>
> 현재 Symmetry 명령이 적용된 상태이므로, 한쪽(여기서는 왼쪽)에서 작업한 내용이 다른 한쪽(오른쪽)에도 동일하게 나타납니다. 박스 안의 주황색 Edge는 직접 추가한 것이고, 다른 쪽의 붉은색 Edge는 Symmetry 명령으로 자동으로 나타난 것입니다.

09 이제 Cut 명령으로 코와 입 모델링에 필요한 Segment를 추가하겠습니다. [Edit Geometry] 롤아웃에서 [Cut] 버튼을 선택하고 원하는 부분을 클릭하면 칼로 자르는 것처럼 새 Edge가 그려집니다.

먼저 구 아래쪽을 그림처럼 순서대로 클릭해서 입 기준이 될 가로 Edge를 하나 추가합니다. (이때 [Sub Selection]은 아무것도 선택하지 않고 비워 둡니다.)

 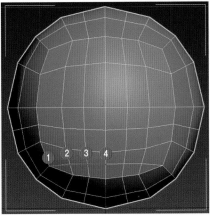

10 마찬가지로 Cut 명령을 사용해 위쪽 가로 Edge를 부분적으로 추가해 콧대의 시작선을 만들어줍니다. 그러면 얼굴 모델링을 위한 기본 바탕은 다 만들어졌습니다.

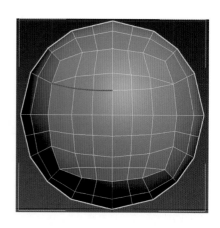

코와 얼굴형

01 본격적으로 이목구비 위치를 잡아보겠습니다. 코부터 시작합니다. [Cut] 명령으로 똑같이 Edge를 그려 나가면서, 콧대와 콧망울이 될 Segment를 그림처럼 차례차례 추가합니다.

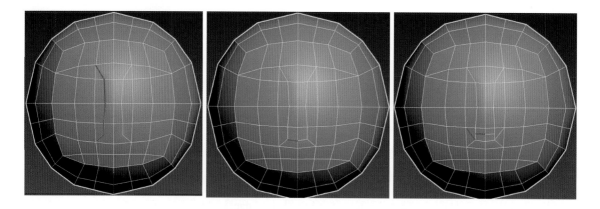

02 콧대를 세워주겠습니다. [Sub Selection]을 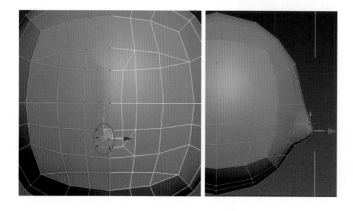(Vertex)로 설정하고, Front Viewport에서 코끝 Vertex 6개를 선택합니다. Left Viewport에서 Vertex들을 X축 방향(오른쪽)으로 당겨서 코를 만들어줍니다.

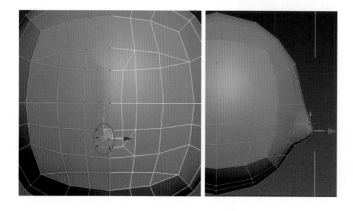

03 지금은 얼굴이 너무 둥그렇습니다. 얼굴형을 잡아주겠습니다. 먼저 Left Viewport에서 왼쪽 그림 처럼 바깥 Vertex들을 안쪽으로 움직여 턱 윤곽과 이마선을 잡아주고 대략 옆얼굴 형태를 만듭니 다(왼쪽 그림 참조). 그다음 Front Viewport로 돌아와서, 같은 방식으로 바깥쪽 Vertex들을 안쪽으 로 밀고, 계란형으로 얼굴형을 다듬어줍니다(오른쪽 그림 참조).

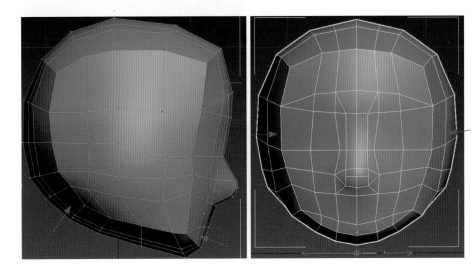

04 지금은 코끝만 만들어져 있습니다. 콧대를 명확히 잡아주겠습니다. 다시 [Edit Geometry] 롤아웃 의 [Cut] 명령으로 그림처럼 가로 Edge를 추가해 콧대 부분의 Segment를 추가해줍니다. 그리고 Perspective Viewport에서 콧대를 뚜렷하게 다듬으면, 코는 완성입니다.

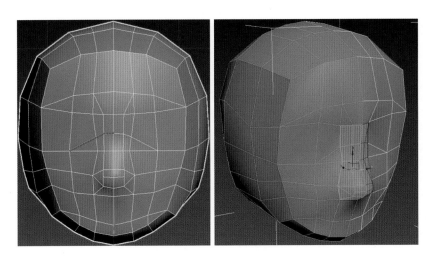

05 이어서 눈 차례입니다만, 눈은 텍스처로 처리할 예정이므로 모
델링 단계에서는 눈이 위치할 안와 부근의 와이어를 가운데가
파인 모양(눈 주변을 둘러싼 눈썹뼈와 광대 윗부분을 생각하면 됩니다)
으로 잘 다듬고 마치겠습니다.

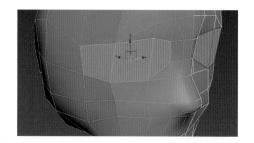

목

01 오브젝트를 하나 더 생성해 몸통과 머리를 이어줄 목
을 만들겠습니다. 이때 머리 오브젝트가 대칭 상태면
작업하기가 힘듭니다. 마우스 우클릭 메뉴에서 [Con-
vert To:]→[Convert To Editable Poly]를 클릭해 편
집 가능한 오브젝트로 바꿔주면 Symmetry 명령이 해
제됩니다.

02 [Sub Selection]을 ■(Polygon)으로 하고, 두상 아래쪽 목이 추출될 부분의 Polygon 4개를 그림
처럼 선택해서 지웁니다. 사각형 구멍이 생깁니다. 그리고 [Sub Selection]을 ⋮⋮(Vertex)로 바꾼
뒤, Vertex를 움직여 그림처럼 목 둘레를 자연스럽게 다듬어줍니다.

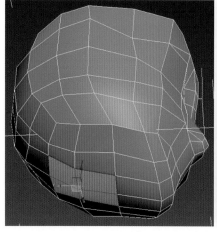
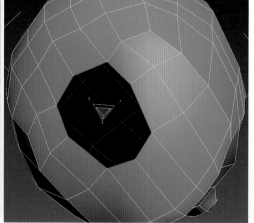

03 이번에는 [Sub Selection]을 🌙(Border)로 하고, 그림처럼 아까 다듬은 목 둘레를 클릭합니다. 그리고 Left Viewport에서 [Shift] 키를 누른 채로 메인 툴바의 ✛(Move) 툴을 이용해 아래쪽으로 움직여주면 목이 추출됩니다. 2번 추출합니다.

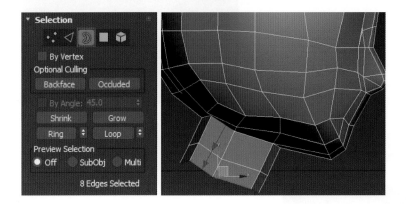

04 다시 Vertex를 움직여 목 모양을 다듬습니다. 턱과 이어지는 위쪽 목의 면적을 더 넓게 하고, 어깨+몸통과 연결될 것을 고려해 아래쪽은 비스듬하게 만들어줍니다.

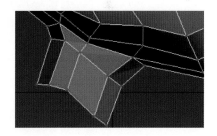

귀

01 이제 귀를 만들겠습니다. 귀는 양쪽에 하나씩 있으므로, 다시 반을 지우고 Symmetry 적용 상태에서 작업을 진행합니다. Front Viewport에서 [Sub Selection]을 ▢(Polygon)으로 하고 오른쪽 얼굴과 목 전체를 드래그해 선택한 뒤 키보드 [Del] 키로 지웁니다. 다시 한번 [☑Modify] 패널→[Modifier List]에서 [Symmetry]를 클릭해 대칭 명령을 적용합니다.

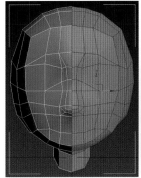

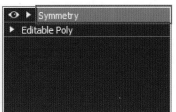

02 Left Viewport로 가 옆얼굴에서 귀 위치를 어림한 뒤, Polygon 2개가량을 선택해 그림처럼 귀 모양으로 다듬어줍니다. 아주 세밀하지 않아도 괜찮습니다.

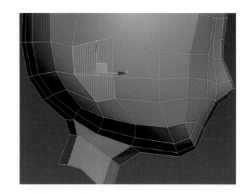

03 다시 [Sub Selection]을 ■(Polygon)으로 한 뒤 귀가 될 Polygon들을 다중 선택([Ctrl] 키)하고, [☑ Modify] 패널→[Edit Polygons] 롤아웃→[Extrude] 명령을 주어 귀를 추출합니다.

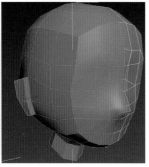

> **TIP**
>
> Extrude 명령 적용 시 마우스를 좌우가 아닌 위아래로 움직이면 좀더 잘 추출됩니다.

04 귓바퀴를 구현해 더 자연스럽게 만들어주겠습니다. 다시 [☑ Modify] 패널→[Edit Vertices] 롤아웃에서 [Target Weld] 버튼을 클릭합니다. 그 상태에서 바깥쪽 Vertex(1번)를 먼저 클릭하고 평행한 안쪽 Vertex(2번)를 클릭하면 1번 Vertex가 2번 Vertex와 합쳐집니다. 이렇게 귀 앞쪽 Edge에 있는 Vertex 3쌍을 각각 합쳐서 그림과 같이 만들어줍니다. 두께가 남아 있는 뒤쪽 Edge는 자연스럽게 귓바퀴가 됩니다.

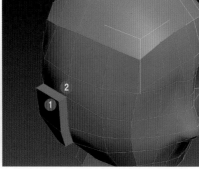

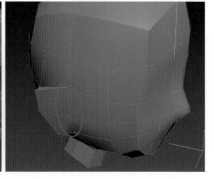

뒤통수

01 머리가 거의 다 완성되었습니다. 그런데 뒤통수는 머리카락에 가려 보이지 않을 것이므로 지워주
도록 하겠습니다. 우선 머리카락과 얼굴의 경계부터 잡아줍시다. [🖉Modify] 패널→[Edit Geom-
etry] 롤아웃의 [Cut] 명령으로 이마와 귀를 잇는 대각 Edge를 그림처럼 추가하고, 뒷통수의 가로
Edge와 자연스럽게 이어지도록 Vertex를 다듬어줍니다.

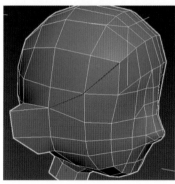 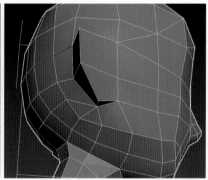

02 이제 [Ctrl] 키를 누르고 이마선 위쪽~옆머리, 귀 뒤쪽
~목 위쪽까지 뒤통수가 될 Polygon을 모두 다중 선택
해서 키보드 [Del] 키로 지웁니다.

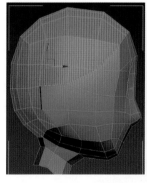 

03 마무리 작업을 하겠습니다. [Sub Selection]을 ■(Polygon)으로 하고 마우스
를 드래그하거나 [Ctrl + A] 키로 남은 모든 얼굴 Polygon을 선택합니다. 그
리고 [🖉Modify] 패널→[Polygon: Smoothing Groups] 롤아웃에서 Auto
Smooth 수치로 숫자 180을 입력하고 키보드 [Enter] 키를 누릅니다.

[Auto Smooth]는 서로 만나는 각도값이 특정 수 이하인 Polygon들을 부드
럽게 보이게 하는 기능입니다. 여기서는 면과 면이 이루는 각이 180도 이하인
Polygon들에 Smooth 명령이 적용되어 그림처럼 부드럽게 보이게 됩니다.

TIP Polygon: Smoothing Groups

Polygon이 적은 로우폴리곤의 한계, 즉 각짐 현상을 보완하는 기능입니다. 여기 있는 숫자 버튼들은 Smooth(부드러움) 정도가 아니라, Polygon 그룹의 열번입니다. 즉 Polygon마다 1번 그룹, 2번 그룹… 등이 지정되어 있는 셈인데, 서로 맞닿은 Polygon 들의 Smoothing Group이 동일하다면(같은 번호라면), 각이 없어져 오브젝트가 부드러워 보입니다. 반면 Smoothing Group이 서로 다를 때는 그 경계인 Edge에 Smooth가 적용되지 않아 왼쪽 그림처럼 각져 보이게 됩니다. 오른쪽 그림은 오브젝트 전체 Polygon의 Smoothing Groups를 모두 [1]로 통일한 모습입니다. 왼쪽 그림과 달리 옆얼굴이나 목 부위에 꺾이는 각이 보이 지 않습니다.

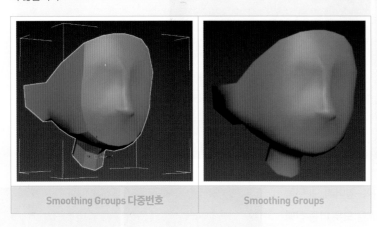

Smoothing Groups 다중번호   Smoothing Groups

04 마지막으로 [**Modify**] 패널→[Edit Geometry] 롤아웃에서 [Relax] 명령을 적용해 전반적으로 오브젝트를 부드럽게, 와이어 간격을 균일하게 해주면 얼굴은 완성입니다. (이 단계는 Vertex 정리가 잘 되었다면 꼭 거쳐야 하는 단계는 아닙니다.)

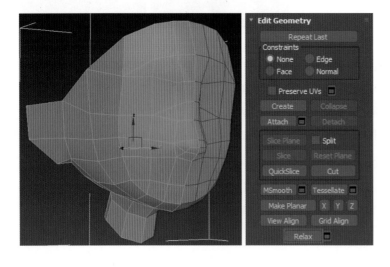

1.2 머리카락

우리 기사 캐릭터의 머리 스타일은 단발입니다. 단발머리 가발을 제작해 앞서 만든 얼굴에 씌운다고 생각하면 쉬울 겁니다.

01 기본 틀부터 만들겠습니다. 우측 커맨드 패널에서 [➕Create] 패널→[◯Geometry]→[Standard Primitives]→[Box]를 클릭해 Box를 생성하고, [☑Modify] 패널→[Parameters] 롤아웃에서 Length/Width/Height(길이/너비/높이) 값은 모두 40, Segs(세그먼트) 값은 모두 4로 설정합니다.

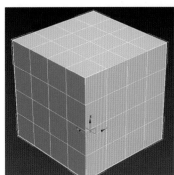
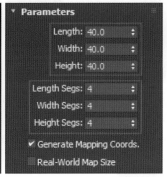

TIP

이 상태에서 Viewport 왼쪽 [Scene Explorer] 창을 보면, 레이어 2개가 있습니다. 'Box001'이 앞서 만든 얼굴이고, 'Box002'가 새로 만든 머리카락 틀입니다. 각 이름 앞의 아이콘이 👁️이면 해당 오브젝트가 보이고, ⬛이면 숨겨져 보이지 않습니다. 이렇게 작업 중이 아닌 오브젝트들은 다 숨기고 작업하면 편리합니다.

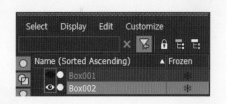

02 이어서 [☑Modify] 패널에서 Spherify 명령을 적용해줍니다. 박스가 구 형태로 변합니다. 오브젝트를 마우스 우클릭합니다. 메뉴에서 [Convert To:]→[Convert to Editable Poly]를 선택해 편집 가능한 상태로 바꿉니다.

03 머리카락이 없는 얼굴과 목 부분을 지워서 1차 형태를 잡읍시다. [◪ Modify] 패널→[Selection] 롤아웃에서 [Sub Selection]을 ■(Polygon)으로 한 뒤, 왼쪽과 같이 전면 아래쪽 및 하단 Polygon 들을 다중 선택해서 [Del] 키로 지웁니다. 오른쪽 그림처럼 되면 머리 기본 틀은 완성입니다.

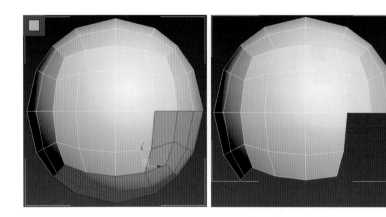

04 본격적으로 머리 스타일을 다듬겠습니다. [Sub Selection]을 ⣏(Vertex)로 바꾸고 Vertex를 조절 해 그림처럼 만듭니다. 앞머리가 있는 직모 단발의 옆모습을 생각하면서 형태를 잡아주세요.

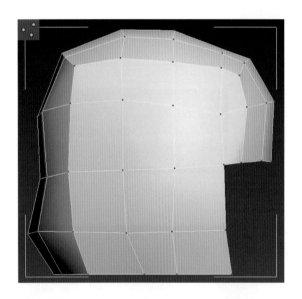

05 좌우 대칭 머리 스타일이므로 한쪽만 작업해도 됩니다. 다시 [Sub Selection]을 ■(Polygon)으로 바꾸고, Front Viewport에서 오른쪽 절반의 Polygon을 선택해 지워줍니다.

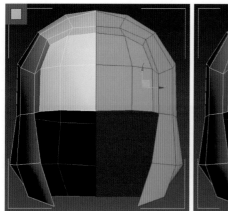 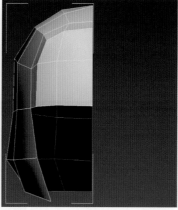

06 [Modify] 패널→[Modifier List]에서 Symmetry 명령을 클릭해 적용시킵니다(이때 [Sub Selection]은 아무것도 선택되지 않아야 합니다). [Parameters] 롤아웃→[Mirror Axis]에서 [Flip] 박스를 체크하면 반대쪽에 Polygon이 생성됩니다.

07 다시 머리카락 모양을 다듬기 위해 [Modify] 패널→[Modifier Stack] 창에서 [Editable Poly]를 선택하고, 하단의 (Show End Result) 토글을 눌러줍니다. 그래야 그림처럼 Symmetry 명령이 적용된 상태로 Viewport에 나타납니다.

 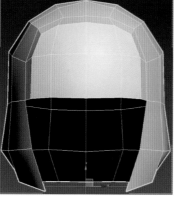

08 앞머리부터 정돈해 주겠습니다. [☑Modify] 패널→[Edit Geometry] 롤아웃에서 [Cut] 버튼을 클릭합니다. 그리고 앞머리 아래쪽 Edge를 그림처럼 클릭해서 Segment를 추가합니다. 그런 뒤 [Sub Selection]을 ⠿(Vertex)로 바꾸고, Left Viewport에서 추가한 Vertex를 조정해 앞머리를 오른쪽 그림처럼 살짝 말린 모양으로 다듬어줍니다

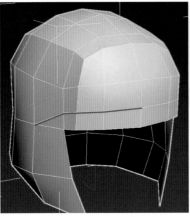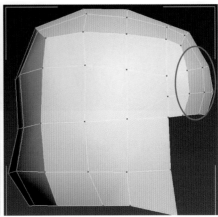

09 지금은 옆머리도 한 덩어리라 어색합니다. 자연스러운 머리카락 모양을 만들기 위해, 우선 그림처럼 옆머리 앞쪽 하나, 뒤쪽 하나 해서 총 2개 Edge를 선택합니다. 그리고 [☑Modify] 패널→[Edit Edges] 롤아웃에서 [Split] 버튼을 클릭해 분리 명령을 내립니다. 오픈된 쪽의 Vertex가 분리됩니다. 벌어진 머리카락 끝부분의 Vertex를 각각 움직여 오른쪽 그림처럼 갈라진 모양으로 만들어줍니다.

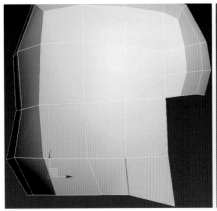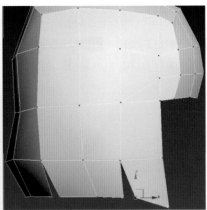

TIP

Vertex를 선택하고 [Edit Vertices] 롤아웃→[Break] 명령을 내려줘도 동일한 작업을 할 수 있습니다.

10 마지막으로 형태를 부드럽게 만들어주겠습니다. [Sub Selection]을 ■(Polygon)으로 하고
[Ctrl + A] 키로 모든 Polygon을 선택합니다. 이어서 [☑ Modify] 패널→[Polygon: Smoothing
Groups] 롤아웃에서 Auto Smooth 수치를 180으로 하고 [Auto Smooth] 버튼을 눌러줍니다. 그
러면 자동으로 Smoothing Group이 [1]로 통일되면서 Polygon이 부드러워집니다.

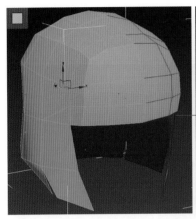
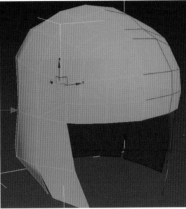

11 머리카락까지 완성되었습니다.

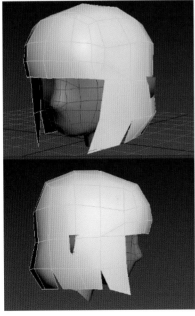
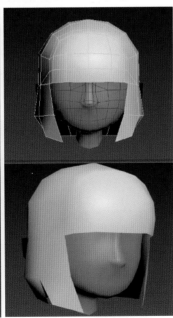

1.3 상의

몸통을 만들겠습니다. 이때 옷을 따로 입히지 않으므로, 의상 디자인에 따라서 여러 부분으로 나누어 모델
링하게 됩니다. 여기서는 반소매 상의와 치마 위에 흉갑을 받쳐 입고 긴 부츠를 신은 여자 기사를 모델링하
도록 하겠습니다.

▌몸통

01 몸통의 기본 틀을 만들겠습니다. 우측 커
맨드 패널에서 [➕Create] 패널→[◯
Geometry]→[Standard Primitives]→
[Cylinder]를 선택하고, Top Viewport에
서 Cylinder를 생성해줍니다. 그리고 [☑
Modify] 패널→[Parameters] 롤아웃에
서 수치를 Height Segments: 8, Cap Seg-
ments: 1, Sides: 8로 각각 설정합니다.

02 Cylinder를 마우스 우클릭하고 메뉴에서 [Convert To:]→[Convert to Editable Poly]를 선택해 편
집 가능한 상태로 바꿉니다. 작업에 들어가기 전에 Viewport 하단 중앙 [Absolute Mode Trans-
form Type-In]의 X축에 숫자 0을 입력합니다. 좌우 대칭 작업을 위해 오브젝트가 정중앙에 위치
해 있어야 합니다.

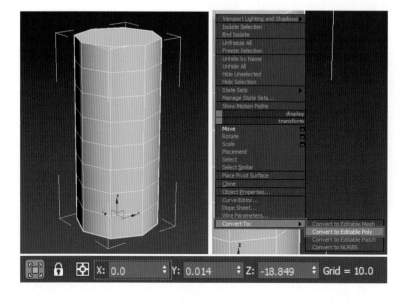

03 이제 형태를 만들겠습니다. Front Viewport로 와 메인 툴바의 (Scale)을 선택합니다. 그리고 [Sub Selection]을 (Vertex)로 하고, 가로로 나란한 Vertex들을 X축 방향으로만 움직여 그림처럼 만듭니다. 목과 어깨, 허리, 골반의 위치를 대략적으로 잡은 모습입니다.

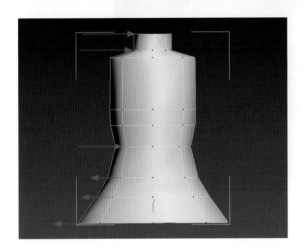

TIP

이렇게 Front Viewport에서 X축만 조정해 모양을 만들면 Left Viewport에서는 그림처럼 아무런 변화가 없습니다.

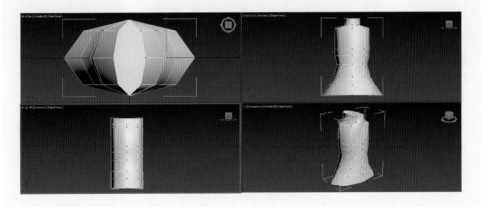

04 이번에는 옆모습 형태를 만들겠습니다. Left Viewport로 옮겨 마찬가지 방식으로 (Scale) 툴로 X축으로만 Vertex를 움직여 왼쪽 그림처럼 가슴과 등어리, 엉덩이 선을 잡아줍니다. 그리고 (Move) 툴을 사용해 Vertex들을 오른쪽 그림처럼 다듬어줍니다. 그러면 상체의 전체적 형태가 완성됩니다.

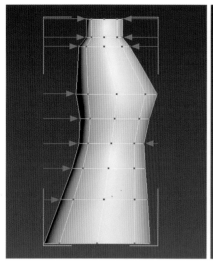
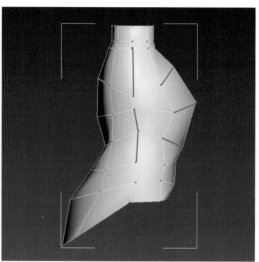

05 4방향 Viewport를 확인했을 때, 다음 그림처럼 보인다면 오케이입니다. Left Viewport에서만 다듬었기 때문에, 우상단의 Front Viewport 기준으로 X축(가로) 변화는 없는 것을 확인할 수 있습니다.

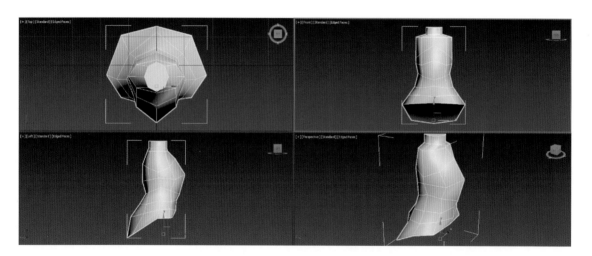

06 얼굴과 다리가 각각 이어져야 하므로, 위아래 면은 필요가 없습니다. [Modify] 패널에서 [Sub Selection]을 (Polygon)으로 바꾼 뒤, 필요 없는 몸통 밑부분과 목 부분 Polygon을 각각 선택해 지워줍시다.

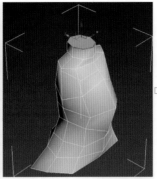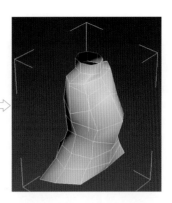

07 또 몸통은 좌우 대칭입니다. 그러므로 한
쪽만 작업하겠습니다. 좌우 대칭 작업을
위해 오른쪽 절반 Polygon을 모두 선택
해 [Del] 키로 지웁니다.

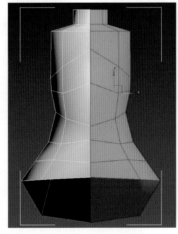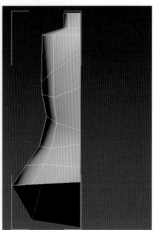

08 [🗹 Modify] 패널에서 [Sub Selection]을 모두 해제한 뒤, [Symmetry] 명령을 적용하고, [Mirror
Axis]의 [Flip] 박스에 체크하면 오른쪽 절반이 나타납니다. 모델링을 위해 [Modifier Stack] 창에
서 다시 [Editable Poly]를 선택합니다. 그 상태로 하단의 🔲 (Show End Result) 토글을 켜서 대칭
명령이 적용되어 보이게 해줍니다.

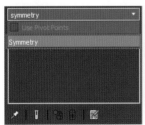

09 기본 준비는 끝났습니다. 형태를 다듬어봅시다. 흉갑을 입힐 것입니다. 갑옷 하단 디테일을 만들겠습니다. [Edit Geometry] 롤아웃에서 [Cut] 버튼을 클릭하고, 그림처럼 몸통 밑부분을 자릅니다.

 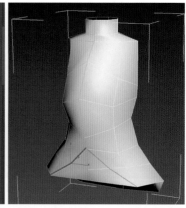

10 [Sub Selection]을 ◻ (Polygon)으로 바꾸고 잘린 아래쪽 Polygon들을 그림처럼 선택해서 지웁니다.

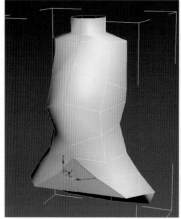 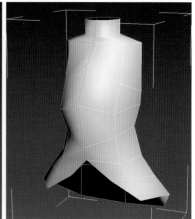

11 양감을 더 주어서 상의와 흉갑을 구분하고, 갑옷 뒤 하단에도 각을 더 잡아주겠습니다. 그림을 참고해 [Cut] 명령으로 흉갑(가슴) 윗부분을 가로로 한 번, 뒤쪽 하단을 세로로 한 번 잘라줍니다.

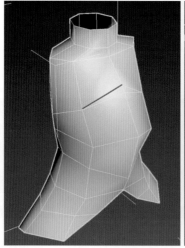 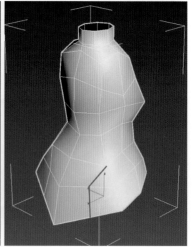

12 자른 부분들을 그림처럼 다듬습니다.

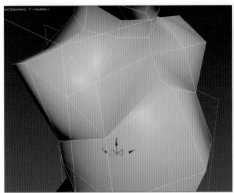 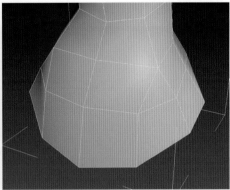

어깨와 팔

01 어깨와 팔을 이어줄 차례입니다. 우선 팔이 나올 자리부터 마련해 주겠습니다. Viewport를 살짝 측면으로 돌리면, 목 아래에 그림처럼 육각형 면이 하나 보입니다. 아까 옆모습 Vertex를 다듬으면서 만들어둔 팔 자리입니다. [Sub Selection]을 ■(Polygon)으로 하고 선택해서 지워줍니다.

02 어깨를 만들겠습니다. 우선 [Sub Selection]을 ◗ (Border)로 바꾸고, 새로 생긴 육각형을 마우스로 클릭합니다. 그 상태에서 [Shift] 키를 누른 채 ✛ (Move) 툴을 이용해 바깥쪽으로 당겨주면 그림처럼 Polygon이 추출됩니다.

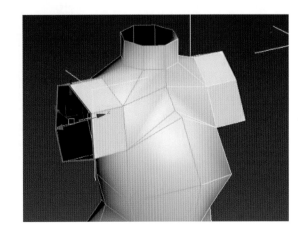

03 [Sub Selection]을 ▦(Vertex)로 바꿉니다. 추출된 Polygon의 Vertex들을 움직여 자연스러운 어깨선을 만들고, 모양을 다듬어줍니다.

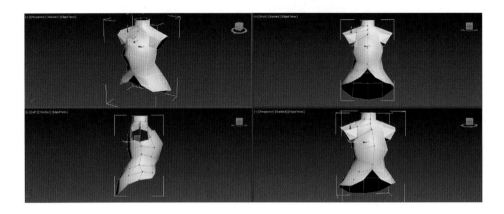

04 어깨 모양을 좀더 자연스럽게 잡아주겠습니다. [Edit Geometry] 롤아웃→[Cut] 명령을 이용해 그림처럼 자릅니다. 그리고 추가된 Edge를 더 아래쪽으로 내려줍니다.

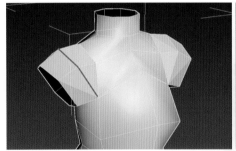

05 이제 팔을 만들겠습니다. 02단계와 같은 방법으로 끝 Border를 선택해서 한 번 더 추출해줍니다. 기사는 팔꿈치 아래 팔 보호구를 차고 있으므로, 너무 길게 뺄 필요는 없습니다. 그림을 참고해 적당한 길이로 만듭니다.

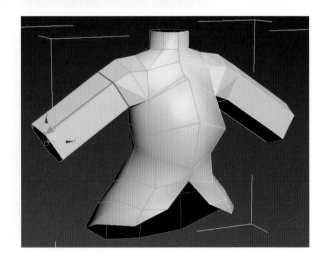

06 팔이 구부러질 수 있도록 팔꿈치 관절을 추가하겠습니다. 그림처럼 마우스를 드래그해 팔 부분 Edge를 모두 선택합니다. 그 상태로 마우스 우클릭하고, 메뉴에서 [Connect] 명령 왼쪽 끝 ■ (Settings) 버튼을 누릅니다.

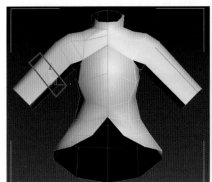 

07 그림처럼 [Conneted Edges] 메뉴가 팝업됩니다. 맨 위 Edge 개수는 2로 해주고, 나머지 옵션을 조정해서 그림처럼 팔 끝 부분에 Edge 2개가 모이도록 합니다.

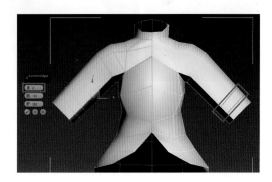

08 이렇게 팔꿈치까지의 상의가 완성되었습니다.

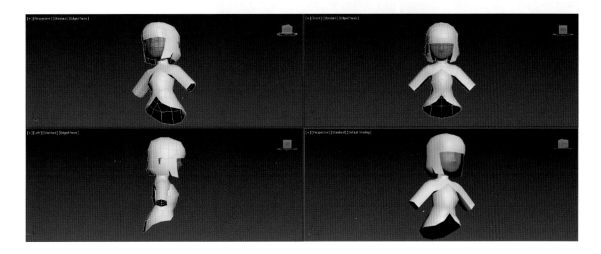

1.4 팔 보호대

01 기사 캐릭터는 팔꿈치 아래쪽 전완에 팔 보호대를 찬 모습입니다. 이 팔 보호대를 만들어보겠습니다. [➕Create] 패널→[⚫Geometry]→[Standard Primitives]→[Cylinder]를 차례로 클릭해 Left Viewport에서 Cylinder를 생성합니다. [✏️Modify] 패널→[Parameters] 롤아웃에서 Height Segments: 3, Cap Segments: 2, Sides: 6으로 각각 수치를 지정합니다.

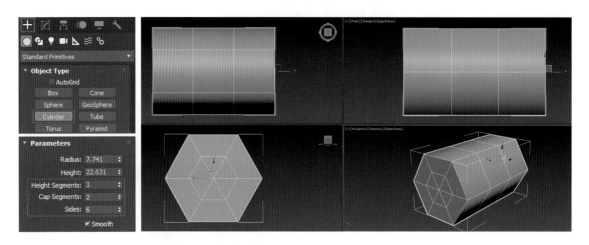

02 이렇게 기본 틀을 만들었다면, Left Viewport에서 오른쪽으로 30도만 회전시킵니다. 메인 툴바에서 🔁(Angle Snap) 버튼을 활성화하면 5도 단위로 오브젝트를 회전시킬 수 있습니다. 이어서 Front Viewport에서도 마찬가지 방법으로 오른쪽으로 45도 회전시킵니다.

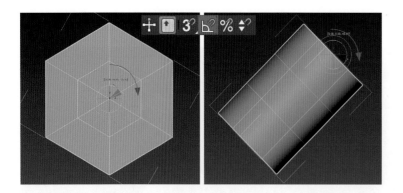

03 모델링을 위해 마우스 우클릭 메뉴→[Convert To:]→[Convert to Editable Poly]를 차례로 선택해 편집 가능한 상태로 바꿉니다. 그 상태에서 [Sub Selection]을 🔲(Vertex)로 하고, 가로로 평행한 Vertex들을 메인 툴바의 🔲(Scale) 툴로 각각 줄여서 다음 그림처럼 만듭니다.

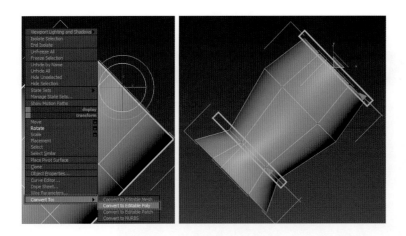

04 앞서 만든 상의에 맞추어 그림과 같이 위치시킵니다.

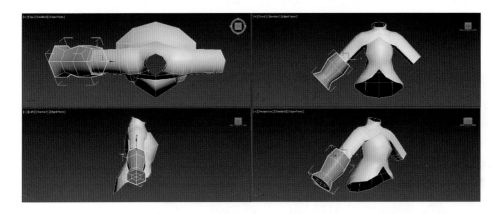

05 필요 없는 Edge는 지우겠습니다. 아래면 안쪽 Edge를 선택해 [Edit Edges] 롤아웃에서 [Remove] 버튼을 클릭해 지웁니다. 이때 [Ctrl] 키를 누른 채 클릭해야 Vertex까지 깨끗하게 지워집니다. 윗면도 마찬가지 방법으로 지워줍니다.

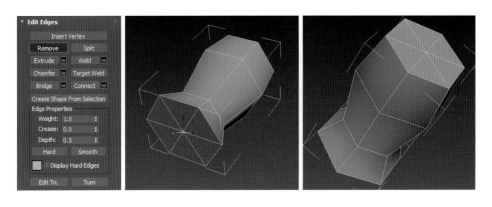

06 다시 상의에 맞추어 위치와 모양을 다듬습니다.

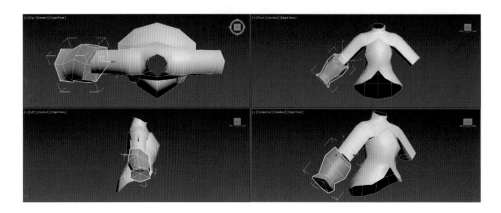

07 Symmetry 명령으로 반대쪽 팔도 만들어주겠습니다. 그런데 지금은 회전(Rotate)을 해서 생성한 Cylinder기 때문에 제대로 대칭이 되지 않습니다. 좌표를 재정렬해주겠습니다. 우측 [🔧Utili-ties] 패널의 [Utilities] 롤아웃에서 [Reset XForm] 버튼을 누르면 됩니다.

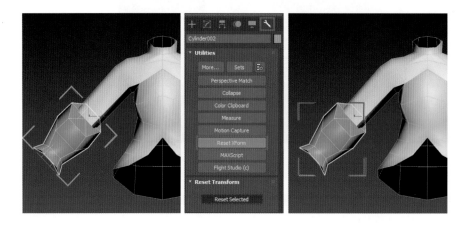

08 이 상태로 [Modifier Stack] 창을 보면 [Editable Poly] 위에 [XForm]이 적용되어 있습니다. XForm이 보이면 안 됩니다. [XForm]을 선택한 상태에서 마우스 우클릭 메뉴→[Convert To:]→ [Convert to Editable Poly]를 차례로 클릭해 XForm을 합쳐줍니다.

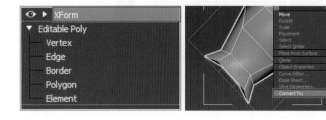

09 이제 좌우 대칭 복사를 위해 [Modify] 패널에서 Symmetry 명령을 적용합니다. [Symmetry] 롤아웃→[Mirror Axis]는 X를 선택하고, [Flip] 박스에 체크합니다. 복사는 되었지만 한 팔에 겹쳐 있네요.

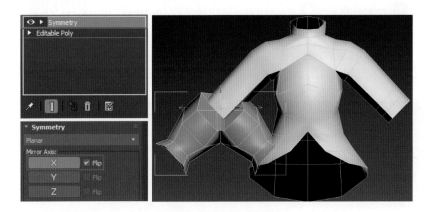

10 제 위치를 찾아주겠습니다. [Modify] 패널→[Modifier Stack] 창에서, [Symmetry] 앞 ▶ 버튼을 눌러 하위 Modifier를 표시합니다. [Mirror]를 선택하고, 하단 중앙 [Absolute Mode Transform Type-In]의 X축에 숫자 0을 입력해 중앙 정렬해줍니다.

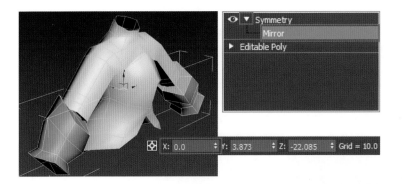

11 팔 보호대와 상의 사이의 틈이 안 생기도록 양쪽 결합부의 Vertex를 잘 다듬어 마무리합니다.

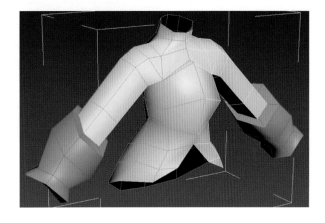

1.5 손(장갑)

01 이제 손을 만들겠습니다. 먼저 [➕Create] 패널→[⬤Geometry]→[Standard Primitives]→
[Box]를 차례로 클릭해 Top Viewport에서 Box를 생성합니다. 이어서 [⬚Modify] 패널→[Pa-
rameters] 롤아웃에서 수치를 Length Segs: 2, Width Segs: 2, Height Segs: 1로 설정한 뒤, 마
우스 우클릭 메뉴→[Convert To:]→[Convert to Editable Poly]로 편집 가능한 상태로 만듭니다.

따라 하기 어려울 땐
고수의 View

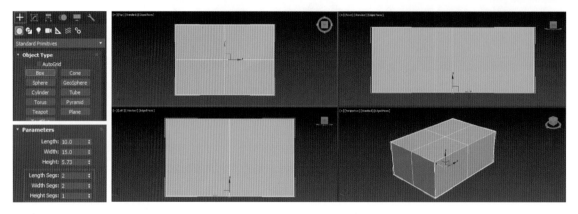

02 이 Box가 손바닥이 될 겁니다. 여기서 손가락을 추출하겠습니다. [Sub Selection]을 ⬛(Polygon)
으로 하고, 전면 Polygon 2개를 선택합니다.

마우스 우클릭 메뉴에서 [Bevel] 명령을 선택해 총 3번 추출해줍니다. 손모아 장갑을 낀 손이므로,
검지부터 새끼손가락까지 4개 손가락에 해당되는 부분입니다.

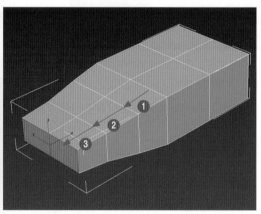

03 엄지손가락도 만들어줍시다. 이번에는 박스 왼쪽 측면의 뒤쪽 Polygon을 하나 선택해서, 똑같이 [Bevel] 명령으로 3번 추출해주면 됩니다.

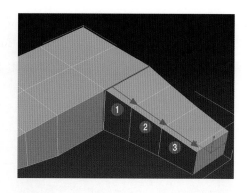

04 현재는 엄지 마디가 3개입니다. 실제 엄지손가락처럼 구부러질 수 있도록 안쪽 중간 Vertex들을 아래쪽 Vertex들과 합쳐서 2개로 만듭시다. [Sub Selection]을 (Vertex)로 바꾸고, [Modify] 패널→[Edit Vertices] 롤아웃의 [Target Weld] 버튼을 클릭합니다. 손가락 뿌리에서 두 번째에 있는 Vertex를 선택합니다. 이어서 평행한 곳에 있는 손가락 뿌리 Vertex를 클릭하면 Vertex들이 하나로 합쳐집니다. 그림에 표시된 Vertex 2개를 각각 합쳐주세요.

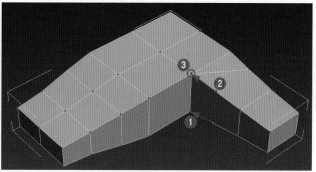

05 이제 각 Viewport를 확인하면서 힘을 뺀 자연스러운 손 모습으로 다듬어주겠습니다. 먼저 (Rotate), (Move), (Scale) 툴들을 적절히 사용해 굽은 손등과 살짝 처진 네 손가락을 표현해줍시다.

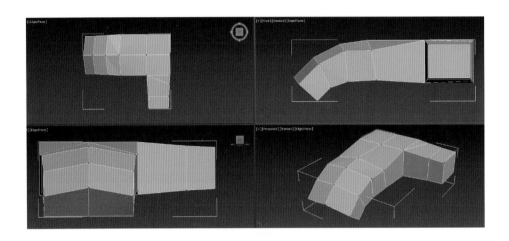

06 같은 방법으로 그림처럼 엄지손가락의 위치와 각도를 잡아줍시다.

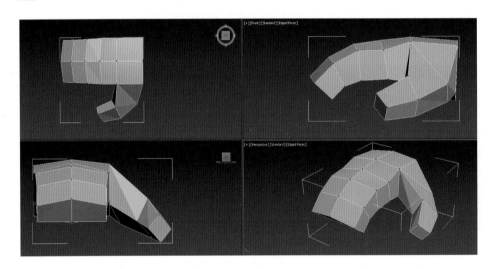

07 손등에 볼륨을 주고, 손목이 자연스럽게 이어지도록 끝부분도 다듬어줍니다. 05~07단계의 손 만
들기 과정은 많은 연습이 필요한 부분입니다. 반복해서 연습하고, 어려우면 동영상 강의를 참고하
기 바랍니다.

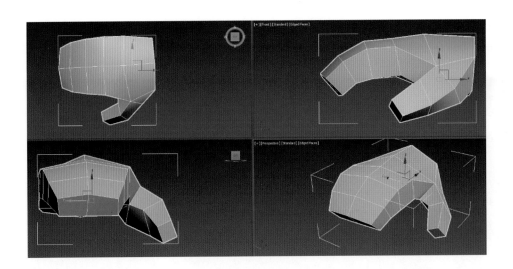

08 어느 정도 형태가 완성되었으면 손목을 만들겠습니다. 우선 [Sub Selection]을 ▣(Polygon)으로 하고, 필요 없는 손끝 Polygon 2개를 선택해 지워줍니다. 그리고 [Sub Selection]을 ⟫(Border)로 바꾼 뒤, 키보드 [Shift] 키를 누른 채 ✥(Move) 툴로 당겨서 오른쪽 그림처럼 추출하면 됩니다.

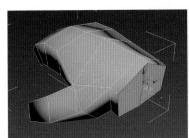 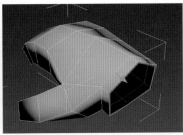

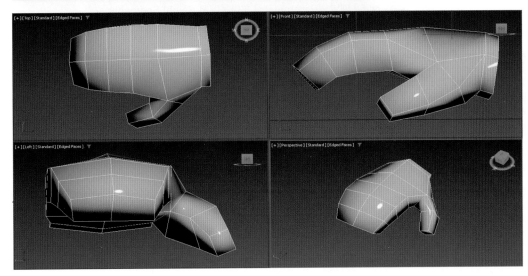

09 숨겨두었던 얼굴, 머리카락, 상의, 팔 보호대를 모두 보이게 하고, 적절한 크기와 위치로 조정해줍
시다. 이렇게 상체가 모두 완성되었으니, 지금부터는 하체를 만들겠습니다.

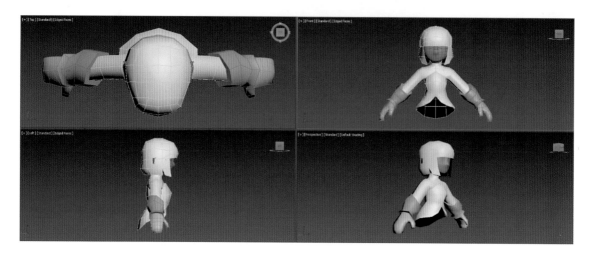

1.6 치마

원래라면 다리 전체를 만들어야 하지만, 하체도 상체와 마찬가지로 겉에 보이는 의상과 신발을 각각 별도
로 만들어 합치는 방식으로 진행하겠습니다. 먼저 치마부터 만듭시다.

01 [➕Create] 패널→[⭕Geometry]→[Standard Primitives]→[Cylinder]로 Top Viewport에서
Cylinder를 하나 생성합니다. [☑Modify] 패널→[Parameters] 롤아웃에서 Height Segments:
3, Sides: 8로 각각 수치를 지정합니다.

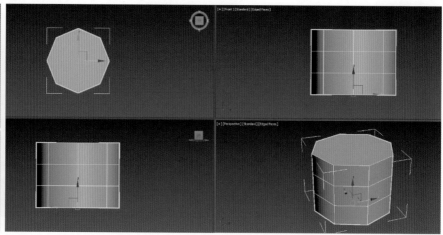

02 마우스 우클릭 메뉴→[Convert To:]→[Convert to Editable Poly]를 차례로 선택해 오브젝트를 편
집 가능한 상태로 바꿉니다. 그리고 [Sub Selection]을 ■ (Polygon)으로 하고, 위아래 Polygon을
지워서 치마의 기본 틀을 만들어줍니다.

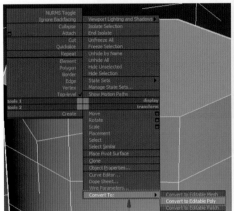
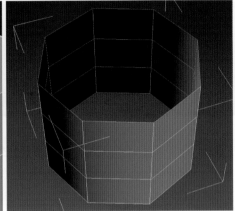

03 치마 모양을 만들어주겠습니다. 먼저 [Sub Selection]을 ▓ (Vertex)로 바꾸고, Front Viewport에
서 평행한 Vertex들을 선택해 X축 방향만 ▓ (Scale) 툴로 조절해서 A라인 형태를 잡아줍니다.

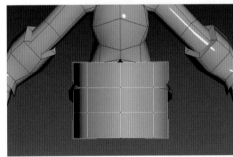
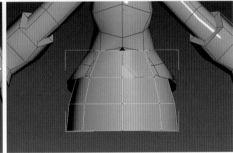

04 이번에는 Left Viewport에서 ✤ (Move)와 ▓ (Scale) 툴로 가로 Vertex들을 X축 방향으로 움직여
서 그림처럼 자연스러운 치마 옆모습을 만듭니다.

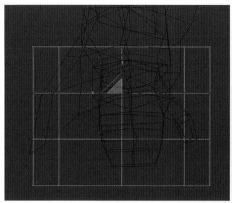
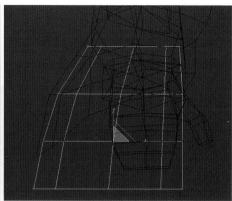

05 치마도 좌우 대칭이므로 한쪽만 작업하도록 하겠습니다. 오른쪽 절반의 Polygon을 그림처럼 선택
해 지우고, [Sub Selection]을 해제한 상태에서 [⬚Modify] 패널→[Symmetry] 버튼을 클릭해 대
칭 명령을 줍니다. 하단 [Parameters] 롤아웃에서 [Mirror Axis]의 [Flip] 박스에 체크하면 반대
쪽 Polygon이 대칭되어 나타납니다.

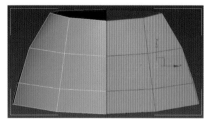

06 모델링을 위해 [⬚Modify] 패널→[Modifier Stack] 창에서 'Editable Poly'를 선택합니다. 이때
⬚(Show End Result) 토글을 눌러 Symmetry 적용 상태를 유지시켜줍니다.

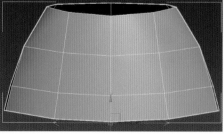

07 더 자연스러운 모양을 위해 치마 뒤쪽을 더 다듬어주겠습니다. 우측 커맨드 패널에서 [Sub Se-
lection]을 모두 해제하고, [Edit Geometry] 롤아웃의 [Cut]을 선택합니다. 그리고 Perspective
Viewport를 뒷모습이 보이게 돌린 뒤, 그림처럼 꺾이는 세로 Edge를 추가합니다.

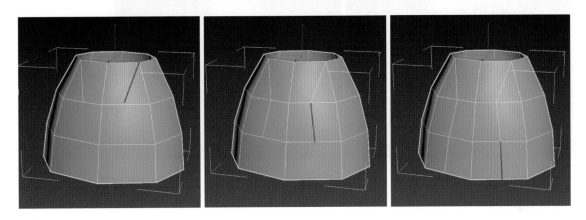

08 [Sub Selection]을 ⠿(Vertex)로 바꾸고, 추가된 Vertex들을 포함하여 Vertex들을 잘 조정하여 마
무리합니다.

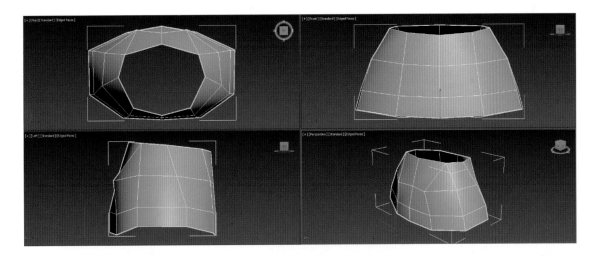

09 치마까지 완성되었습니다.

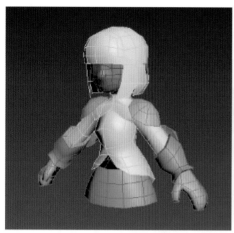
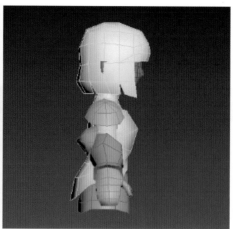

1.7 다리(허벅지)

우리 기사 캐릭터는 짧은 하의 아래 무릎 위로 올라오는 사이렝스 부츠를 받쳐 신고 있습니다. 부츠 위에 살짝 보이는 다리 부분을 만들어주겠습니다.

01 [Create] 패널→[Geometry]→[Standard Primitives]→[Cylinder]로 Cylinder를 Top Viewport에서 생성한 뒤, [Modify] 패널→[Parameters] 롤아웃에서 Height Segments: 2, Cap Segments: 1, Sides: 6으로 각각 수치를 지정합니다.

02 Top Viewport에서 30도 회전시킵니다. 메인 툴바에서 🔣(Angle Snap) 버튼을 활성화하고 회전하면 5도 단위로 회전할 수 있습니다. 그리고 우측 [🔧Utilities] 패널→[Utilities] 롤아웃의 [Reset XForm] 버튼을 클릭하고, 하단의 [Reset Selected] 버튼을 눌러 좌표축을 재정렬해줍니다.

03 마우스 우클릭 메뉴→[Convert To:]→[Convert to Editable Poly]를 차례로 클릭해 오브젝트를 편집 가능한 상태로 바꾸고, [Sub Selection]이 ⬛(Polygon)인 상태에서 필요 없는 위아래 Polygon을 선택해 지워줍니다.

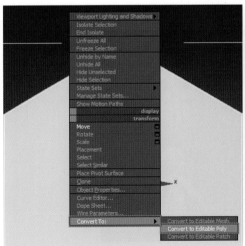
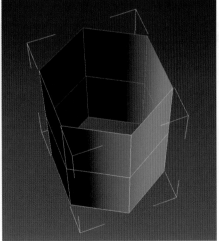

04 [Sub Selection]을 ⠿(Vertex)로 바꾸고, ✛(Move)와 ▣(Scale) 툴 등을 사용해 그림을 참고하여 자연스러운 각도와 굵기로 모양을 다듬습니다.

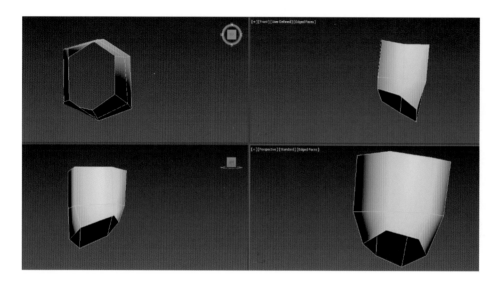

05 모양이 잡혔다면 다른 다리를 만들고 마치겠습니다. [◩Modify] 패널→[Symmetry] 버튼으로 대칭 명령을 줍니다. 하단 [Symmetry] 롤아웃→[Mirror Axis]에서 [X] 버튼을 누르고, [Flip] 박스에 체크하면 반대쪽 Polygon이 대칭되어 나타납니다. 반대편 다리가 생성되었습니다.

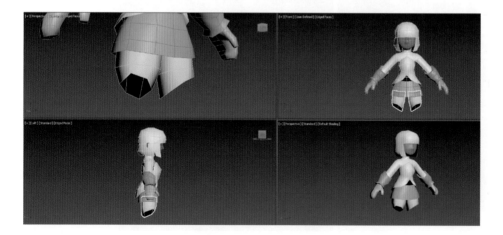

1.8 부츠

이어서 사이렌스 부츠를 만들겠습니다. 무릎 위까지 올라오는 긴 기장의 부츠입니다. 따라서 무릎과 종아리, 발까지도 여기서 함께 만들게 됩니다.

롱부츠 형태 잡기

01 형태부터 잡겠습니다. [＋Create] 패널→[◯Geometry]→[Standard Primitives]→[Cylinder]를 클릭해 Top Viewport에서 Cylinder를 생성한 뒤, [Modify] 패널→[Parameters] 롤아웃에서 Height Segments: 7, Cap Segments: 1, Sides: 6으로 각각 수치를 지정합니다.

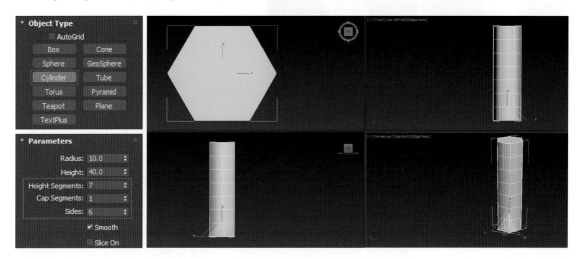

02 메인 툴바에서 (Angle Snap) 버튼을 활성화하고 (Rotate) 툴로 Top Viewport에서 30도 회전시킵니다. 마우스 우클릭 메뉴→[Convert To:]→[Convert to Editable Poly]로 편집 가능하게 바꿉니다.

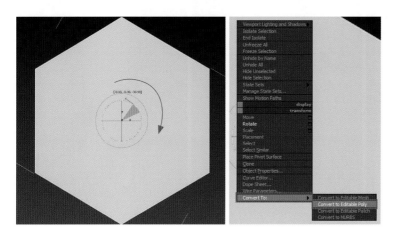

03 다리 모양을 잡아줍시다. [Sub Selection]을 ▓(Vertex)로 바꾸고, ⟳(Rotate), ✛(Move), ▣ (Scale) 툴을 적절히 사용하여 Left Viewport와 Front Viewport를 오가며 그림처럼 Vertex를 다듬습니다. (무릎, 발목 등 관절 위치를 생각하며 Vertex를 위아래로도 많이 움직여주어야 합니다.)

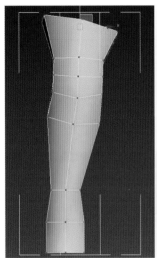
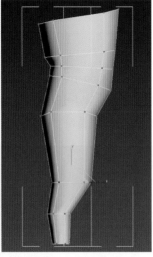

04 어느 정도 형태가 잡혔다면 이제 발 부분을 만들어줍시다. [Sub Selection]을 ▣(Polygon)으로 바꾸고, 그림처럼 앞쪽 Polygon 2개를 선택해서 마우스 우클릭 메뉴→[Extrude] 명령으로 2번 추출해줍니다.

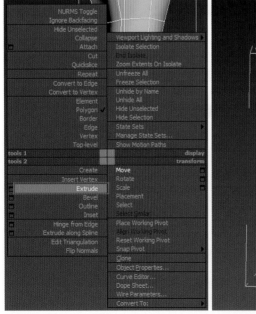
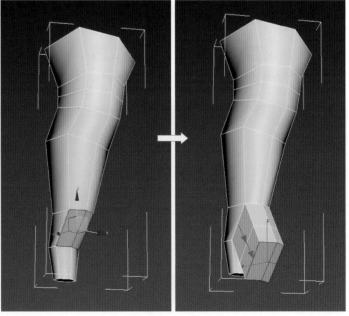

05 지금 만드는 것은 굽 있는 부츠입니다. 03단계에서 가늘게 빼둔 아래쪽 Polygon들은 굽이 됩니다.

[Sub Selection]을 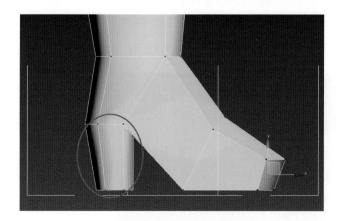(Vertex)로 돌리고, 굽 모양을 생각하면서 그림처럼 Vertex를 다듬습니다.

06 나머지 부분도 전반적으로 더 다듬어 날렵한 모양으로 만들어주면, 어느 정도 형태는 만들어졌습니다.

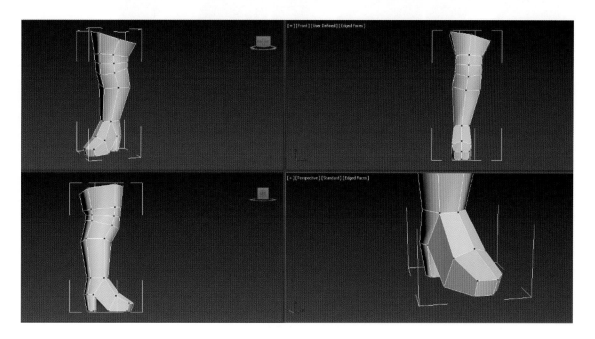

뒷정리

01 Polygon을 정리하겠습니다. [Sub Selection]을 ▣(Polygon)으로 하고, 윗부분 Polygon을 선택해서 지웁니다. 그런 뒤 [Sub Selection]을 ⟳(Border)로 설정하고 지운 Polygon을 선택합니다. 이 상태로 [Shift] 키를 누른 채 ▦(Scale) 툴로 면을 추출해줍니다.

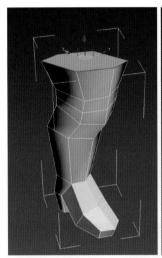
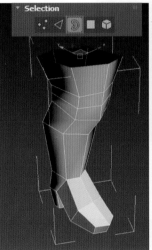
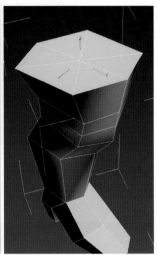

02 다시 [Sub Selection]을 ⠿(Vertex)로 바꾸고, 드래그해서 중앙에 모인 Vertex들을 모두 선택합니다. [Edit Vertices] 롤아웃의 [Weld] 버튼을 눌러 선택한 Vertex들을 하나의 Vertex로 만듭니다. 그리고 모은 Vertex를 ✛(Move) 툴을 이용해 오른쪽 그림처럼 부츠 안쪽 방향으로 내려줍니다.

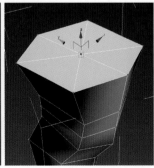
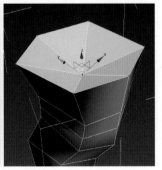

03 좌우 대칭 작업을 위해 좌표축을 재정렬하겠습니다. [🔧Utilities] 패널→[Reset XForm]을 선택하고, 이어서 [Reset Selected] 버튼을 누릅니다. 그런 뒤 [📝 Modify] 패널의 [Modifier Stack] 창을 보면 Editable Poly 위에 XForm이 적용되어 있습니다.

다시 오브젝트를 마우스 우클릭해 [Convert To:]→ [Convert to Editable Poly]로 편집 가능하게 바꿔줍니다. 다시 [Modifier Stack] 창을 보면 Editable Poly 만 보입니다. XForm이 없어졌지만, 사실 지워진 게 아니라 Polygon과 합쳐져 저장되어 있는 상태입니다.

04 좌표축이 정렬되었으니, 나머지 한 짝의 부츠를 생성해 주겠습니다. [📝Modify] 패널의 [Symmetry] 버튼을 클릭하고, [Mirror Axis] 항목에서 [X], [Flip]을 체크해 둡니다. [Modifier Stack] 창에서 [Symmetry] 하위의 [Mirror]를 선택하고 Viewport 하단 [Absolute Mode Transform Type-In]의 X축에 숫자 0을 입력하면 좌표축 0을 기준으로 좌우 대칭 복사됩니다.

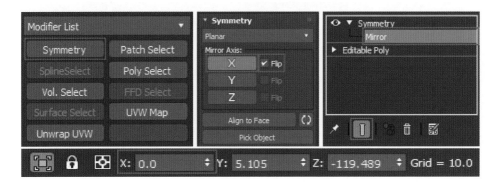

05 부츠까지 완성되었습니다.

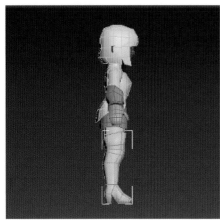
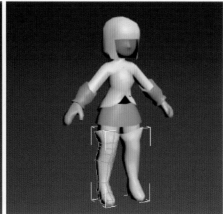

1.9 허리띠

마지막으로 허리띠를 만들면 모델링은 끝입니다. 한번 차근차근 해봅시다.

01 [➕Create] 패널→[⬤Geometry]→[Standard Primitives]→[Tube]를 차례로 클릭해 Top View-
port에서 튜브를 하나 생성해줍니다. [☑Modify] 패널→[Parameters] 롤아웃에서 Sides 수치를
12로 지정합니다.

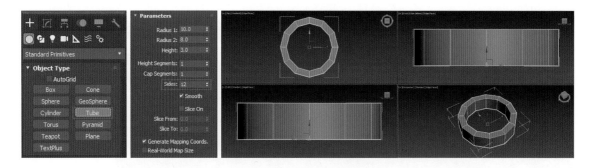

02 [Shift] 키를 누른 상태에서 ✥(Move) 툴을 이용해 오브젝트를 하나 더 복사합니다. 복사한 오브젝
트를 마우스 우클릭하고 [Convert To:]→[Convert to Editable Poly]를 차례로 선택해 편집 가능
한 상태로 바꿉니다.

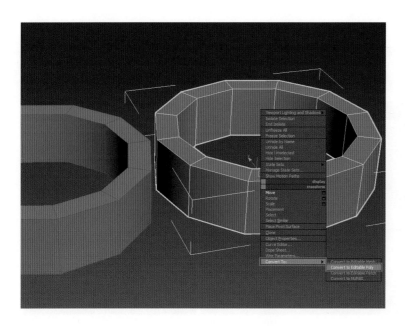

03 허리띠 버클을 만들겠습니다. [Sub Selection]을 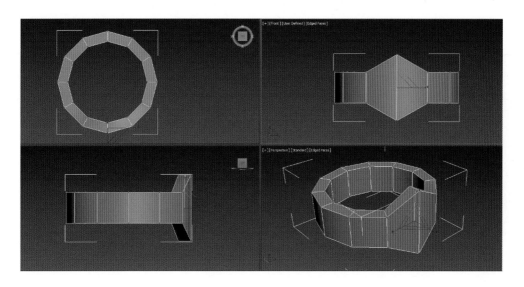(Vertex)로 하고, 정면 4개 Vertex를 움직여서
그림처럼 만듭니다.

04 버클에 볼륨을 주기 위해 먼저 [Edit Geometry] 롤아웃의 [Cut] 명령을 사용해 그림처럼 버클을 가로지르는 'X' 표시로 Edge 2개를 추가합니다. 중앙 교차점 Vertex를 선택하고 Left Viewport에서 그림처럼 앞으로 돌출시킵니다.

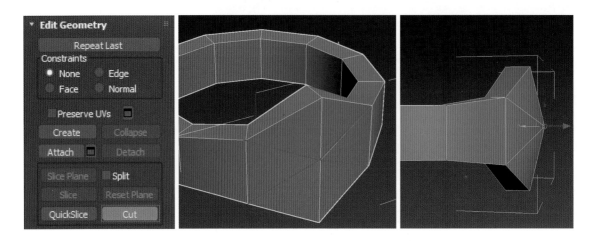

05 두 허리띠를 교차해 모양을 만듭니다. 버클이 있는 허리띠가 바깥입니다. ▦(Scale), ✛(Move), ↻(Rotate) 툴을 적절히 이용해 두 튜브의 크기를 조절하고 회전시켜 그림처럼 허리께에 위치시키고 자연스럽게 다듬어줍니다.

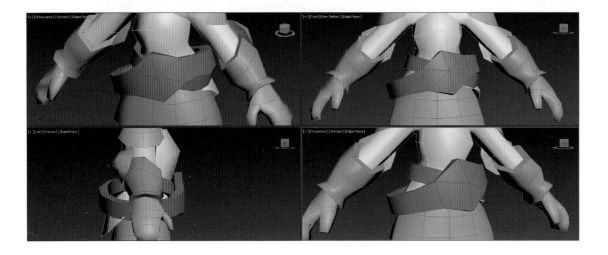

06 기사 캐릭터의 모델링이 완성되었습니다. (예제 파일 'knight_modeling.max'에서 완성된 기사 모델링을
확인해보세요.)

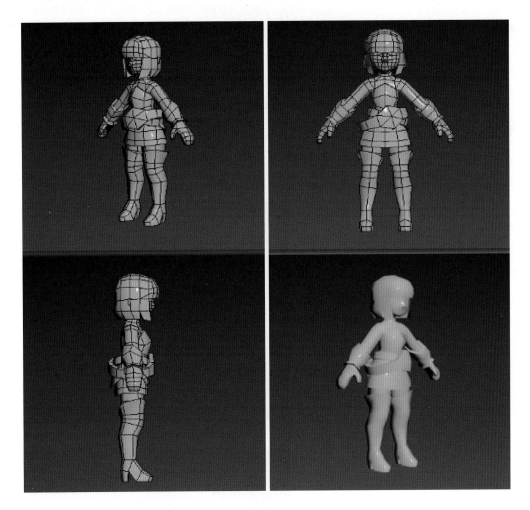

UV

모델링이 끝났으면 색과 질감을 입히기 위해 텍스처 제작을 진행하게 됩니다. 하지만 그 전에 UV 작업을 해야 텍스처 제작을 차질 없이 진행할 수 있습니다. UV란 3D 오브젝트를 잘라 평면에 펼쳐서 2D 전개도로 만드는 작업입니다. 캐릭터에서 좌우 대칭인 부분과 아닌 부분을 잘 분리해서 진행하도록 합니다.

2.1 부위별 UV

▌준비

01 UV 작업을 진행하겠습니다. 매핑이 좌우 대칭으로 적용될 부분은 한쪽 Polygon만 있으면 됩니다. 필요 없는 오른쪽 절반을 지워줍시다. Symmetry가 적용된 부분은 Symmetry를 없애고, 좌우 대칭인 부분은 반쪽 Polygon을 지웁니다. 허리띠의 경우는 좌우 대칭이 아니므로 그대로 둡니다. 다음 그림과 같은 상태로 만듭니다.

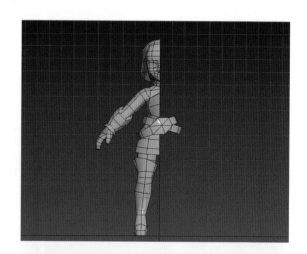

02 [Sub Selection]이 (Vertex)인 상태에서 잘린 단면 부근의 Vertex들을 확인해서 좌표축을 0으로 맞춰줍니다. Vertex를 클릭했을 때 [Absolute Mode Transform Type-In] X축 숫자가 0이 아니라면 마우스 우클릭 메뉴에서 [Move]를 선택해 좌표축 기능을 활성화한 다음, 그 자리에 숫자 0을 입력해주면 됩니다.

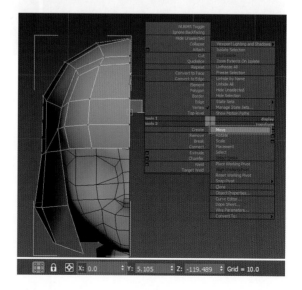

03 정렬이 끝났다면 마우스로 모든 오브젝트를 선택하고 우측 커맨드 패널→[Utilities] 패널에서 [Reset XForm]과 [Reset Selected] 버튼을 차례로 클릭해줍니다. 이렇게 UV 작업 전에는 항상 좌표축을 재정렬해서 이후 문제가 없도록 합니다.

그런 뒤 XForm을 내장하기 위해 마우스 우클릭 메뉴에서 [Convert To:]→[Convert to Editable Poly]를 선택해 편집 가능한 상태(Editable Poly)로 바꿉니다. 그러면 UV 작업 준비는 다된 것입니다.

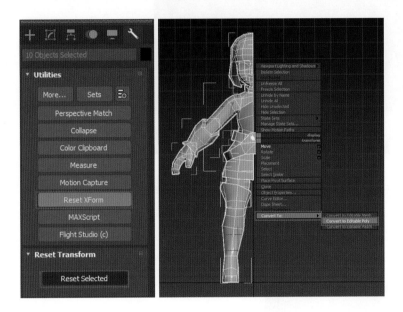

▌ UV 작업 방법(머리카락)

01 머리카락 오브젝트를 예로 들어 UV 작업 방법 및 순서를 알아보겠습니다. 머리카락 오브젝트를 선택하고, [Modify] 패널에서 [Unwrap UVW] 버튼을 클릭합니다. 그러면 [Modifier Stack] 창에 UV 전개도가 제작될 'Unwrap UVW'가 추가되고, 그림처럼 머리카락 오브젝트가 붉은색으로 바뀌며 녹색 선이 나타납니다.

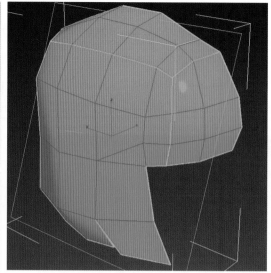

02 이 녹색 선은 방금 [Unwrap UVW] 명령을 통해 자동으로 작업된 Seams(재단선)를 나타냅니다. Seams는 3D 오브젝트를 2D 전개도로 만들기 위해 '자르는' 선(Edge)을 말합니다. 우리가 원하는 대로 UV 작업을 하기 위해, 자동 작업된 Seams는 지워줍시다. [Modify] 패널의 [Configure] 롤아웃에서 [Map Seams] 박스를 체크 해제하면 됩니다.

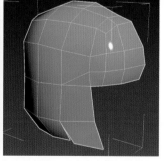

03 앞머리부터 분리해주겠습니다. Seams 작업 순서는 이렇습니다. 먼저 우측 [Modifier Stack] 창에서 'Unwrap UVV' 하위에 있는 'Edge'를 선택하고, Seams로 바뀌길 원하는 Edge를 마우스로 더블클릭합니다. 그럼 연결된 Edge 전체가 빨간색으로 표시됩니다.

그 상태에서 [Peel] 롤아웃의 (Convert Edge Selection To Seams) 버튼을 클릭해주면 Seams 변환이 완료됩니다. 완료된 Seams는 그림처럼 하늘색으로 바뀝니다.

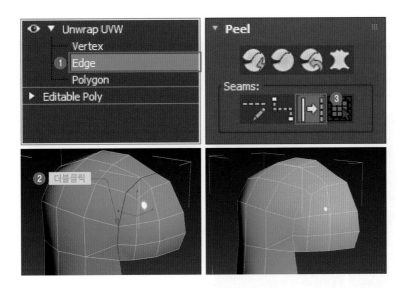

TIP

또는 [Peel] 롤아웃→[Seams] 항목의 4개 버튼 중 첫 번째 (Edit Seams) 버튼을 활성화하고, 원하는
Edge를 직접 클릭해줘도 됩니다.

04 이제 앞머리를 펼쳐 보겠습니다. 일단 파란색 Seam 안쪽 부분에서 아무 Polygon을 선택합니다.
그리고 [Peel] 롤아웃에서 ▦(Expand Polygon Selection to Seams) 버튼을 누르면 그림처럼 앞머리
부분 Polygon들만 모두 선택됩니다. 그 상태로 이번에는 위쪽 ✖(Pelt) 버튼을 누릅니다.

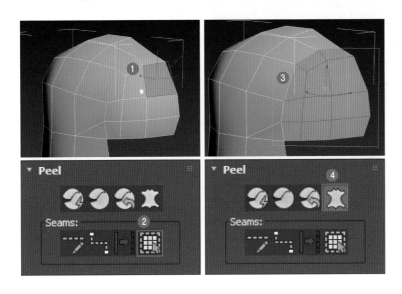

05 그러면 다음처럼 [Pelt Map] 창과 [Edit UVWs] 창이 활성화됩니다. [Pelt Map] 창에서 [Quick Pelt]→[Pelt]→[Start Pelt] 버튼을 누르면, [Edit UVWs] 창에 선택한 앞머리 Polygon이 펼쳐집니다.

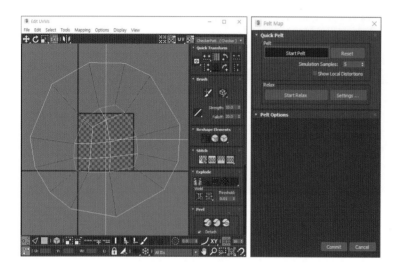

06 이어서 [Pelt Map] 창의 [Quick Pelt]→[Relax]→[Start Relax] 버튼을 누릅니다. 버튼이 [Stop Relax]로 바뀌고, [Edit UVWs] 창에서는 선택한 Polygon이 제 형태를 갖춥니다. [Commit] 버튼을 눌러 완료합니다. 앞머리 UV가 완성되었습니다.

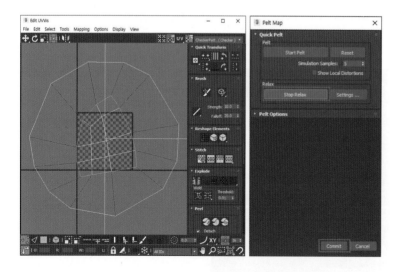

07 남은 머리카락도 04~06단계와 같은 방법으로 UV 작업을 진행합니다.

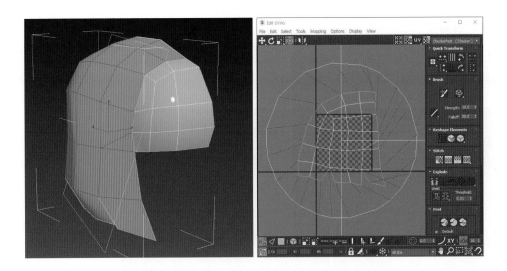

08 [Edit UVWs] 창 우측 상단 [Texture List Drop-down]에서 [CheckerPattern (Checker)]을 선택합니다. 오브젝트에 정사각형 체크 무늬가 적용됩니다. 이 체크 무늬가 정사각형으로 보이면 UV 작업이 제대로 된 것입니다. 여기까지가 UV 작업 전체 프로세스입니다.

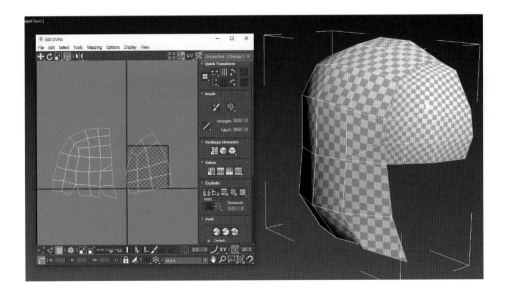

얼굴~상체 UV 작업

01 동일한 방법으로 이제 다른 부위도 전부 UV 작업을 해줍시다. 얼굴은 별도로 Seam을 추가하지 않아도 됩니다. 모든 Polygon을 선택하고 UV 작업을 진행합니다.

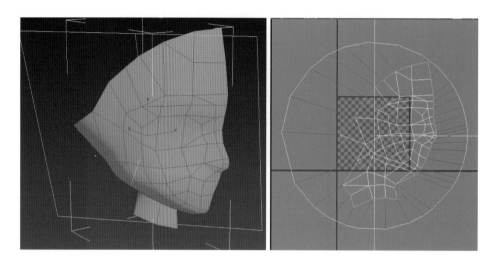

02 상체의 경우, [Peel] 롤아웃의 ▨(Edit Seams)를 이용해 그림처럼 Seams를 그어서 상의와 갑옷 파츠를 분리해줍니다.

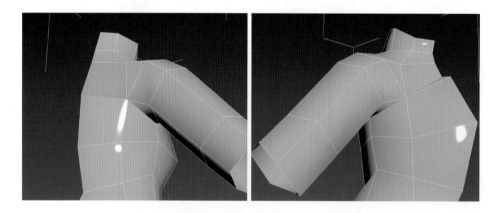

03 옷 소매도 펼쳐줘야 하니, 다음 그림처럼 잘 안 보이는 안쪽 부분에 세로로 Seams 작업을 해줍니다. 텍스처 작업 시 꼼꼼하게 작업하지 않으면 Seams, 재단선이 티가 납니다. 그래서 가능하면 보이지 않는 쪽을 Seams 작업하는 것입니다. 우리가 입고 있는 옷의 봉제선을 생각해보면 됩니다.

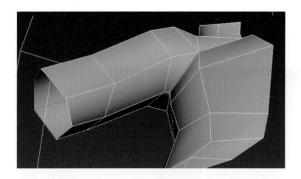

04 상체의 Seams가 모두 설정되었습니다. 먼저 상의 Polygon을 모두 선택해서 [Peel] 롤아웃과 [Petl Map] 창을 이용해 UV 작업합니다.

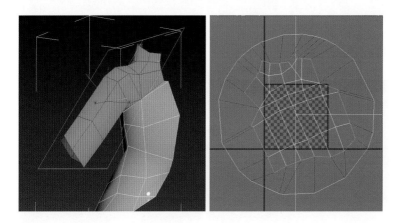

05 이어서 갑옷 Polygon도 똑같이 UV 작업을 진행합니다.

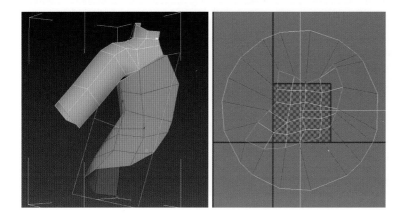

06 팔 보호대는 그림처럼 윗면과 아랫면 그리고 옆면에 Seam을 하나씩 설정해 3조각으로 만든 뒤,
각각 UV 작업을 진행합니다.

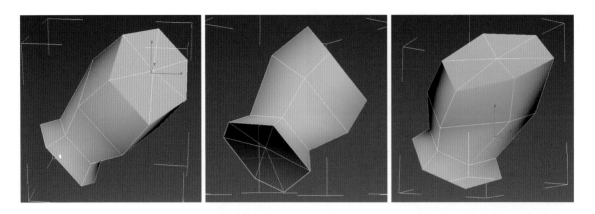

07 각 조각과 펼쳐진 Polygon을 정리하면 다음과 같습니다.

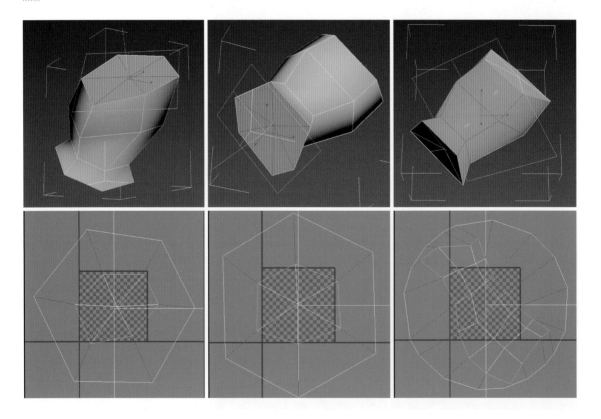

08 손(장갑)의 경우 보통 손바닥과 손등으로 나눕니다. 먼저 [Sub Selection]을 ■(Polygon)으로 하고, 그림처럼 손바닥에 해당하는 Polygon을 모두 선택합니다. 그런 뒤 [Peel] 롤아웃→■(Pelt) 버튼을 눌러 바로 [Pelt Map] 창을 띄우고, [Start Pelt]와 [Start Relax] 버튼을 차례로 클릭해 손바닥의 UV 작업을 해줍니다.

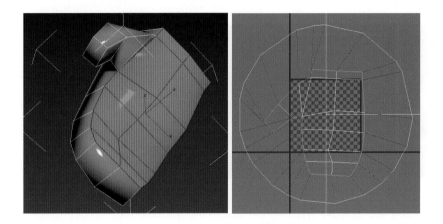

09 손등은 이미 분리되어 있는 셈이지만, 그대로 UV 작업을 하면 제대로 안 될 수도 있습니다. 엄지손가락 끝이나 장갑 끝부분처럼 뭉칠 것 같은 부분의 Edge를 추가로 Seam으로 재단해준 뒤, 손등 Polygon을 선택하여 08단계와 같이 UV 작업을 진행합니다.

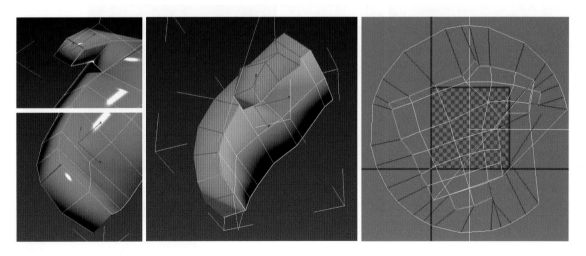

허리띠~하체 UV 작업

01 허리띠는 2개가 교차한 모양입니다. 각각 따로 UV 작업을 진행합니다. (버클 없는) 안쪽 허리띠 먼저 해봅시다. 허리띠는 Seams 작업이 조금 복잡합니다. 먼저 허리띠 위쪽에서 보이는 가로 Edge를 그림처럼 선택해 Seams 작업을 해줍니다.

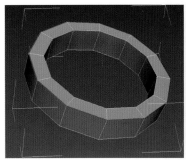 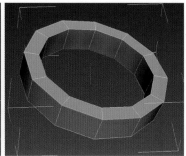

02 세로 Edge도 Seams 작업을 해줘야 하는데, 중간에 과정 하나가 더 필요합니다. 일단 그림처럼 Edge 하나를 선택하고, [Selection] 롤아웃→[Modify Selection] 항목의 ▦(Ring: XY Edges) 버튼을 누릅니다. 선택한 Edge와 세로 방향으로 평행한 Edge들을 모두 선택하는 기능입니다. 그런 뒤 똑같이 [Peel] 롤아웃→ ▶(Convert Edge Selection To Seams) 버튼을 클릭해주면 됩니다.

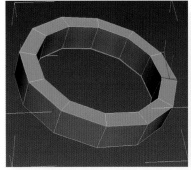  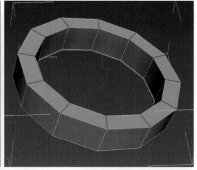

03 우측 하단 [Viewport Navigation]의 ◢(Orbit) 버튼으로 Viewport를 돌려서 그림처럼 아랫면이 보이게 한 뒤, 02단계와 같은 방법으로 세로 Edge의 Seams 작업을 해줍니다. 이러면 허리띠 Seams는 끝입니다.

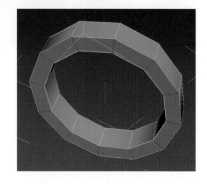

04 이렇게 안쪽과 바깥쪽 2조각으로 나눈 허리띠의 Polygon을 선택해, 각각 UV 작업을 해줍니다.

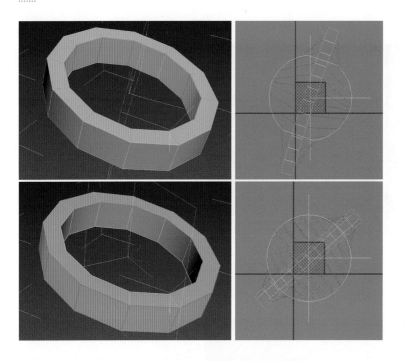

05 바깥 허리띠도 01~04단계와 같은 방법으로 UV 작업을 해줍니다.

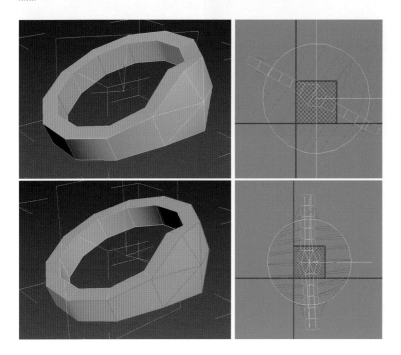

06 치마는 얼굴과 마찬가지로 따로 Seams 작업을 할 필요가 없습니다. 전체 Polygon을 선택하고 UV 작업을 진행합니다.

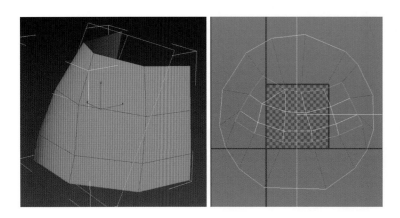

07 다리의 경우 팔 보호대와 마찬가지로 잘 안 보이는 허벅지 안쪽으로 세로 Seam 하나를 추가해준 뒤 UV 작업을 진행합니다.

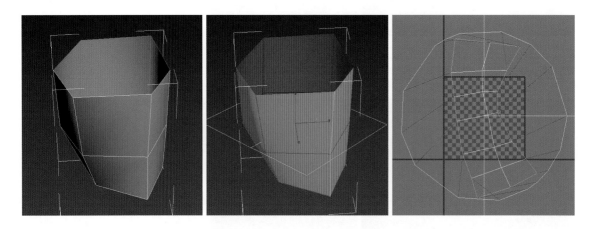

08 부츠 차례입니다. 부츠는 윗부분과 밑창(굽) 둘레를 Seams 작업하고, 뒤쪽 세로 중앙 Edge 역시 Seam으로 바꾸어 3조각으로 만듭니다.

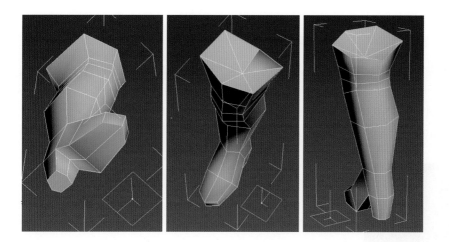

09 각 조각을 차례로 선택해서 UV 작업을 진행해주면 됩니다.

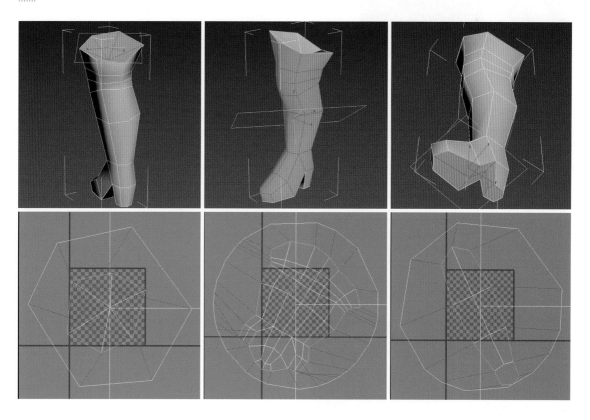

이렇게 모든 파츠의 UV 작업이 완료되었습니다.

2.2 UV 정리

01 이제 정리를 하겠습니다. 먼저 캐릭터의 아무 곳이나 선택하고 마우스 우클릭 메뉴→[Convert To:]→[Convert to Editable Poly]를 차례로 선택해 오브젝트를 편집 가능한 상태로 바꿉니다. 여기서는 몸통 Polygon을 선택했습니다. 이때 [Modifier Stack] 창을 확인하면 'Unwrap UVW' 레이어가 보이지 않는데, 사실 지워진 게 아니라 내장된 것입니다.

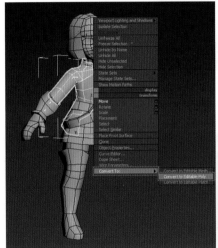

02 [Edit Geometry] 롤아웃의 [Attach] 버튼으로 오브젝트들을 전부 클릭해서 하나의 오브젝트로 만듭니다. 하나가 된 오브젝트를 선택하고 [Modify] 패널에서 [Unwrap UVW] 명령을 내립니다.

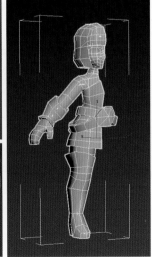

03 그림처럼 여태까지 작업한 Seams들이 녹색 선으로 다시 나타납니다. 이 상태에서 [Edit UVs] 롤
아웃의 [Open UV Editor] 버튼을 누르면 [Edit UVWs] 창이 팝업됩니다. UV 작업한 내역이 그대로
겹쳐서 나타납니다.

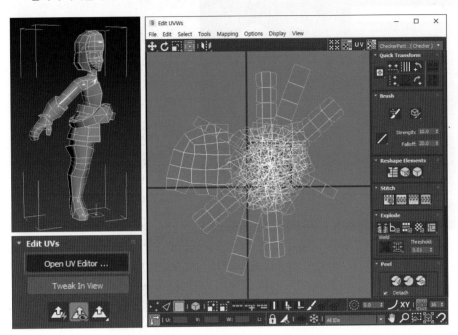

04 드래그로 전체 UV를 선택한 뒤, [Arrange Elements] 롤아웃에서 [Rescale]과 [Rotate] 박스를
체크하고, Padding 수치를 0.01로 지정합니다. 마지막으로 ▒(Pack Normalize) 버튼을 누르면 그
림처럼 UV가 겹치지 않게 정리됩니다.

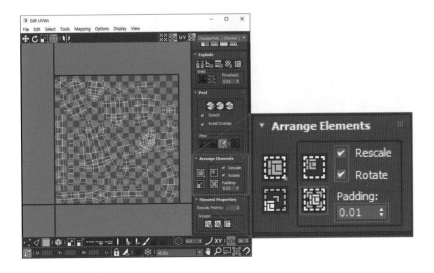

05 [Edit UVWs] 창 우측 상단 [Texture List Drop-down]에서 [CheckerPattern (Checker)]을 선택, 체커맵을 적용해서 전체적으로 문제가 없는지 확인합니다.

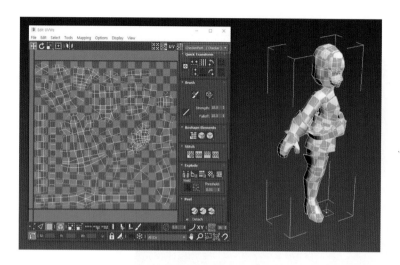

06 이제 UV 작업이 다 끝난 반쪽 캐릭터를 대칭시켜 전체 캐릭터로 완성하겠습니다. 오브젝트를 선택하고 마우스 우클릭해 다시 Editable Poly로 바꿔줍니다. 그런데 허리띠는 좌우 대칭이 아니니 제외해야 합니다. 일단 [Sub Selection]을 (Element)로 하여 허리띠만 선택합니다.

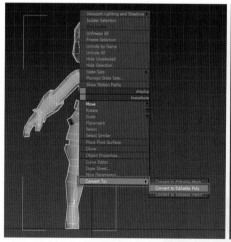
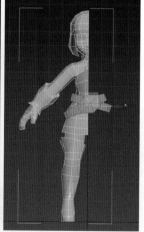

07 [Edit Geometry] 롤아웃에서 선택한 오브젝트를 분리시키는 명령인 [Detach] 버튼을 클릭합니다. [Detach] 창이 팝업되면 그대로 [OK] 버튼을 눌러 완료합니다. 허리띠가 전체 오브젝트에서 분리됩니다.

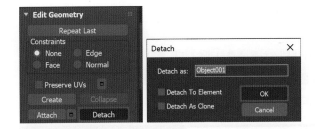

08 몸통(허리띠가 아닌)을 선택하고 [Sub Selection]을 모두 해제한 뒤 Symmetry 명령을 적용합니다. [Mirror Axis]는 X축, [Flip] 박스는 체크 해제합니다. 그림처럼 몸통 반대쪽이 나타납니다. 다시 마우스 우클릭 메뉴→[Convert To:]→[Convert to Editable Poly]를 차례로 선택해 하나의 오브젝트로 만듭니다. UV 작업된 오브젝트를 반전 복사해서 UV도 겹쳐져 있게 됩니다.

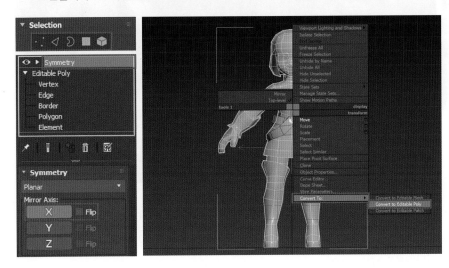

09 다시 [Edit Geometry] 롤아웃→[Attach] 버튼을 이용해 허리띠까지 하나의 오브젝트로 만듭니다. UV 정리가 끝났습니다.

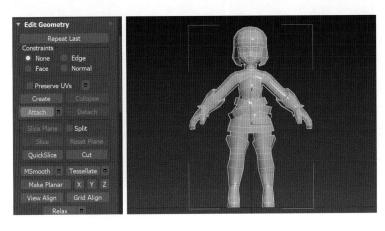

2.3 UV 이미지 추출

01 마지막으로 UV 작업을 최종 확인하고 포토샵으로 가져갈 텍스처를 추출하겠습니다. [☑Modify] 패널에서 [Unwrap UVW] 명령을 내리고, [Edit UVs] 롤아웃에서 [Open UV Editor] 버튼을 눌러 [Edit UVWs] 창을 띄웁니다. UV가 잘 정리되어 있습니다.

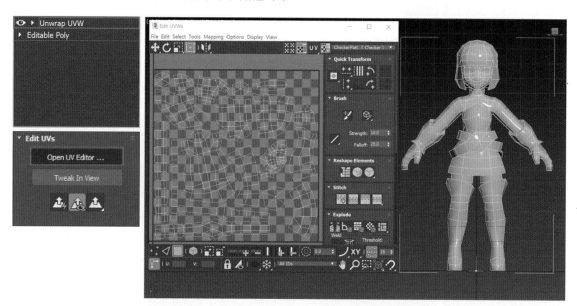

02 [Edit UVWs] 창 하단의 ⬡(Select by Element UV)를 활성화한 뒤, UV 조각들을 클릭해 움직여보면 좌우 대칭인 조각들이 서로 겹쳐 있는 것을 확인할 수 있습니다. 이때 허리띠는 좌우 대칭이 아니라 조각이 겹쳐 있지 않습니다(오른쪽 그림).

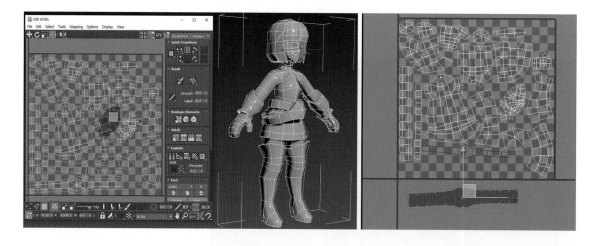

03 UV 작업에 이상이 없는 것을 확인했다면, 이제 텍스처 작업을 위해 UV를 이미지로 추출하겠습니다. [Edit UVWs] 창 메뉴바에서 [Tools]→[Render UVW Template] 명령을 내립니다. [Render UVs] 창이 팝업됩니다. 사이즈를 정할 수 있습니다. 보통 모바일 게임의 경우 1024 또는 2048, PC 게임의 경우 2048 또는 4096 사이즈를 사용합니다.

여기서는 Width: 1024, Height: 1024를 사용하겠습니다. 숫자를 입력하고, 하단 [Render UV Template] 버튼을 누르면 자동으로 UV 렌더링이 진행됩니다.

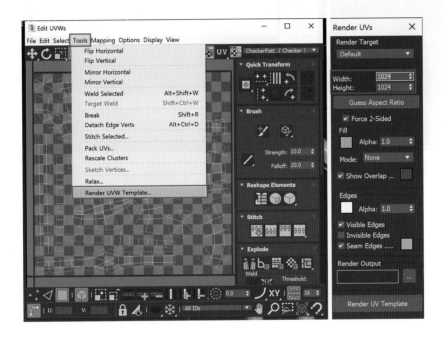

04 렌더링이 끝나면 다음처럼 [Render Map] 창이 새로 팝업됩니다. 왼쪽 상단 🖫(Save) 버튼을 누르고, [Save Image] 창에서 파일명을 정한 뒤(여기서는 'Character_UV') [JPEG File]로 저장해주면 됩니다. 이 이미지로 텍스처 작업을 하게 됩니다.

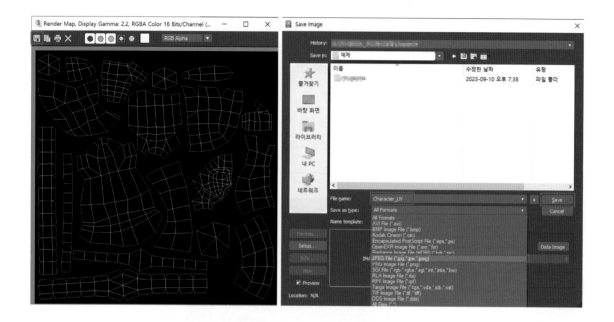

텍스처링 (Texturing)

색과 질감을 표현하는 텍스처는 포토샵에서 제작하겠습니다. 서브스턴스 페인터, 지브러시 등 다른 프로그램에서도 작업이 가능하지만, 우선 텍스처 작업의 기본 프로그램이라 할 수 있는 포토샵(Photoshop)을 이용하겠습니다. 포토샵은 그래픽 작업에 있어 기본 중에서도 기본이니, 사용에 익숙해지는 것이 좋습니다.

3.1 기본 색 지정

01 포토샵을 실행하고, 상단 메뉴바에서 [File]→[Open]을 클릭하거나 파일을 직접 드래그해 3ds Max에서 저장한 UV 이미지 'Character_UV.jpg'를 포토샵으로 불러옵니다. 이 이미지는 'Back-ground' 레이어로 표시됩니다.

02 우측 [Layers] 패널을 보면 Background 레이어가 잠겨 있습니다. 더블클릭해서 일반 레이어로 만들고, 이름은 'Layer 0'으로 바꿔줍니다. 그 뒤 하단 ⊞(Create a New Layer) 버튼을 눌러 새 레이어('Layer 1')를 추가합니다.

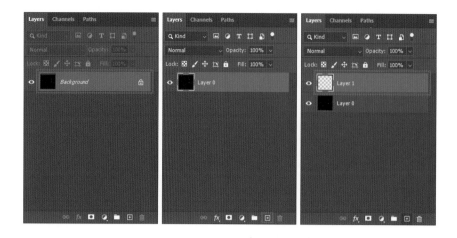

03 추가한 레이어를 선택합니다. 좌측 툴바에서 [Foreground Color]를 클릭한 뒤 [Color Picker] 창
에서 다음 그림처럼 회색톤을 지정하고 단축키 [Alt + Del]을 눌러 색을 채워줍니다.

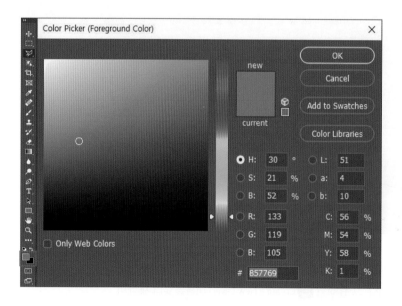

04 색을 채운 레이어 이름을 '갑옷'으로 바꿔줬습니다. 이제 레이어 순서를 서로 바꾸고, Layer 0을 선
택해 블렌딩 모드를 Difference 로 하면 두 레이어가 겹쳐 보이게 됩니다.

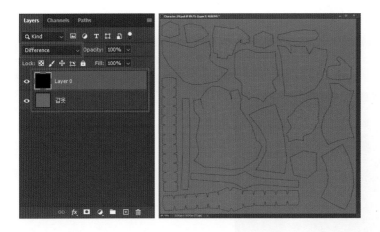

05 이 과정을 반복해 각 부분마다 다른 기본 색을 적용해줄 것입니다. 레이어를 하나 더 추가합니다.
(Polygonal Lasso) 툴로 얼굴 부분만 선택합니다.

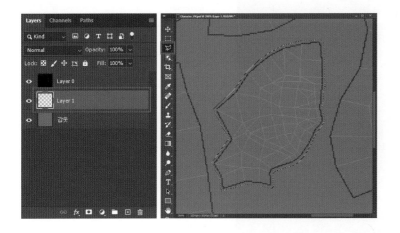

06 03단계와 같이 [Foreground Color]를 원하는 피부색으로 지정하고 [Alt + Del] 키를 눌러 색을 채웁니다.

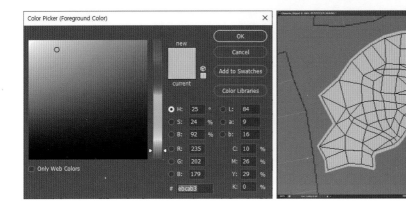

07 같은 방법으로 새 레이어를 만들어서, 나머지 머리카락, 치마, 상의(옷) 조각을 각각 다른 레이어로 분리해 기본 색을 채웁니다. (색은 여러분이 원하는 대로 자유롭게 정하면 됩니다. 여기에는 편의를 위해 사용한 6자리 색상 코드를 표기해 두었습니다.)

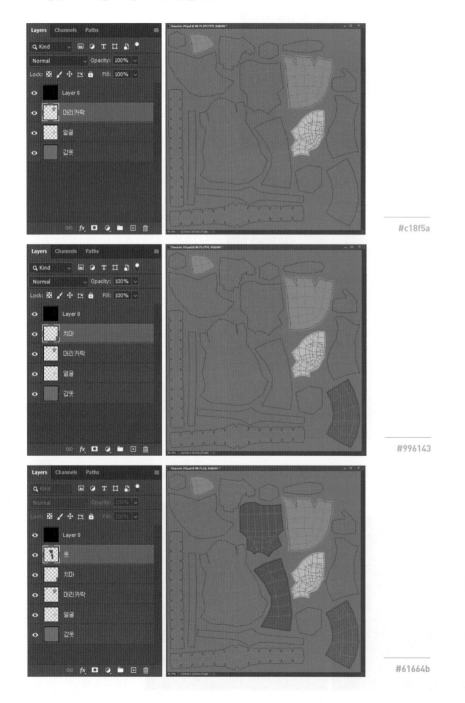

#c18f5a

#996143

#61664b

3.2 기본 색 적용 및 조정

01 지정한 기본 색들이 얼마나 어울리는지 3ds Max로 가져가서 확인하겠습니다. [Layers] 패널에서 'Layer 0' 앞의 👁 아이콘을 클릭해서 UV 레이어는 감춰줍니다.

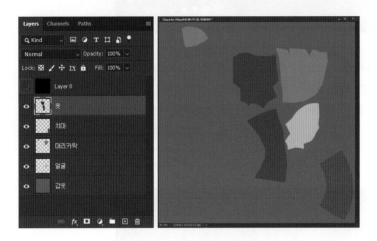

02 상단 메뉴바에서 [File]→[Save As]로 저장합니다. 파일명은 무엇이든 상관없으며 편의에 따라 정하길 바랍니다. 단 형식은 반드시 'Targa (.TGA)'로 지정합니다.

03 3ds Max로 돌아왔습니다. 메인 툴바에서 🔲(Material Editor)를 클릭해 [Slate Material Editor(재질 편집기)] 창을 엽니다.

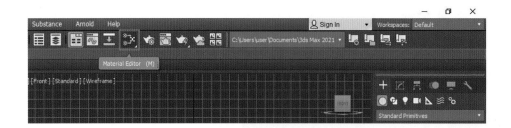

04 좌측 [Material/Map Browser] 패널에서 [Materials]→[General]→[PBR Material(Metal/ Rough)]를 마우스로 클릭하고 드래그해 화면 중앙 [View1] 창에 끌어옵니다. 이것은 '재질 노드'로 오브젝트에 덧씌워질 재질을 나타냅니다. 이것이 있어야 오브젝트에 아까 제작한 텍스처를 적용할 수 있습니다.

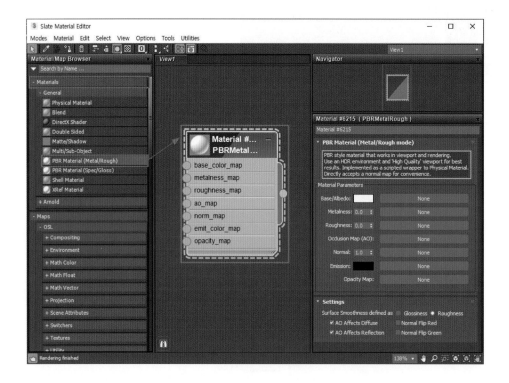

05 다음으로 재질에 맵, 즉 텍스처를 연결하기 위해 다시 좌측 [Material/Map Browser] 패널에서 [Maps]→[General]→[Bitmap]을 화면 중앙 [View1] 창에 끌어옵니다. 파일 선택 창이 뜨면, 아까 포토샵에서 제작한 TGA 파일 'knight_diffuse.tga'를 지정합니다. 다음처럼 [View1] 창에 맵 노드가 추가되었습니다.

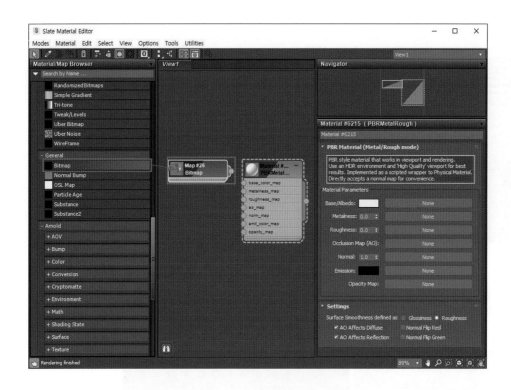

06 두 노드를 자세히 보면, 양 옆에 튀어나온 '소켓'이 있습니다. 왼쪽에 있으면 입력이고, 오른쪽에 있으면 출력입니다. 이 소켓을 서로 연결(와이어링)해서 적용할 수 있습니다. [View1] 창의 [Map] 노드의 소켓을 선택하고, [Material] 노드의 'base_color_map' 소켓에 드래그해서 연결합니다.

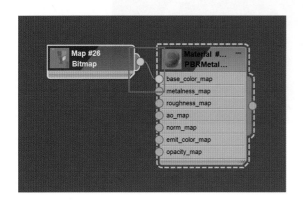

07 이 상태로 [Slate Material Editor] 툴바의 🔲(Assign Material To Selection) 버튼을 누르면, 캐릭터에 제작한 텍스처가 적용됩니다. 전체적인 색이 조화로운지, 느낌이 괜찮은지 등을 체크합니다.

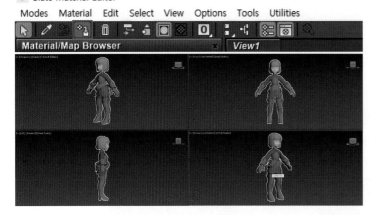

08 마음에 안 드는 부분은 포토샵으로 다시 수정해서 3ds Max에 적용시켜봅니다. 이때 갑옷도 새 레이어를 나누어 작업하면 좋습니다. 다음은 전체 기본색을 붉은 계열로 바꾸고, 회색 갑옷을 입힌 모습입니다.

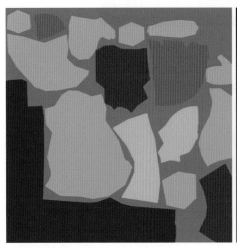
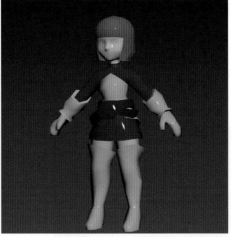

3.3 세부 텍스처 작업 및 마무리

01 확인 후, 전반적인 느낌이 괜찮다면 포토샵에서 질감과 명암 등, 더 세밀한 텍스처 작업을 진행합니다. 필요하면 레이어를 추가해서 더 분할해 진행합니다. 글과 이미지로 설명하기에는 어려운 작업이므로, 자세한 방법은 강의 영상을 참고하길 바랍니다. 여기에서는 앞 절의 붉은 계열 기본색을 다 바꿔서, 쿨한 느낌의 푸른 기사로 완성했습니다.

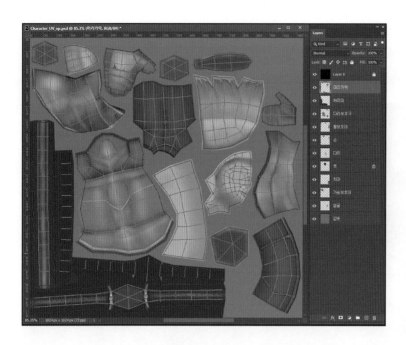

02 눈, 코, 입, 문양 등 디테일은 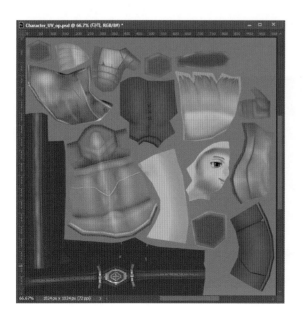(Brush) 툴 등을 이용해 직접 그려주고 마무리합니다. 모든 그래픽 작업이 마찬가지만 텍스처 제작의 완성은 없습니다. 작업을 하자면 끝도 없습니다. 시간이 된다면 색상 조절도 많이 해보고, 디테일 표현에도 충분히 손을 대야만 좋은 결과물을 얻을 수 있습니다. 그렇지만 책 특성상 지금은 여기까지만 진행하고 다음 단계로 넘어가도록 하겠습니다.

03 중간중간 3ds Max에서 확인하면서 진행하는 것이 좋습니다. Viewport 좌측 상단 [Viewport Labels] 중 세 번째 [Shading] 메뉴에서 [High Quality] 모드를 선택하면 렌더링 없이도 Viewport에서 상당히 괜찮은 퀄리티의 이미지를 바로 확인할 수 있습니다.

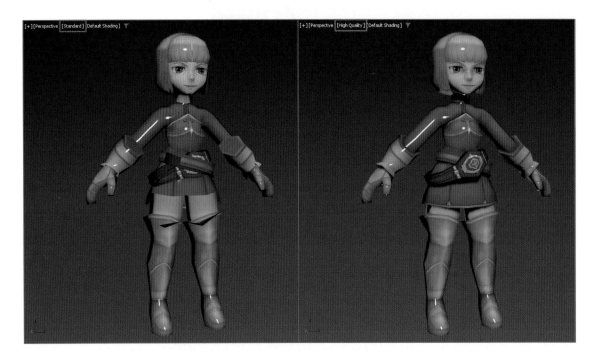

04 텍스처가 완성되었습니다. 그런데 캐릭터의 머리카락 부분을 보면 Polygon 모양과 텍스처 모양이 달라서 어색해 보입니다. Opacity Map을 이용해 머리카락 부분 디테일을 살리겠습니다.

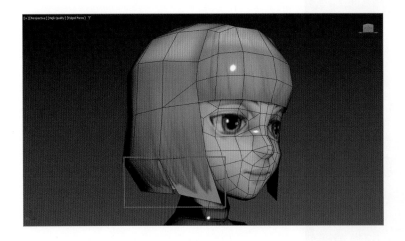

05 포토샵으로 돌아옵니다. 다음 그림과 같이 ⊞(Create New Layer) 버튼으로 레이어 하나를 추가하고, 전체를 흰색으로 채워줍니다. 이 레이어는 'Layer 0'의 아래, 텍스처 레이어들(머리카락~) 위에 위치해야 합니다.

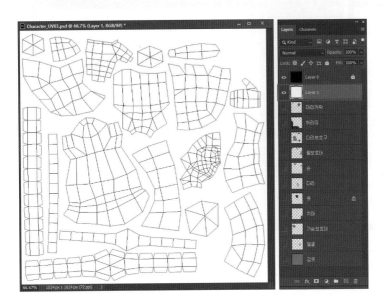

06 블렌딩 모드를 Multiply 로 변경하고, '머리카락' 레이어를 새로 추가한 'Layer 1' 바로 밑으로 옮겨줍니다.

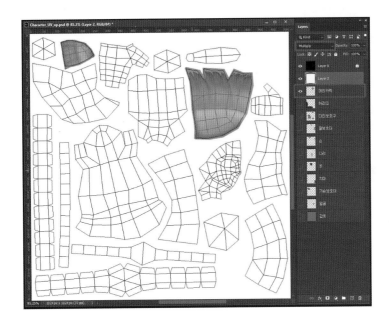

07 그림처럼 머리카락 끝부분을 검정색으로 칠합니다. 이 흑백 레이어가 있으면, 간단히 말해 흰색 부분은 이미지가 나타나고 검정색 부분은 투명하게 뚫려 보이게 됩니다.

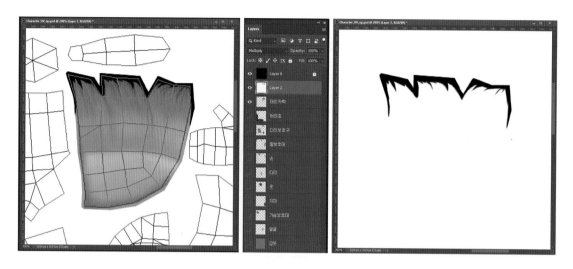

08 이미지를 Targa 형식(.TGA) 파일로 저장합니다.

09 3ds Max로 돌아옵니다. 메인 툴바에서 ▦(Material Editor)를 클릭해 [Slate Material Editor] 창을 열고, 좌측 [Material/Map Browser] 패널에서 [Maps]→[General]→[Bitmap]을 하나 더 중앙에 끌어와 이미지 선택 창을 띄웁니다. 방금 저장한 'knight_opacity.tga' 이미지를 열고, 다음 그림과 같이 [Material] 노드의 'opacity_map' 소켓에 연결합니다.

10 [Slate Material Editor] 창 툴바에서 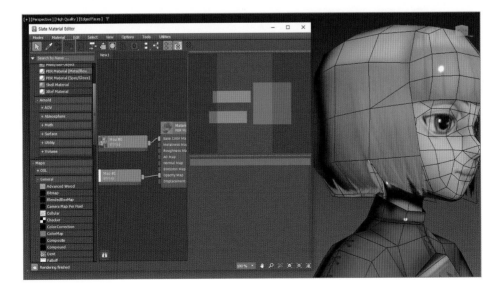(Assign Material To Selection) 버튼을 클릭해 재질을 오브
젝트에 적용하고, 다시 Viewport를 확인해 보면 원하는 대로 머리카락 끝이 뚫려 보입니다.

▌▌ 이렇게 기사의 모델링, 매핑이 모두 완성되었습니다!

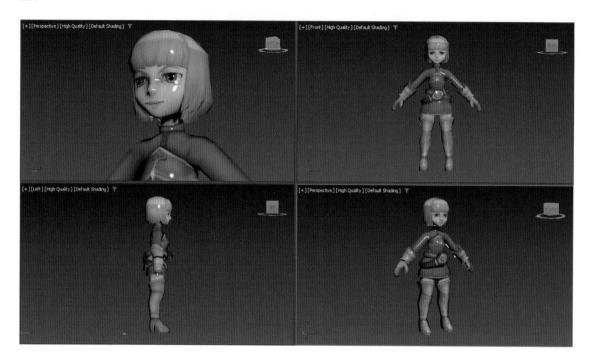

무기 제작

기사에게는 무기가 필요하죠. 우리가 만들 무기는 기사가 들 양손 대검입니다. 기사 캐릭터보다 좀더 간단한 에셋인 무기로, 한 번 더 모델링부터 텍스처에 이르는 전체 작업 프로세스를 복습하도록 합니다.

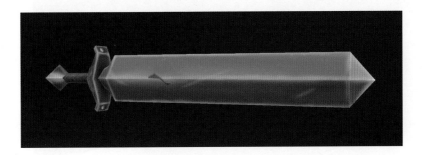

4.1 모델링

기본 오브젝트들로 모델링부터 진행하겠습니다. 각 파츠의 위치와 크기만 잘 파악하면 어렵지 않습니다.

칼날

01 전체적인 밸런스를 수월하게 잡으려면 큰 부분부터 시작해야 합니다. 양손 대검이므로 칼날부터 시작하겠습니다. [➕Create] 패널→[⬤Geometry]→[Standard Primitives]→[Box]를 거쳐 Front Viewport에서 긴 Box를 생성합니다.

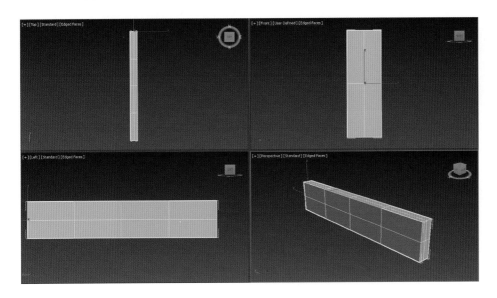

02 [ⓩModify] 패널→[Parameters] 롤아웃에서 Length Segs: 2, Width Segs: 2, Height Segs: 4로 각각 수치를 지정합니다. 그리고 모델링을 위해 오브젝트를 마우스 우클릭하고 메뉴에서 [Convert To:]→[Convert to Editable Poly]를 선택해 편집 가능한 상태로 바꿉니다.

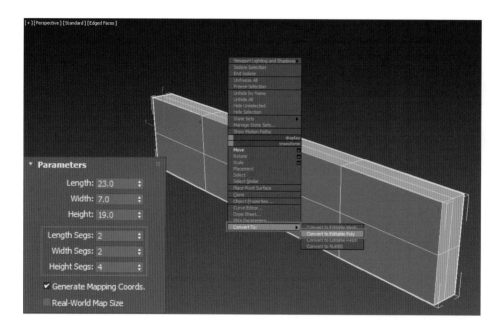

03 칼날 형태를 잡아주겠습니다. 우선 Left Viewport에서 █(Scale) 툴을 이용해 Y축(세로) 방향으로 Vertex들을 모아서 그림처럼 만듭니다. 전체적으로 두텁고, 칼끝으로 갈수록 살짝 너비가 좁아지는 형태입니다. 왼쪽(아래) Vertex들은 칼 받침대와 이어지는 연결부입니다.

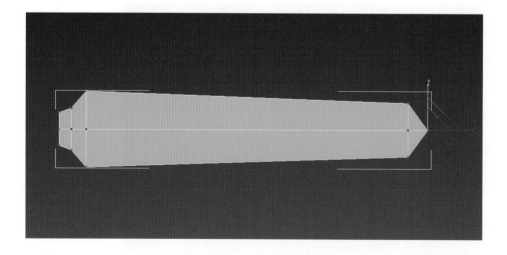

04 다음으로 날을 세워주겠습니다. Front Viewport에서 마찬가지로 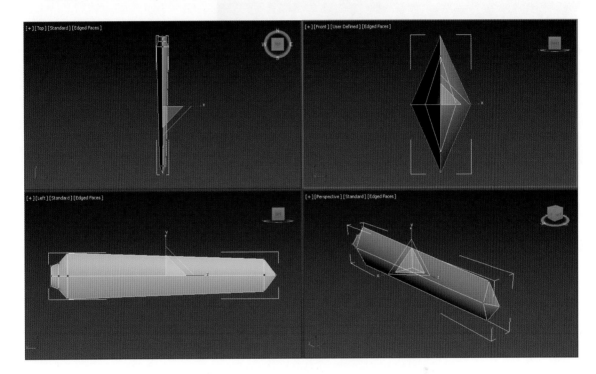(Scale) 툴을 이용해 날이 될 위쪽과 아래쪽 Vertex들을 각각 가운데(X축 방향)로 모아줍니다. 다른 Vertex들도 조정해서 그림처 럼 만듭니다. Front Viewport에서 보았을 때 얄쌍한 마름모꼴이 되면 됩니다.

05 그런데 현재는 모아둔 Vertex들이 단순히 한 좌표에 겹쳐 있을 뿐, 아직 하나가 된 것이 아닙니다. 마우스 드래그나 단축키 [Ctrl + A]로 모든 Vertex를 선택하고, [Modify] 패널→[Edit Vertices] 롤아웃→[Weld] 버튼을 눌러 가까이 있는 Vertex들을 하나의 Vertex로 만듭니다.

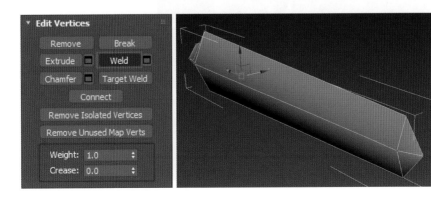

06 잘 합쳐졌는지 확인해 보겠습니다. Vertex 하나를 클릭해서 움직였을 때, 그림처럼 하나의 Vertex 로 움직이면 제대로 적용된 것입니다.

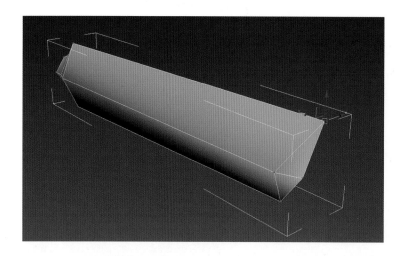

가드(칼 받침대)

01 이어서 손잡이와 칼날을 이어주는 가드(칼 받침대)를 만들겠습니다. 앞서와 마찬가지로 Front Viewport에서 Box를 하나 생성하고 그림처럼 위치시킵니다. 그리고 [☑Modify] 패널→[Param- eters] 롤아웃에서 Length Segs: 4, With Segs: 1, Height Segs: 1로 각각 수치를 지정합니다.

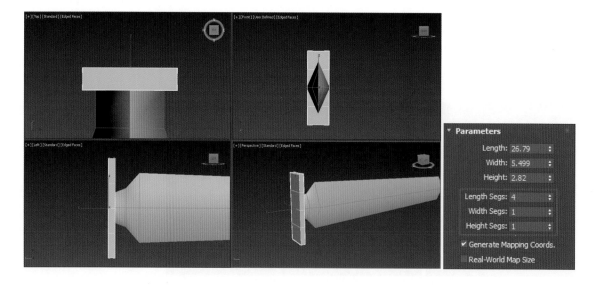

02 형태를 잡겠습니다. 가드를 마우스 우클릭하고 [Convert To:]→[Convert to Editable Poly]를 선택한 뒤, Left Viewport에서 [Sub Selection]을 █(Vertex)로 하고 양 끝의 Vertex들을 ✛(Move), ↻(Rotate) 툴로 움직여 그림처럼 살짝 구부러진 모양으로 만듭니다.

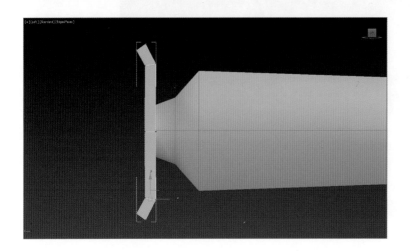

03 [Sub Selection]을 █(Polygon)으로 바꾸고 가드 아래쪽 Polygon 2개를 선택해서, █Modify] 패널→[Edit Polygons] 롤아웃→[Bevel] 명령을 2번 실행해 그림처럼 점점 좁아지게 추출합니다.

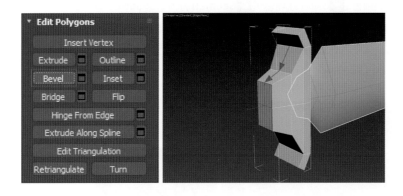

04 다시 [Sub Selection]을 █(Vertex)로 바꾸고 각 Viewport에서 확인하면서 그림처럼 살짝 둥근 형태로 다듬어줍니다. 가드의 형태가 완성되었습니다.

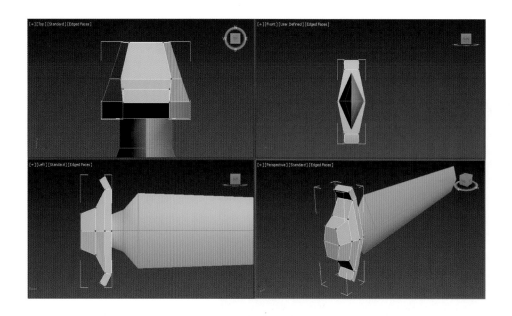

손잡이

01 다음으로 손잡이를 만들겠습니다. 이번에는 [➕ Create] 패널→[⬤ Geometry]→[Standard Primitives]→[Cylinder]로 Cylinder를 Front Viewport에서 생성하고, [🔘 Modify] 패널→[Parameters] 롤아웃에서 Height Segments: 2, Cap Segments: 1, Sides: 4로 각각 수치를 지정합니다. 그런 뒤 아까 만든 가드에 이어줍니다.

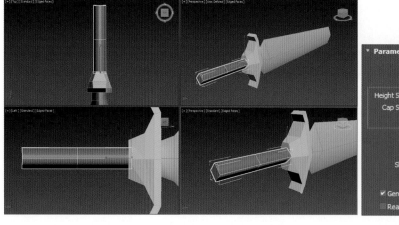

02 손잡이 밑에 폼멜을 붙여주겠습니다. [Sub Selection]을 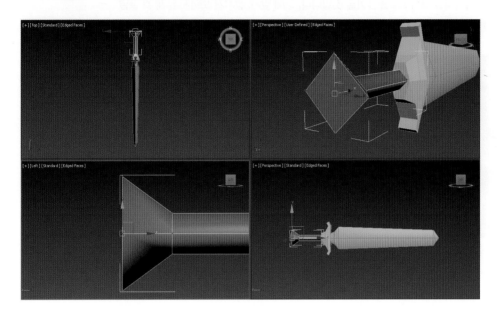(Vertex)로 하고, 손잡이 밑면 Vertex 4
개를 (Scale) 툴로 늘려서 그림처럼 만듭니다.

03 [Sub Selection]을 (Polygon)으로 바꾸고 방금 넓힌 손잡이 밑면 Polygon을 선택해 [Edit Poly-
gons] 롤아웃의 [Bevel] 명령으로 살짝 한 번 추출합니다.

그런 뒤 추출된 Polygon의 Vertex를 (Scale) 툴로 모으고, [Edit Vertices] 롤아웃의 [Weld] 명
령을 적용해서 하나의 Vertex로 만들어 정리합니다. 그림처럼 뾰족한 모양의 폼멜이 완성되었습
니다.

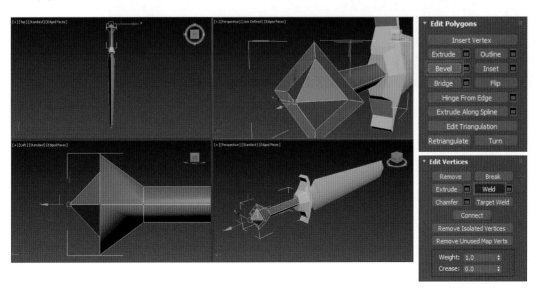

▌합체 및 마무리

01 각 파츠를 합쳐서 하나의 오브젝트로 만들어줄 것입니다. 그에 앞서, 합쳐져 보이지 않게 될 칼날
밑면과 칼 손잡이 윗면의 Polygon을 선택해 각각 지워줍니다.

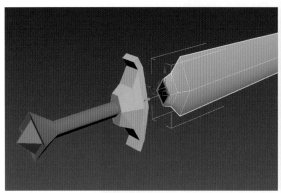 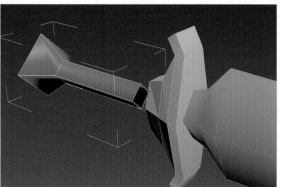

02 [Edit Geometry] 롤아웃→[Attach] 버튼을 활성화하고, 각 오브젝트를 차례로 클릭해서 하나의
오브젝트로 만듭니다.

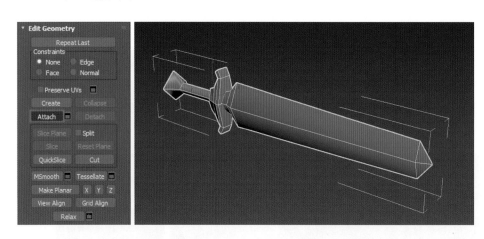

03 전체적으로 미흡한 부분이나 이상한 부분을 다듬어 마무리합니다. 양손 대검 모델링이 완성되었
습니다.

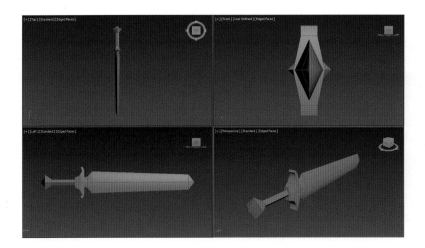

4.2 UV

대검은 좌우 대칭이므로 절반만 작업하고 Symmetry 처리해도 되지만, 전체를 모두 펼쳐서 품질을 높여
보도록 하겠습니다.

01 UV 작업을 하다 보면 제대로 진행했는데도 체크맵이 정상 적용되지 않는 경우가 가끔 있습니다.
따라서 UV 작업 이전에 꼭 [🔧Utilities] 패널에서 [Reset XForm]과 [Reset Selected] 버튼을 클
릭해 좌표축 문제가 없도록 합니다.

그런 뒤 [✏️Modify] 패널의 [Modifier Stack] 창을 보면 Editable Poly 위에 XForm이 적용되
어 있습니다. XForm을 내장하기 위해 오브젝트를 마우스 우클릭하고 메뉴에서 [Convert To:]→
[Convert to Editable Poly]를 선택해줍니다.

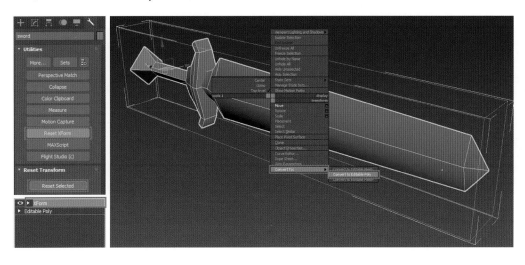

02 [⊿Modify] 패널의 [Sub Selection]이 모두 해제된 상태에서, [Unwrap UVW] 버튼을 클릭해 UV 명령을 내립니다. [Modifier Stack] 창에 'Unwrap UVW'가 추가됩니다.

03 녹색 선들이 보입니다. 이 선들은 자동으로 적용된 Seams(재단선)를 나타냅니다. [Configure] 롤아웃의 [Display]→[Map Seams] 박스를 체크 해제해서 녹색 선이 보이지 않게 해줍니다.

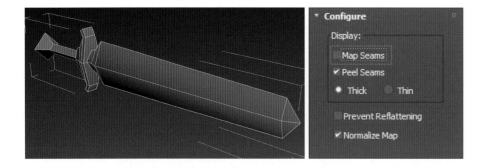

04 그러면 칼날부터 본격적으로 Seams 작업을 하겠습니다. [Selection] 롤아웃에서 ⊿(Edge)를 선택한 채 칼날 Edge를 더블클릭하면 연결된 Edge들이 모두 선택됩니다.

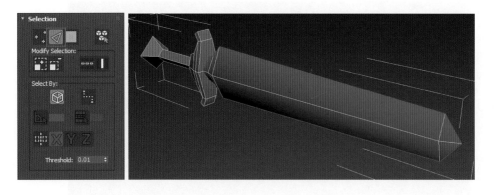

05 [Peel] 롤아웃→[Seams] 항목의 (Convert Edge Selection To Seams) 버튼을 누르면 Edge(빨간색) 가 Seams(파란색)로 바뀝니다.

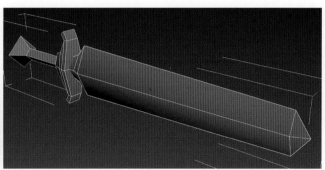

06 가드(칼 받침대)의 경우, [Peel] 롤아웃→[Seams] 항목에서 (Edit Seams)를 활성화한 상태로 각 모서리의 Edge들을 차례로 클릭해서 그림처럼 재단합니다.

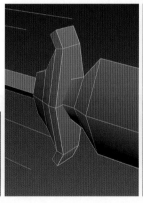 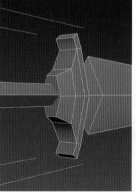

07 손잡이도 마찬가지로 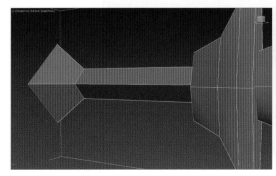(Edit Seams)를 이용해 각 모서리 Edge를 따라 그림처럼 재단합니다.

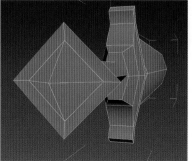

08 [Sub Selection]을 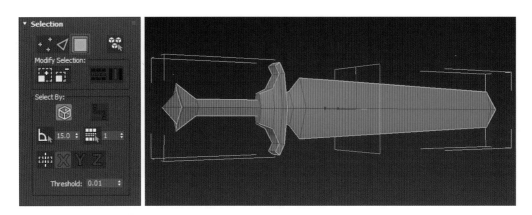(Polygon)으로 바꾸고 마우스 드래그나 단축키 [Ctrl + A]로 모든 Polygon
을 선택합니다.

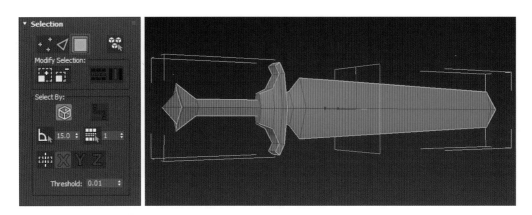

09 [Modify] 패널→[Peel] 롤아웃에서 (Quick Peel) 버튼을 클릭합니다. 전체 UV가 펼쳐진 [Edit
UVWs] 창이 팝업됩니다. 이 상태에서 창 우측 [Peel] 롤아웃의 (Reset Peel) 버튼을 눌러 다시
한번 UV 작업을 진행합니다. 이것은 데이터에 따라 UV가 잘못됐을 경우 다시 UV를 해주는 기능인
데, 지금은 큰 변화가 없습니다.

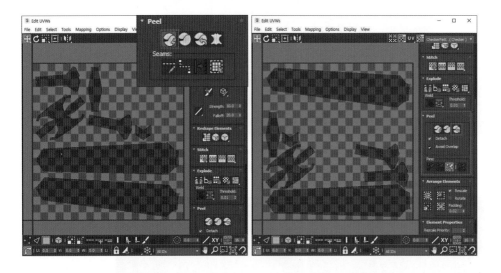

10 이제 펼쳐진 UV를 정리하겠습니다. [Arrange Elements] 롤아웃에서 [Rotate] 박스에 체크하고
[Padding] 수치는 0.001로 줍니다. Padding은 오브젝트와 오브젝트 간격 수치입니다. 비는 공간
은 되도록 작아야 하므로 수치는 작게 잡는 것이 좋습니다. (Pack Normalize) 버튼을 누르면 UV
들이 자동으로 체크박스 안에 정리됩니다.

그런데 지금은 빈 공간이 많아 보입니다. 현재 칼날 크기가 커서 정리가 잘 안 되는 상황입니다. 마우스를 이용해 전체적으로 조각들의 크기를 조금 키우고, 수동으로 하나씩 위치를 잡아 오른쪽 그림처럼 배치해줍니다. 이때 특정한 UV 하나만 크기를 키우거나 줄이면 안 됩니다.

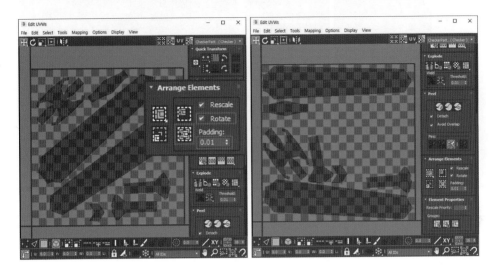

▌▌ 재배치가 완료되었다면 우측 상단 [Texture List Drop-down]에서 [CheckerPattern (Checker)]을 적용해 모든 부분이 찌그러짐 없이 정사각형으로 보이는지 확인합니다.

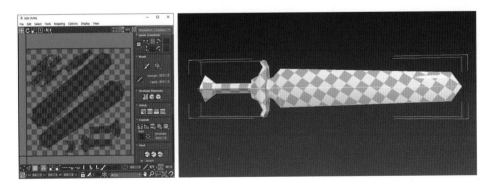

▌2 이상이 없으면 텍스처 제작을 위해 이미지로 추출하겠습니다. [Edit UVWs] 창 메뉴에서 [Tool]→[Render UVW Template]을 실행합니다. 캐릭터 사이즈를 1024로 했기 때문에 무기는 512 사이즈로도 충분할 것 같습니다.

팝업된 [Render UVs] 창에서 Width/Height 수치를 모두 512로 하고 [Render UV Template]을 클릭합니다. 렌더링이 진행되고 [Render Map] 창이 팝업되면, 왼쪽 상단 🖫(Save)를 눌러 이미지로 저장합니다.

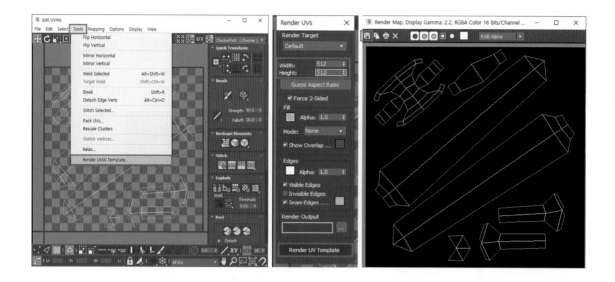

4.3 텍스처링

기사 캐릭터와 마찬가지로 포토샵에서 텍스처 작업을 진행하겠습니다.

01 우선 3ds Max에서 저장한 UV 이미지를 포토샵에 불러옵니다. [Layers] 패널 하단 ⊞(Create New Layer) 버튼을 눌러 새 레이어를 하나 추가합니다. UV 이미지('Background' 레이어) 위에 'Layer 1'이 위치합니다.

02 (Polygonal Lasso) 툴로 그림처럼 칼날 조각의 테두리를 따라 그려줍니다. 그 상태로 (Foreground Color)를 회색으로 설정하고, [Alt + Del] 단축키를 눌러 색을 채워줍니다.

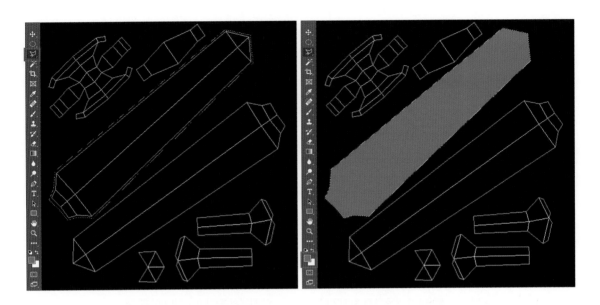

03 UV 레이어(Background)를 더블클릭해서 잠금 없는 일반 레이어(이름도 변경)로 바꾼 후 [Layers] 패널 맨 위로 옮기고 블렌딩 모드를 Difference 로 설정합니다. UV 레이어와 칼날 레이어가 겹쳐 보입니다.

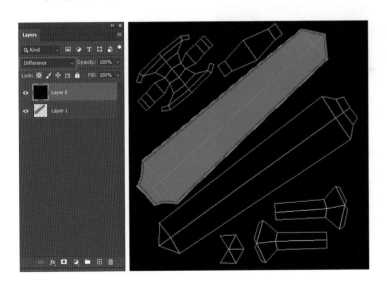

04 나머지 가드와 손잡이, 폼멜(장식) 등도 같은 방법으로 레이어를 추가해 기본 색을 채워줍니다.

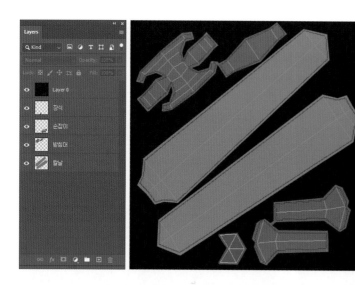

05 이제 명암과 질감 등 더 세밀한 표현을 해줄 차례입니다. 칼날부터 진행하겠습니다. 칼날 아래쪽은 짙은 회색으로 채색해줍니다. 이때 [Lock] 아이콘을 누르면 레이어에 자물쇠 모양의 아이콘이 생기고 색이 칠해진 부분 이외에는 채색이 되지 않아 깔끔하게 텍스처 작업을 진행할 수 있습니다.

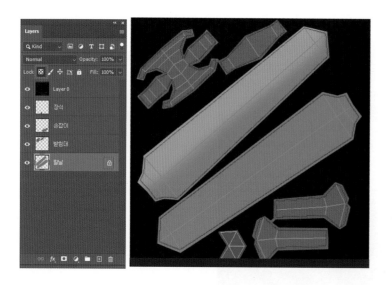

06 계속해서 색을 조절하면서 채색해도 되지만, 이번에는 포토샵 기능 중 Dodge와 Burn을 사용해 텍스처 작업을 하겠습니다. 밝은 부분은 🔍(Dodge) 툴로 문지르고, 어두운 부분은 ✊(Burn) 툴로 문질러 채색하면 됩니다. 특히 광택을 받는 부분(칼날 등)은 Dodge 툴로 문지르면 아주 좋은 효과를 얻을 수 있습니다.

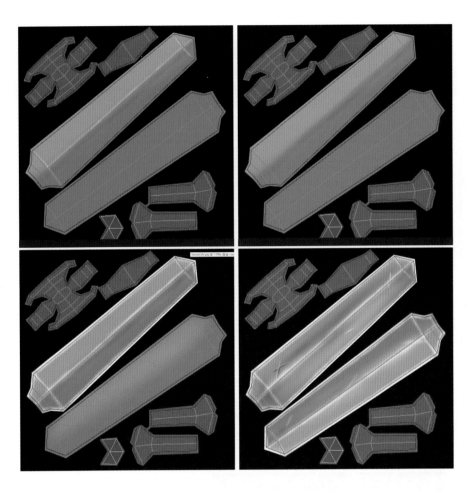

07 나머지 가드와 손잡이 부분도 같은 방법으로 텍스처 작업을 해줍니다.

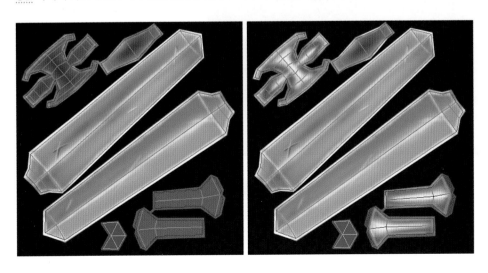

08 3ds Max에서 어떻게 나오는지 중간 중간 체크하면서 작업하는 게 좋습니다. 현재까지 작업한 텍스처를 3ds Max로 가져가 확인해보겠습니다. 포토샵 메뉴의 [File]→[Save As]를 클릭해 텍스처를 Targa 형식('Sword_diffuse.tga')으로 저장합니다.

09 3ds Max로 돌아와 메인 툴바에서 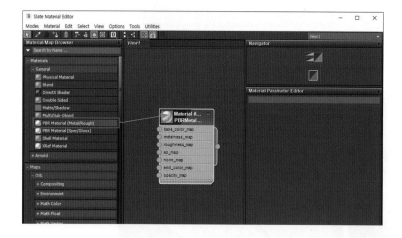(Material Editor) 버튼을 눌러 [Slate Material Editor(재질 편집기)] 창을 엽니다. 왼쪽 [Material Map Browser] 패널에서 [Materials]→[General]→[PBR Material(Metal/Rough)]를 화면 중앙 [View1] 창에 끌어옵니다.

10 이어서 [Material Map Browser] 패널의 [Maps]→[General]→[Bitmap]을 화면 중앙 [View1] 창에 끌어오면 이미지 선택 창이 뜹니다. 포토샵에서 저장한 이미지('Sword_diffuse.tga')를 선택해 엽니다. 그리고 그림처럼 [Bitmap] 노드의 소켓을 [Material] 노드의 'base_color_map' 소켓에 연결합니다.

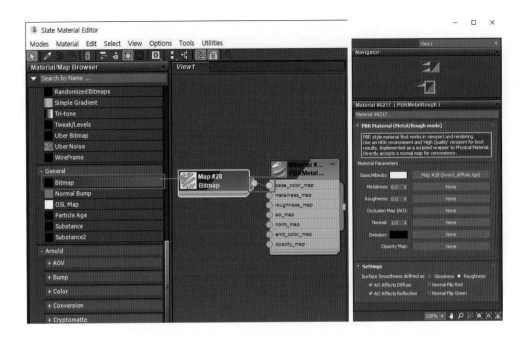

11 이제 바깥 Viewport에서 대검 오브젝트를 선택한 뒤, [Material] 노드를 클릭하고 (Assign Material to Selection) 버튼을 누르면 모델링에 텍스처가 적용됩니다.

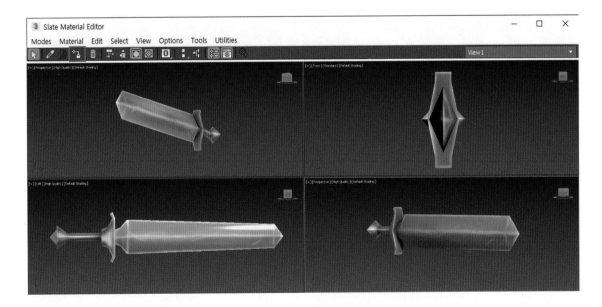

12 메인 툴바 위쪽 메뉴바에서 [File]→[Import]→[Merge]를 클릭해 앞서 만든 캐릭터를 불러옵니다. 전체적인 느낌이 괜찮은지 확인합니다.

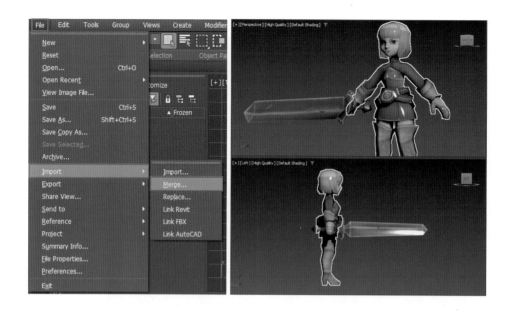

13 부족하다고 생각되는 부분은 다시 포토샵에서 텍스처 작업해서 마무리합니다. 앞서 말했듯이 텍스처 작업에 완벽한 완성은 없습니다. 충분한 시간을 투자해서 완성도를 올리는 게 좋습니다. 지금은 책 특성상 여기까지만 진행하고 마무리하겠습니다.

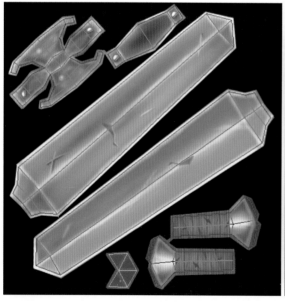

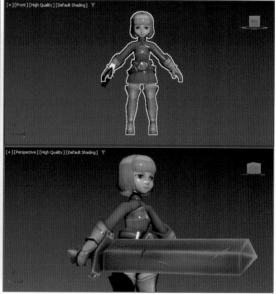

캐릭터
애니메이션을
해보자!

게임 애니메이션이란, 게임 내 캐릭터를
비롯한 모든 오브젝트의 움직임은 물론, 넓게는
게임을 구성하는 오프닝이나 엔딩 영상 애니메이
션까지도 말합니다. 다만 보통 3D 게임 디자인에
서 게임 애니메이션이라고 하면, 캐릭터의 액션
을 뜻하는 경우가 많습니다. 이번 챕터에서는 3D
캐릭터의 모션(동작)을 구현하는 애니메이션 제작
방법에 대해서 알아보겠습니다.

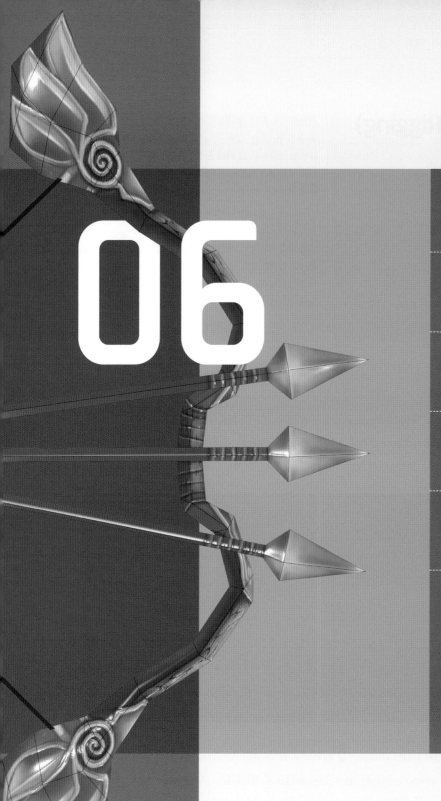

06

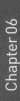

Chapter 06

리깅(Rigging)

기본적으로 사람 캐릭터의 애니메이션을 만들 때는 오브젝트를 직접 움직이는 것이 아니라, Bone이라는 뼈대를 캐릭터 모델링에 연결하고, 그 뼈를 움직여서 동작을 구현합니다. 이렇게 인체 구조에 맞게 미리 세팅해 놓은 뼈대를 '바이페드(Biped)'라고 합니다.

이 바이페드와 캐릭터 모델링을 연결하는 작업이 바로 리깅(Rigging)입니다. 리깅을 정밀하게 하려면 아주 많은 시간과 노력을 투자해야 합니다. 그럼에도 캐릭터의 모든 움직임을 실제 인간과 똑같이 만드는 것은 사실상 불가능합니다. 따라서 게임을 실행했을 때 부자연스러워 보이지 않는 정도로만 리깅을 잡습니다. 우선은 기본적인 리깅만 진행하도록 하겠습니다.

1.1 바이페드 세팅

▌ 준비하기

01 텍스처까지 입혀진 기사 캐릭터 모델링 'Knight_R0.max' 파일을 불러옵니다. 이 캐릭터에 뼈대를 연결해줄 예정입니다. 이대로는 작업이 어려우니 윤곽만 남기겠습니다. Viewport 좌측 상단 [Default Shading] 텍스트를 클릭해 드롭다운 메뉴에서 [Wireframe Override]를 선택합니다.

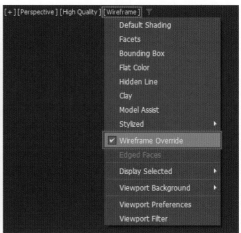

02 이제 바이페드를 불러오겠습니다. 먼저 Front Viewport를 선택하고, 우측 하단 [Viewport Navigation Controls]→▨(Maximize Viewport Toggle)을 이용해 전체 화면으로 키웁니다. 그다음 [➕ Create] 패널→[⚙ Systems]→[Biped]를 클릭하고, 마우스 포인터를 캐릭터의 두 발 사이에 위치시킨 뒤 좌클릭한 채 위쪽(머리 방향)으로 드래그해 그림처럼 뼈대(Bip001)를 생성해줍니다.

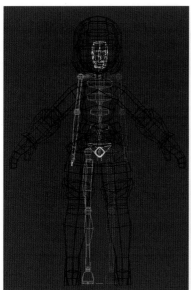

TIP

리깅 작업은 보통 Front Viewport(정면)에서 (인간) 캐릭터의 팔다리를 다 편 상 태로 진행합니다. 이러면 모델링과 바이페드의 연결 상태를 한눈에 볼 수 있을 뿐 아니라, 추후 바이페드를 구부려 동작을 잡는 방식으로 이루어지는 애니메 이션 작업도 수월해집니다.

03 커맨드 패널의 [◉Motion] 패널로 갑니다. 바이페드를 설정하고 편집할 수 있습니다. [Biped] 롤아웃의 🚹 (Figure Mode)를 클릭하면, 바이페드 구조 를 정할 수 있는 [Structure] 롤아웃이 나타납니다. 각 부위와 관절의 개수를 다음과 같이 정해줍니다. (이외의 설정은 기본 그대로 사용하면 됩니다.)

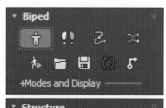

- Spine Links(등뼈): 하이폴리곤에서는 5개 이상 설정하기도 하지만, 로우 폴리곤에서는 2~3개 정도로 충분합니다. 여기서는 2개로 세팅합니다.

- Fingers(손가락): 모델링에 맞춰 정합니다. 이 캐릭터는 벙어리 장갑을 껴 엄지손가락만 분리되어 있으므로, 2개로 세팅합니다.

- Finger Links(손가락 마디): 보통 2개 정도를 쓰지만, 여기서는 3개로 설정 했습니다.

- Toe Links(발가락 마디): 신발을 신은 상태이므로 1개로 설정합니다.

04 다음으로 바이페드를 이루는 각 뼈들의 중심을 맞춰주겠습니다. 상단 툴바에서 ✛(Move) 툴을 활성화하고 전체 바이페드의 중심점인 다이아몬드 모양 'Bip001'을 그림처럼 선택합니다. 그리고 하단 [Absolute Mode Transform Type-In]의 X축, Y축에 각각 숫자 0을 입력하여 중심점을 정중앙에 위치시킵니다.

이 상태로 고정하겠습니다. 우측 [●Motion] 패널→[Track Selection] 롤아웃에서 🔒(Lock COM Keying)을 먼저 활성화한 뒤, ⇔(Body Horizontal, 좌우), ↕(Body Vertical, 상하), ↻(Body Rotation, 회전) 토글을 모두 클릭해주면 됩니다.

바이페드 맞추기: 하체

우리가 가져온 바이페드(뼈)는 기본형입니다. 기사 캐릭터와 맞지 않습니다. Front Viewport와 Left Viewport에서 바이페드를 기사 캐릭터 모델링의 형태와 크기에 맞춰 변형해주겠습니다.

01 골반 바이페드인 노란색 'Bip001 Pelvis'부터 시작합니다. 마우스로 선택하면 하늘색으로 바뀝니다. 이 상태에서 툴바의 🔲(Scale) 툴을 이용해 Z축 방향으로 뒤편 기사 캐릭터의 다리 너비만큼 늘립니다. 이때 [Reference Coordinate System]을 [Local]로 바꿔야만 원하는 대로 Scale을 조절할 수 있습니다.

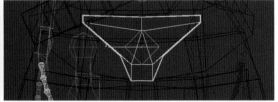

02 이번에는 캐릭터의 왼다리 바이페드(파란색 바이페드) 2개를 마찬가지로 ⬛(Scale)과 🔄(Rotate) 툴을 이용해 뒤쪽 다리 모델링에 각각 맞춰줍니다. 위치는 물론이고, 바이페드의 크기 역시 오브 젝트와 유사하게 만들어야 합니다. 이는 추후 박스 형태로 만들 때 오브젝트에 가려서 보이지 않 는 상황을 방지하기 위함입니다. 다음 그림은 'Bip001 L Thigh'와 'Bip001 L Calf'를 각각 조정한 모습입니다.

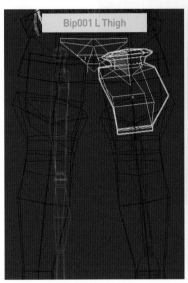
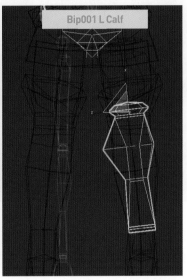

03 이어서 왼발 바이페드 차례입니 다. 먼저 파란색 종 모양 바이페 드 'Bip001 L Foot'을 맞춰준 뒤, 발끝에 해당되는 작은 보라색 네 모 바이페드 'Bip001 L Toe0'도 크기를 키워 오른쪽 그림처럼 만 들어줍시다.

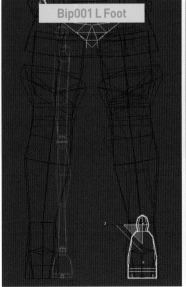
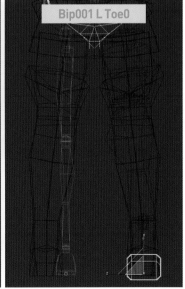

04 측면에서도 바이페드를 맞춰주겠습니다. 바이페드 크기를 바꾸기 전에 역시 중심부터 맞춰야겠지요. Left Viewport로 바꿔서, 다이아몬드 중심점(Bip001)을 선택해 캐릭터 중심에 위치시킵니다.

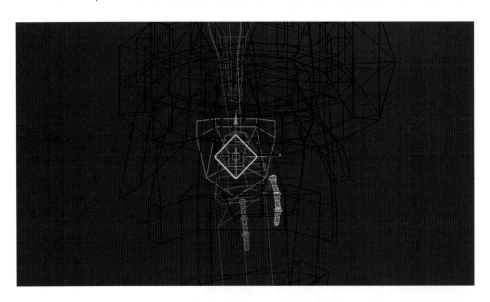

05 이어서 아까 조정한 왼다리 바이페드(파란색 바이페드) 4개를 차례로 선택해, 똑같이 ⬛(Scale)과 ⟳(Rotate) 툴로 뒤편 다리 모델링의 측면 모양과 위치에 맞춥니다.

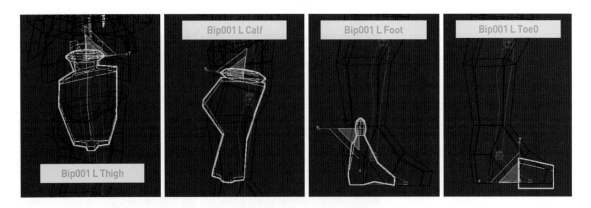

06 다리 2개는 대칭이므로, 오른다리 바이페드는 위치와 모양을 맞춘 왼다리 바이페드를 복사해 사용하면 됩니다. 허벅지 바이페드인 'Bip001 L Thigh'를 마우스로 더블클릭하면, 'Bip001 L Thigh'를 포함해 하위의 모든 바이페드(L Calf, L Foot, L Toe0)가 선택됩니다.

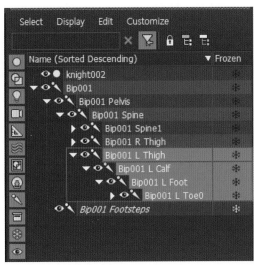

07 이 상태로 [Motion] 패널의 [Copy/Paste] 롤아웃에서 (Create Collection) 버튼을 눌러 카피 모드를 활성화합니다. 그럼 공란이던 [Copy Collections] 아래 박스에 'Col01'이 표시될 겁니다. 이어서 (Copy Posture) 버튼을 누르면, [Copied Postures] 항목에 왼다리 바이페드 전체의 크기 와 위치가 복사되어 나타납니다.

마지막으로 (Paste Posture Opposite) 버튼을 누르면 기본 형태이던 오른다리 바이페드(녹색)에 왼다리 바이페드의 크기와 위치가 좌우 대칭으로 복사 적용되는 것이 확인됩니다.

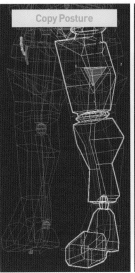
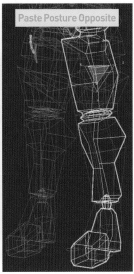

바이페드 맞추기: 상체

여기까지 하체는 모두 끝났습니다. 같은 방법으로 남은 상체 바이페드 작업도 이어가 보겠습니다.

0 1 먼저 Left Viewport와 Front Viewport에서 등뼈 'Bip001 Spine', 'Bip001 Spine1'을 각각 뒤편 모델링에 맞도록 ▣(Scale)과 ⟳(Rotate) 툴로 위치와 크기를 조절합니다. 이때 [Bend Links] 롤아웃에서 ⫩(Bend Links Mode)를 켜고 회전시키면 자연스러운 곡선을 만들 수 있습니다.

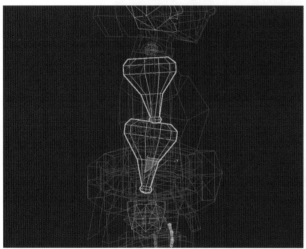

0 2 Left Viewport에서 목뼈인 'Bip001 Neck'도 회전시켜 뒤편 모델링의 목과 위치와 각도를 맞춥니다. 그리고 머리뼈인 'Bip001 Head' 역시 얼굴에 맞춰 위치와 크기를 조절합니다.

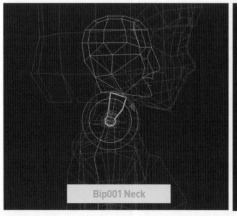

Bip001 Neck

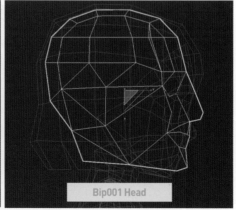

Bip001 Head

03 Front Viewport와 Left Viewport를 번갈아 체크하면서 몸통과 목, 얼굴의 바이페드 크기와 위치를 전반적으로 조절합니다.

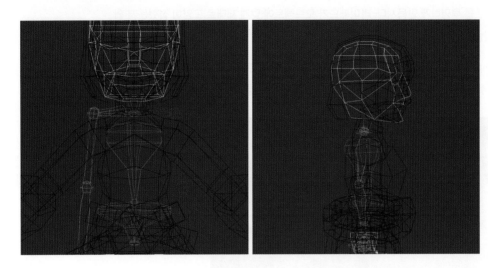

04 이제 팔 바이페드를 세팅하도록 하겠습니다. 다리에서 했던 것처럼, 한쪽 팔의 위치와 크기를 맞춘 뒤, 다른 팔에 복사해 사용하려고 합니다. 우선 Front Viewport에서 오른쪽 어깨(쇄골) 바이페드인 'Bip001 L Clavicle'을 회전시켜 어깨 각도를 자연스럽게 맞춰줍니다.

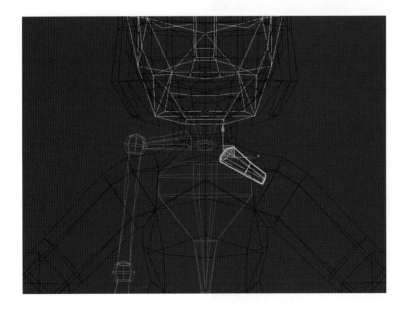

05 팔과 손을 모델링에 맞춰 조정할 것입니다. 각도상 비스듬하게 보면서 작업해야 수월합니다. Per-spective Viewport로 전환하고, 모델링을 선택한 뒤 [Alt + X] 키([Model Assist + Edge Faces] 모드)를 눌러 오브젝트를 투명하게 만듭시다. 바이페드가 오브젝트에 맞게 제대로 모양이 잡혔는지 쉽게 확인할 수 있습니다.

먼저 팔뼈인 'Bip001 L UpperArm'과 'Bip001 L Forearm'을 회전시키고 크기를 키워 모델링의 팔과 모양을 맞춰줍니다. Front Viewport와 오가며 작업하면 더 수월하게 할 수 있습니다.

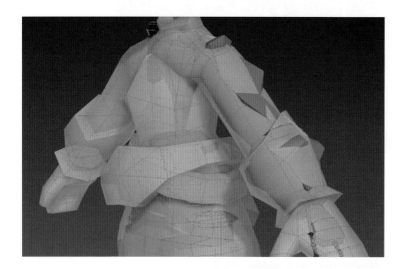

06 손(Bip001 Hand)과 손가락(Bip001 Finger0, Bip001 Finger1)은 좀더 세심한 작업이 필요합니다. 똑같이 과 툴을 이용해 크기와 각도를 맞추되, 메인 툴바의 를 사용하여 각 손가락의 3개 마디를 하나씩 움직여가며 모델링과 잘 맞춰주도록 합니다.

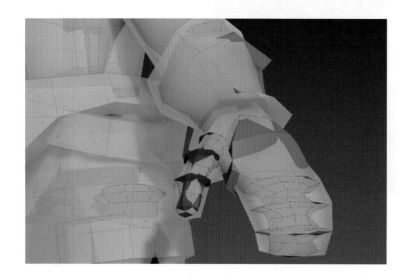

07 바이페드 맞추기: 하체의 06, 07단계를 참고하여 왼팔 바이페드를 오른팔에 그대로 복사하겠습니다. 어깨 바이페드인 'Bip001 L Clavicle'을 더블클릭해 모든 하위 바이페드를 선택합니다. [●Motion] 패널의 [Copy/Paste] 롤아웃에서 (Copy Posture) 버튼을 눌러 왼팔 파이페드의 현재 크기와 위치를 복사합니다. 이어서 (Paste Posture Opposite) 버튼을 누르면 녹색 팔에 파란색 팔의 크기와 위치가 좌우 대칭으로 복사됩니다.

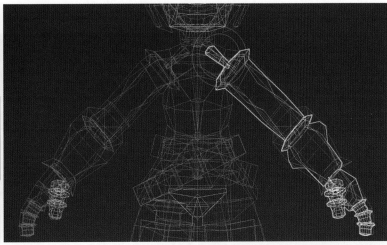

08 이제 크기 맞추기는 끝났습니다. 모든 바이페드를 선택하고(중심점 Bip001 더블클릭), 마우스 우클릭 메뉴에서 [Object Properties]를 선택합니다.

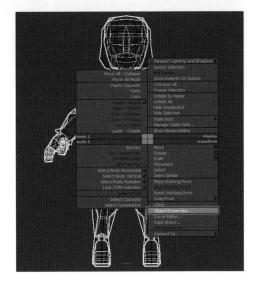

09 [Object Properties] 창이 팝업됩니다. 좌측 하단 [Display Properties]에서 [Display as Box]에 체크하면 바이페드가 박스 형태로 바뀌는데, 보기 편할 뿐만 아니라 애니메이션 작업이 오브젝트와 겹치지 않아 애니메이션 작업도 쉽게 할 수 있습니다. 우측 [Rendering Control]→[Renderable]은 체크를 해제해 추후 바이페드가 렌더링되지 않도록 합니다. [OK] 버튼을 클릭해 적용해줍니다.

바이페드 세팅이 모두 끝났습니다. 다음은 Perspective Viewport에서 [Default Shading]으로 표시된 캐릭터 모델링에 박스 형태의 바이페드가 얹힌 모습입니다.

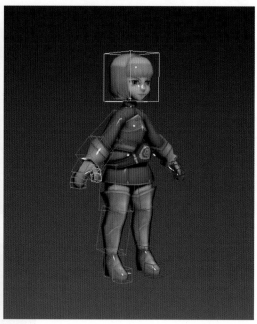

1.2 바이페드와 캐릭터 연결(Skin)

지금까지 세팅한 바이페드와 캐릭터(오브젝트)를 연결하는 본격적인 리깅을 해보겠습니다. 순서를 간략히
표로 정리하면 다음과 같습니다. 차근차근 해봅시다.

바이페드를 연결하는 리깅 단계	1단계	2단계	3단계
	몸통을 관절 단위로 나누어 각 파트에 상응하는 바이페드와 100% 연결	관절 연결 부분은 두 개의 바이페드와 50%씩 연결	바이페드를 움직여 자연스러운 모양이 되도록 %를 조절

1단계: 100% 연결

01 기사 캐릭터 모델링을 선택하고, [Modify] 패널→[Modifier List]에서 [Skin] 명령을 내립니다.
[Parameters] 롤아웃에 [Bones] 항목이 새로 나타납니다. [Add] 버튼을 눌러 바이페드를 추가
합니다. [Select Bones] 팝업창이 보입니다. 여기에 'Bip'로 시작하는 항목들이 바이페드입니다.
마우스로 전부 클릭한 뒤 [Select] 버튼을 눌러 불러옵니다.

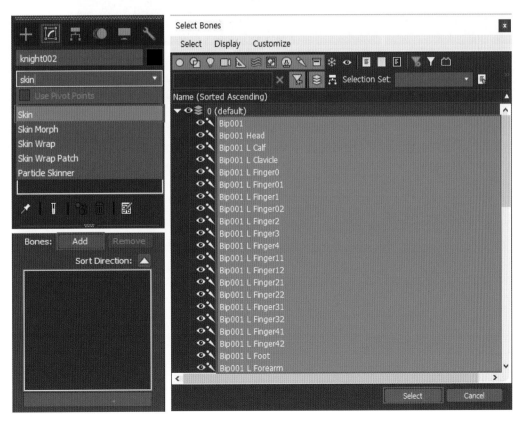

02 바이페드를 움직여보면 바이페드와 캐릭터가 연결은 되었지만, 찢어지거나 찌그러지는 등 오류가 있음을 확인할 수 있습니다. 이렇게 잘못된 부분들을 하나하나 제대로 잡겠습니다.

다시 [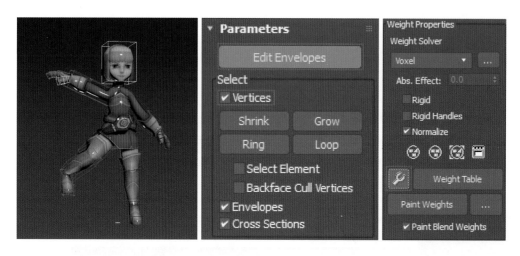Modify] 패널→[Modifier Stack] 창에서 [Skin]을 선택하고 [Parameters] 롤아웃의 [Edit Envelopes]를 클릭합니다. 이때 [Select] 항목에서 [Vertices] 박스에 체크해, 모델링의 Vertex들을 바이페드와 연결되게 합시다. 이어서 하단 [Weight Properties] 롤아웃에서 🔧 (Weight Tools)을 클릭, [Weight Tool] 창을 띄워둡니다.

03 본격적으로 리깅을 해보겠습니다. 우선 Left Viewport에서 마우스 드래그로 머리 부분 Vertex들을 선택합니다. 선택한 Vertex들을 머리 바이페드, 즉 'Bip001 Head'에 연결하기 위해 [Weight Tool] 창에서 수치 [1]을 선택해줍니다. 1은 100%를 의미합니다. 이제 머리는 머리 바이페드에만 영향을 받을 것입니다. [Weight Tool] 창 하단의 'Bip001 Head'에 1.000이 붙은 것이 확인됩니다.

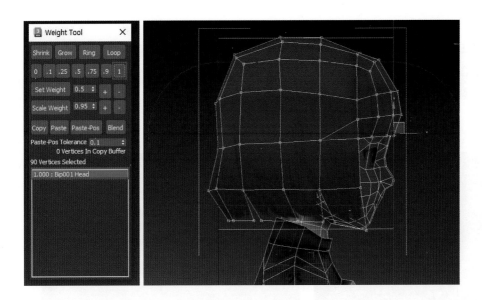

04 다음으로 목을 연결해보겠습니다. 마찬가지로 목 부분 Vertex들을 선택합니다. [Weight Tool] 창
에서 목 바이페드인 'Bip001 Neck'을 선택하고, [1]을 클릭하면 목 부위가 그림처럼 빨간색으로
변합니다. 목 바이페드(Bip001 Neck)에만 100% 영향을 받고 있음을 나타냅니다.

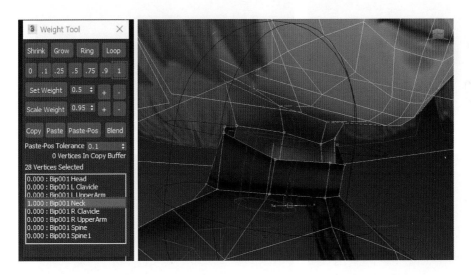

🅣🅘🅟 영향력 크기와 색

Weight Tool이 활성화됐을 때, 각 Vertex가 영향을 받는 정도를 색으로써 확인할 수 있습니다. 빨간색일수록 영향력이 큰 것
이며, 노랑색, 파란색이 될수록 영향력이 작아집니다. 파란색은 영향을 거의 안 받는 것이라고 보면 됩니다.

05 이런 식으로 각 부위의 Vertex들을 잘 선택해서, 알맞은 바이페드들을 연결해 나갑니다. Skin 명령은 좌우 복사가 되므로 한쪽만 리깅하면 됩니다. 여기서는 캐릭터의 좌반신(파란색 바이페드) 쪽을 작업하도록 하겠습니다. 부위마다 어떻게 Vertex를 선택해서 어떤 바이페드에 연결하는지 다음 표를 참고해서 진행해봅니다.

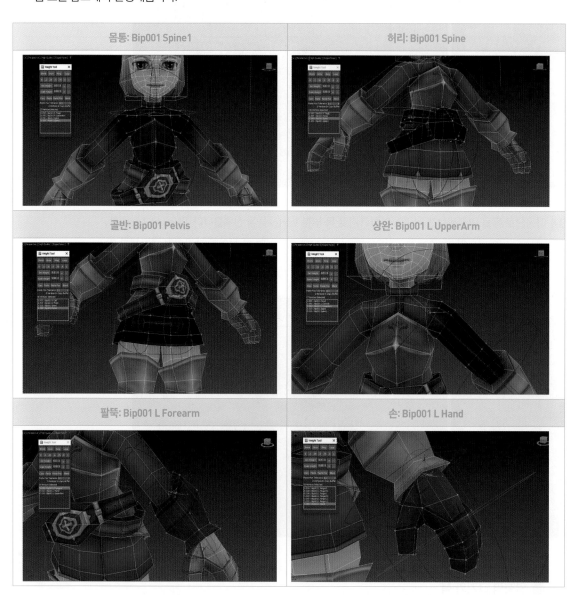

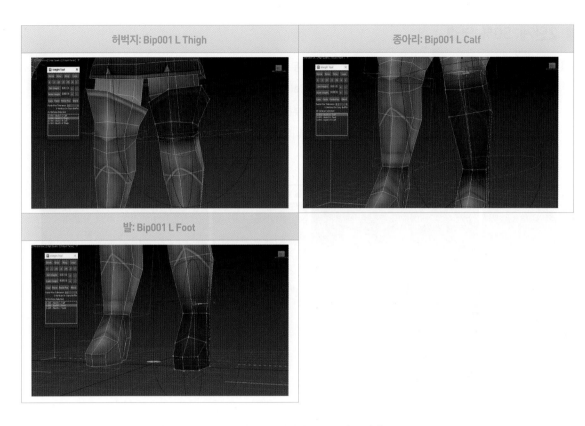

| 허벅지: Bip001 L Thigh | 종아리: Bip001 L Calf |

발: Bip001 L Foot

이렇게 각 바이페드와 해당 부위를 연결하는 1단계 리깅 작업이 모두 끝났습니다.

TIP **[Weight Tool] 창 리스트에 적용할 바이페드 이름이 표시되지 않는 경우**

① [Modify] 패널→[Parameters] 롤아웃→[Bones]
리스트에서 원하는 바이페드를 선택합니다.

② [Weight Properties]→[Abs. Effect]에 원하는 영향
력만큼 0~1 사이의 수치를 입력합니다.

③ [Weight Tool] 리스트에 바이페드가 추가된 것을 확
인할 수 있습니다.

2단계: 50% 연결

01 바이페드와 캐릭터 연결 작업 결과, 현재 다리는 허벅지 부분 Vertex들은 'Bip001 L Thigh'에서 100% 영향을 받고, 종아리 부분 Vertex들은 'Bip001 L Calf'에서 100% 영향을 받는 상태가 되었습니다. 그런데 허벅지나 종아리의 중간 지점은 당연히 그 부분 뼈(바이페드)의 영향을 오롯이 받을 테지만, 사실 두 부위를 연결하는 관절부, 무릎은 그렇지 않습니다. 이대로는 움직임이 부자연스러울 것입니다.

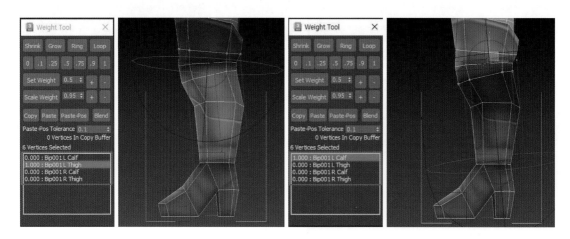

02 따라서 지금부터는 관절을 이루는 Vertex들이 양쪽 바이페드로부터 각각 50%씩 영향을 받도록 수치 0.5씩을 주도록 하겠습니다. 함께 해봅시다. 우선 허벅지와 종아리의 연결 부분인 무릎 Vertex들을 그림처럼 선택한 뒤, [Weight Tool] 창 리스트에서 'Bip001 L Thigh'와 'Bip001 L Calf'를 클릭하고 [.5] 버튼을 각각 클릭해줍니다. 무릎 Vertex들이 양쪽 바이페드로부터 50%씩 영향을 받게 되었습니다.

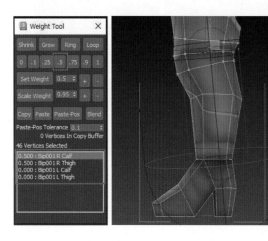

03 다음 표를 참고하여, 같은 방법으로 계속해서 어깨, 팔꿈치, 손목, 발목 등 몸의 모든 관절 부분을
처리해주면 됩니다.

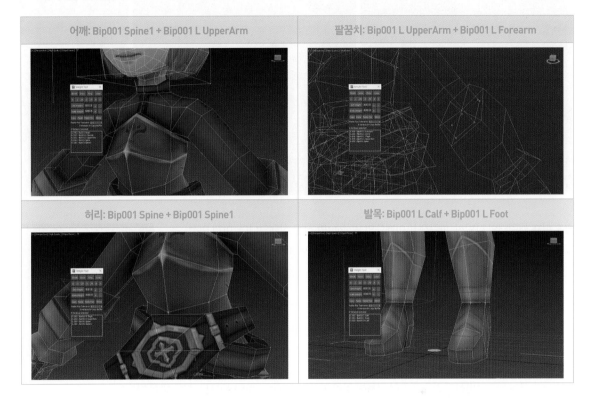

어깨: Bip001 Spine1 + Bip001 L UpperArm	팔꿈치: Bip001 L UpperArm + Bip001 L Forearm
허리: Bip001 Spine + Bip001 Spine1	발목: Bip001 L Calf + Bip001 L Foot

▌ 3단계: 세부 수정 및 마무리

01 이제 마지막 3단계입니다. 바이페드를 세밀하게 움직여 모양이 더욱 자연스럽
도록 수정하겠습니다. 그 전에 아무 바이페드나 하나 선택하고 [●Motion] 패
널→[Biped] 롤아웃→ ⬛(Figure Mode)를 해제합니다. 피규어 모드는 세팅 모
드로, 세팅이 끝난 뒤에는 반드시 해제한 상태에서 오브젝트를 움직이거나 애니
메이션 작업을 해야 합니다.

02 모든 관절을 가동 범위까지 움직여 보면서 이상이 없는지 확인합니다. 이상한 부분은 [Weight
Tool]→[Set Weight]에서 [+], [-] 버튼을 눌러 가며 직관적으로 조정해줍니다. [+]는 영향력을 높
이고, [-]는 영향력을 낮춥니다. 이런 식으로 모든 관절의 움직임 정도를 자연스럽게 만들어주세
요. 다시 정자세를 만들려면 [●Motion] 패널에서 ⬛(Figure Mode)를 켜면 됩니다.

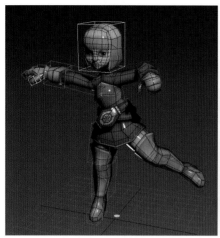
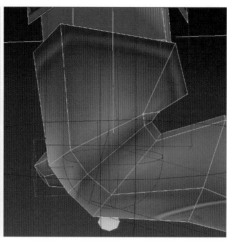

03 현재 캐릭터의 좌반신, 파란색 바이페드의 Weight만 잡은 상태입니다. 이제 이전에 언급한 대로 좌반신의 Weight 수치를 우반신의 녹색 바이페드에 복사하겠습니다.

[☑Modify] 패널→[Mirror Parameters] 롤아웃→[Mirror Mode]를 클릭하고 파란색을 녹색으로 적용하도록 ◀ (Paste Blue to Green Verts) 버튼을 누르면 됩니다.

04 이제 우반신도 좌반신과 같은 리깅이 적용된 것을 확인할 수 있습니다. 나머지 부분도 같은 방법으로 리깅을 완성합니다. 리깅은 손이 아주 많이 가는 작업이지만, 완성도 높은 애니메이션을 만들려면 리깅부터 제대로 되어 있어야 합니다. 따라서 충분히 시간을 들여 미세한 부분까지 리깅을 해야 합니다.

따라 하기 어려울 땐
고수의 View

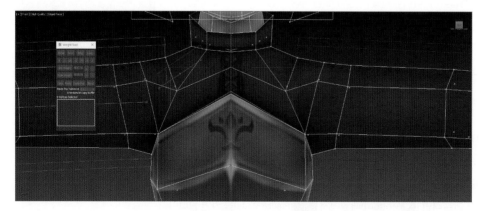

ⓣⁱᵖ Vertex 쉽게 선택하기

모델링(Edit Poly) 시에도 [Ring] 또는 [Loop]를 이용해 가로 또는 세로로 나란히 있는 Vertex를 한꺼번에 선택할 수 있었습니다. 마찬가지로 스킨의 Vertex도 [Parameters] 롤아웃→[Select]에서 [Ring] 또는 [Loop]를 사용해 한꺼번에 선택할 수 있습니다. 단, Edit Poly와 달리 먼저 Vertex 두 개를 선택한 다음 [Ring] 또는 [Loop]를 눌러야 합니다. 다음은 팔 Vertex에 [Loop]를 적용한 모습입니다.

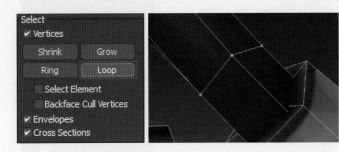

● 리깅: 간단 매뉴얼

❶ Weight Tool(웨이트 툴)

①　**Grow:** Vertex를 선택하고 Grow를 누르면 선택 영역이 확장됩니다.

②　**Shrink:** Vertex를 선택하고 Shrink를 누르면 선택 영역이 줄어듭니다.

③　**Set Weight:** 현재 수치의 Weight 값을 지정합니다. 즉, 1을 주면 빨간색이 되면서 100% 영향을 받게 되고 0.5를 주면 주황색이 되어 50%의 영향을 받게 됩니다.

④　**+:** 현재 Weight 값보다 수치를 높입니다.

⑤　**-:** 현재 Weight 값보다 수치를 낮춥니다.

⑥　**Select 창:** 현재 선택한 Vertex가 영향을 받는 뼈들을 나타냅니다.

2 Parameters 롤아웃

① **Edit Envelopes:** Envelope와 Vertex의 Weight 작업을 합니다.

② **Vertics:** Vertex를 선택할 수 있습니다.

③ **Envelopes:** Envelope를 선택할 수 있습니다.

④ **Cross Sections:** Cross Section을 선택할 수 있습니다.

⑤ **Add:** 오브젝트와 연결할 뼈들을 추가시킵니다.

⑥ **Remove:** 오브젝트에 연결한 뼈들을 제외시킵니다.

3 Weight Properties 롤아웃

① **Abs. Effect:** 뼈에 적용된 Vertex들의 절대 가중치를 조정합니다.

▸ **Rigid:** 선택된 점들이 가장 많은 영향을 받고 있을 때만 뼈에 영향을 받도록 합니다.

▸ **Rigid Handles:** 선택된 점의 핸들이 가장 많은 영향을 받고 있을 때만 뼈에 영향을 받도록 합니다.

▸ **Normalize:** 선택한 Vertex를 1.0까지 추가할 수 있도록 합니다.

②

▸ **Exclude Selected Verts:** 현재 선택한 Vertex들은 선택한 뼈에 영향을 받지 않도록 제외합니다.

▸ **Include Selected Verts:** 현재 선택한 Vertex들은 선택한 뼈에 영향을 받도록 포함합니다.

▸ **Select Exclude Verts:** 현재 제외한 Vertex들을 선택합니다.

▸ **Bake Selected Verts:** 적용된 Vertex는 Envelopes 변화에 영향을 받지 않고 Abs나 Weight Table에서만 영향을 받습니다.

③ (Weight Tools): Envelopes를 보다 정확하게 편집할 수 있는 창을 엽니다.

④ **Weight Table:** Biped와 Vertex의 적용치를 테이블로 보여줍니다. 여기서 직접 수치를 조절할 수 있습니다.

⑤ **Paint Weights:** 색질하듯이 Vertex들의 적용치를 설정합니다.

SECTION

02

뛰기

애니메이션의 기본은 걷기, 뛰기입니다. 거의 모든 회사에서 복잡한 애니메이션보다 이러한 걷기나 뛰기 등 기본이 되는 애니메이션 포트폴리오를 요구합니다. 그만큼 중요하고, 애니메이션의 척도가 되는 동작들이라 할 수 있습니다.

걷기, 뛰기 애니메이션의 핵심은 바로 중력의 표현입니다. 즉 지나치게 가볍지 않게, 캐릭터의 무게감이 느껴지도록 작업해야 합니다. 또한 뛰기 애니메이션은 캐릭터의 특성도 나타낼 수 있습니다. 사람 캐릭터의 체형, 성격 등에 따라 뛰는 동작이 달라질 수 있기 때문입니다. 여기서는 우선 뛰기 기본 애니메이션에 대해 설명하겠습니다.

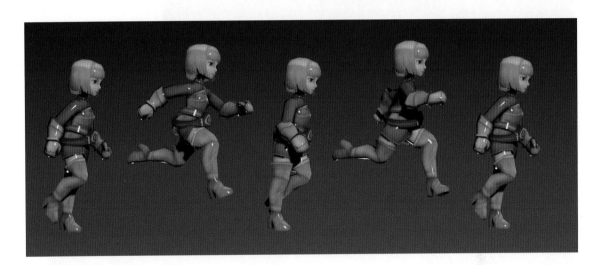

2.1 뛰기 애니메이션(기본)

█ 첫 동작 만들기

01 애니메이션을 구현할 캐릭터 파일 'Knight_R2.max'를 불러옵니다. 리깅까지 완료된 캐릭터입니다. 모든 바이페드를 선택하고 메인 툴바 중앙의 [Named Selection Sets]를 클릭해 메뉴에서 [biped]를 선택합니다. 그런 다음 다시 중심점(Bip001)만 선택한 뒤 같은 메뉴에서 [center]를 설정해줍니다. 이렇게 하면 작업할 때마다 일일이 바이페드를 다시 선택하지 않고 [Named Selection Sets] 창에서 지정해둔 그룹들을 선택해서 편하게 작업할 수 있습니다.

따라 하기 어려울 땐
고수의 View

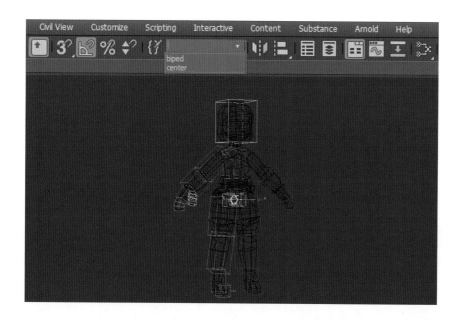

02 Viewport 우측 하단 [Animation and Time Controls]→ ▶(Play Animation) 버튼 위에 커서를 두고
마우스 우클릭해 [Time Configuration] 창을 실행합니다. [Animation] 롤아웃에서 [End Time]
을 40으로 설정하고 하단 [OK] 버튼을 클릭합니다. [Time Slider and Track Bar]를 보면, 전체 애
니메이션의 시간이 변경된 것을 확인할 수 있습니다.

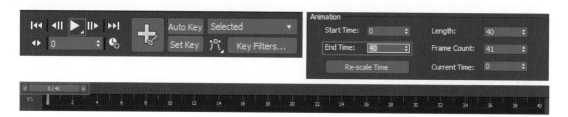

03 아무 바이페드 하나를 선택해 [⬤Motion] 패널→[Biped] 롤아웃의
👤(Figure Mode)가 해제되었는지 확인하고(켜져 있다면 꺼줍니다), [An-
imation and Time Controls]에서 Auto Key 를 활성화시켜 애니메이션
모드로 진입합니다. Viewport에 붉은 테두리가 생깁니다.

그런 다음 [Track Selection] 롤아웃에서 🔒(Lock COM Keying)을 클릭
한 뒤, ⇔(Body Horizontal), ⫞(Body Vertical), ℃(Body Rotation)을 모두
활성화합니다.

04 이제 원하는 바이페드를 메인 툴바의 ✛(Move)로 움직여 동작을 만들 수 있습니다. 먼저 Front Viewport에서 'Bip001 R Thigh', 'Bip001 L Thigh', 'Bip001 R UpperArm', 'Bip001 L UpperArm' 4개 바이페드를 각각 선택하고, X축 방향 안쪽으로 모아서 그림처럼 차려 자세를 만듭니다. 애니메이션의 시작 동작입니다.

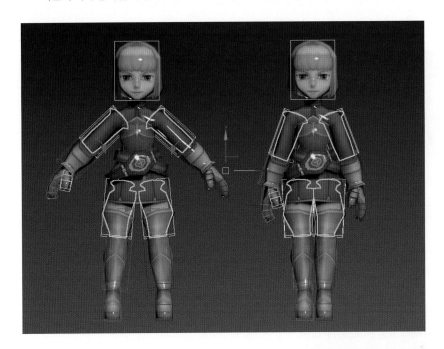

05 첫 동작을 만듭시다. Left Viewport로 바꾸고, 오른 종아리 녹색 바이페드 'Bip001 R Foot'을 ✛(Move) 툴로 움직여 다리를 들고, ↻(Rotate) 툴로 회전시켜 그림처럼 무릎을 굽힌 자세를 잡아줍니다.

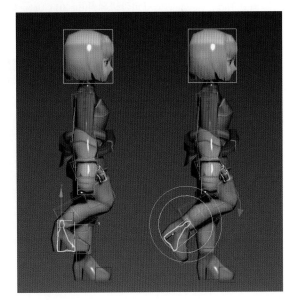

06 뛰는 자세를 생각해서, 이때 주먹을 살짝 쥐어주는 게 좋습니다. 왼쪽 그림처럼 오른손 바이페드들을 회전시켜 모양을 만들어줍니다. 그리고 [Copy/Paste] 롤아웃을 이용해 왼손도 동일한 모양으로 만들어줍니다.

그런 뒤 양쪽 손 바이페드(Bip001 R Hand, Bip001 L Hand)를 위로 회전시켜 오른쪽 그림처럼 두 손을 위로 살짝 올립니다.

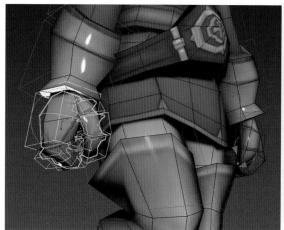 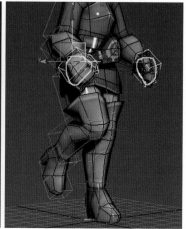

07 오른다리를 든 상태이니, 왼팔이 앞으로 나올 겁니다. 팔 자세를 잡아줍시다. 먼저 Left Viewport에서 🔄(Rotate) 툴을 이용해 녹색 오른팔(Bip001 R UpperArm)을 X축 방향으로 살짝 뒤로 회전시키고, Right Viewport에서 파란색 왼팔(Bip001 L UpperArm)은 X축 방향으로 살짝 앞으로 회전시켜 줍니다. 첫 번째 키 동작이 완성되었습니다.

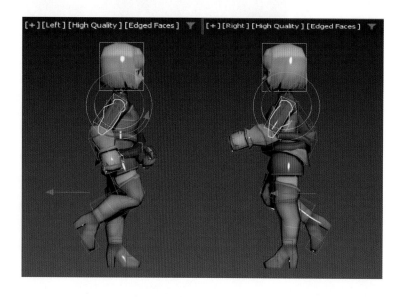

뛰기 애니메이션 구현하기

앞서 뛰기의 첫 동작을 완성했습니다. 캐릭터의 뛰기 애니메이션에서 이 자세(Posture)는 여러 번 반복될 것입니다. 따라서 자세를 통째로 복사해서 이후 시간의 Track에 넣어주겠습니다. 이 원리는 애니메이션 구현 과정 전반에 통용됩니다. 한번 해봅시다.

01 모든 바이페드를 선택하고 [⊙Motion] 패널→[Copy/Paste] 롤아웃→🛗(Copy Posture)를 클릭하여 현재 자세를 복사합니다. [Copied Postures] 창에 그림처럼 자세를 복사한 빨간색 인형이 나타납니다.

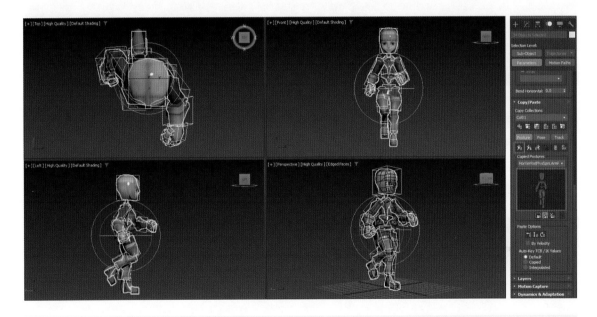

TIP

(Copy Posture)가 활성화되지 않을 때는 상단의 ➕(Create Collection)을 클릭하면 카피 모드가 활성화됩니다.

02 본격적으로 애니메이션을 구현할 시간입니다. 하단 [Time Slider and Track Bar]를 보면 '0/40'이 표시된 타임라인 핸들이 있습니다. 현재 40 중 0 프레임에 있다는 뜻입니다. 이것을 마우스로 드래그해 40 프레임으로 옮기고, [Copy/Paste] 롤아웃에서 🛗(Paste Posture)를 클릭, 앞서 복사한 0 프레임의 자세를 40 프레임에 붙여 넣습니다.

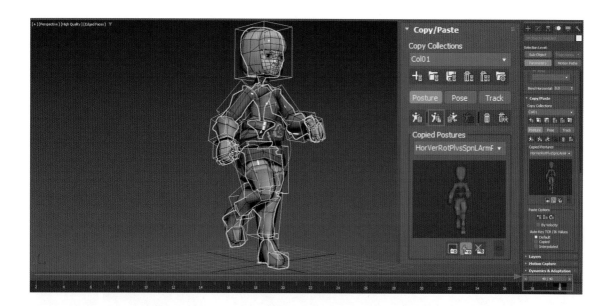

03 팔다리를 흔들며 뛰게 되므로, 중간 지점인 20 프레임에서는 현재 자세와는 반대로 왼발이 앞쪽, 오른팔이 뒤쪽일 것입니다. [Time Slider and Track Bar]에서 타임라인 핸들을 다시 드래그해 20 프레임에 두고, [Copy/Paste] 롤아웃의 ![icon](Paste Posture Opposite)을 클릭해줍니다. 이 기능은 자동으로 자세를 반전시켜서 복사해줍니다.

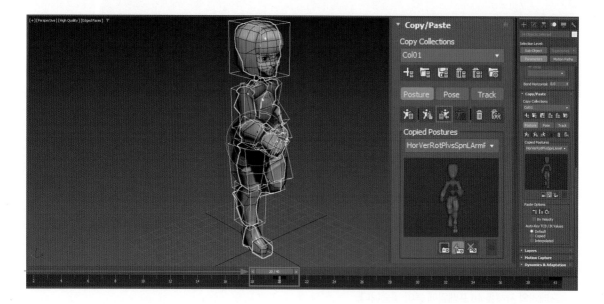

04 뛰는 모습을 생각해보면 한쪽 발이 지면에 닿아 있는 순간도 있지만, 두 발이 모두 공중에 떠 있는 순간도 있습니다. 이 동작을 '점프 동작'이라고 하겠습니다. 캐릭터는 양 팔다리가 교차하는 0 프레임과 20 프레임 사이에 이 점프 동작을 취할 겁니다.

[Time Slider and Track Bar]에서 타임라인 핸들을 10 프레임에 두고, Left Viewport에서 ✛ (Move)와 ⟳(Rotate) 툴로 팔다리 바이페드를 움직여 그림처럼 점프 동작을 만들어줍니다. 왼팔과 오른발이 앞쪽에 위치합니다. 이 상태로 바이페드 전체를 선택한 채 [◉Motion] 패널→[Copy/Paste] 롤아웃→🛆(Copy Posture)를 클릭해 현재 자세를 복사해줍니다.

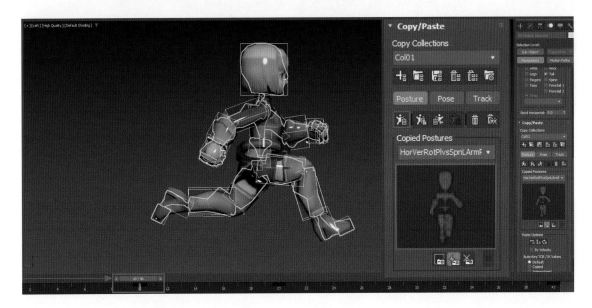

05 착지 동작과 마찬가지 원리로, 30 프레임에서는 반전된 점프 동작을 취하게 될 겁니다. [Time Slider and Track Bar]에서 타임라인 핸들을 30 프레임에 두고, [Copy/Paste] 롤아웃→🛆(Paste Posture Opposite)을 클릭해서 복사한 자세를 반전해 붙여줍니다. 반대쪽 발인 왼발이 앞에 위치한 점프 동작이 설정되었습니다.

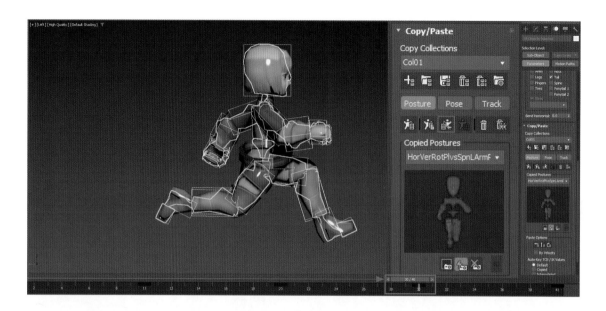

06 점프 동작인 10 프레임과 30 프레임에서 각각 바이페드 중심점(Bip 001)을 선택하고, 하단 [Abso-lute Mode Transform Type-In]의 Z축을 수정해서 캐릭터가 공중에 떠 있게 만들어줍시다.

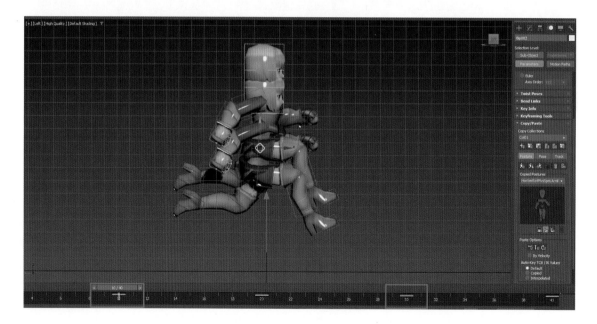

07 뛸 때는 자연스럽게 몸이 살짝 앞으로 쏠립니다. 이를 반영하겠습니다. 각 프레임에서 (Rotate) 툴로 중심점(Bip001)을 Z축 방향 앞으로 10도씩 회전시킵니다. 빠르게 달릴수록 몸이 앞으로 많이 기울어집니다.

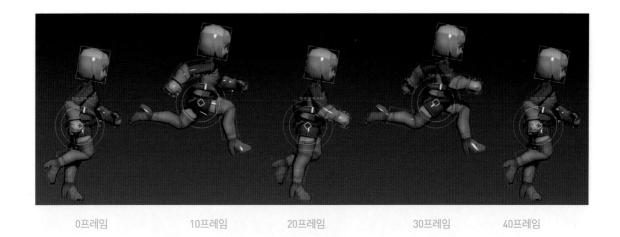

| 0프레임 | 10프레임 | 20프레임 | 30프레임 | 40프레임 |

기본 뛰기 애니메이션이 완성되었습니다. 여기까지가 초벌 애니메이션입니다.

2.2 뛰기 애니메이션(심화)

▎ 동작 세부 조정하기

전체 애니메이션의 틀을 완성했으니, 세부적으로 조정해 좀더 자연스럽게 만들 차례입니다. 달릴 때 몸은 위아래뿐 아니라 좌우로도 움직입니다. 이 움직임을 구현하겠습니다.

01 우선 10 프레임부터 시작합니다. 오른쪽 발을 앞으로 내딛을 때 허리를 옆으로 살짝 틀어주겠습니다. Front Viewport에서 허리 바이페드(Bip001 Spine)를 선택합니다. (Rotate) 툴로 X축 방향을 따라 −10도만큼 회전시킵니다. (이때 [Motion] 패널→[Bend Links] 롤아웃의 (Bend Links Mode)를 활성화하면 연결된 뼈들이 유기적으로 자연스럽게 휘어지게 됩니다.)

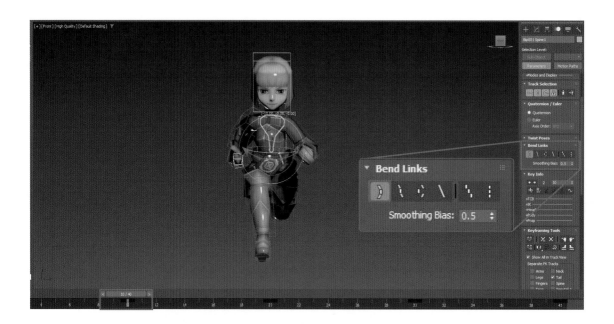

02 마찬가지로 30 프레임도 작업해줍니다. 단 자세가 반전되어 있으므로 이번에는 허리를 반대 방향
인 10도만큼 회전시키도록 합니다. 'Bip001 Spine' 외에도 모든 바이페드를 조금씩 움직여 자연스
러운 동작을 만듭니다.

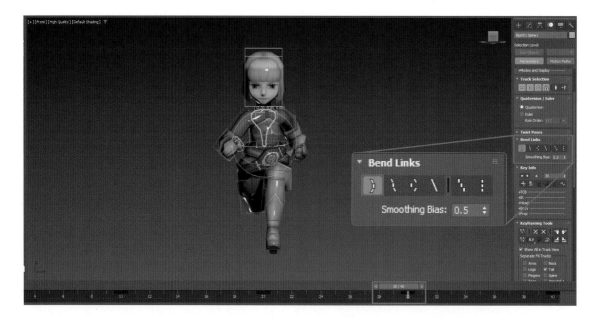

03 이처럼 각 프레임마다 다리를 모으고, 얼굴을 기울이거나 골반을 트는 등, 모든 바이페드를 조금씩 움직이거나 회전시켜 한층 더 자연스럽게 조정해줍니다. 수시로 우측 하단 [Animation and Time Controls]→ ▶(Play Animation)을 눌러 애니메이션을 재생시켜 보며 어색한 부분을 다듬어 가도록 합니다.

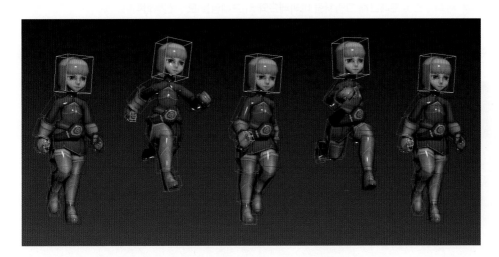

여기서는 분량상 이 정도로 일단락하겠습니다. 단 완성도 있는 애니메이션을 위해서는 많은 영상, 문헌 자료를 참고하고, 직접 몸으로 실습도 해가며 동작에 대한 이해를 심화시키는 것이 좋습니다.

▌ 가감속 적용하기

현재 애니메이션은 변화가 일정하여 실제 뛰는 것 같은 실감이 덜합니다. 또한 신체 조건에 따라 뛸 때의 반동도 다르고, 속도도 다를 겁니다. 그러므로 이번에는 키 프레임을 조절해 가감속을 적용함으로써 캐릭터의 무게감을 나타내는 방법을 알아보겠습니다.

01 먼저 전체 바이페드를 선택합니다. 그리고 [Time Slider and Track Bar]에서 [Ctrl] 키를 누른 채 10 프레임과 30 프레임의 검은색 바를 클릭해 키 프레임을 다중 선택해줍니다. 그대로 마우스를 드래그해 15, 35 프레임으로 이동시킵니다. 이 상태로 ▶(Play Animation) 버튼을 클릭하면 캐릭터의 뛰는 동작에 무게가 실린 것을 확인할 수 있습니다. 반대로 5, 25 프레임으로 이동하면 사뿐사뿐 뛰는 것을 확인할 수 있습니다.

02 현재 프레임 길이는 총 40으로 동작이 느리게 느껴질 수 있으니 전체적인 속도를 맞추겠습니다.
먼저 [Ctrl] 키를 누른 채 마우스로 드래그해 그림처럼 바이페드와 키 프레임을 모두 선택합니다.
[Time Slider and Track Bar]에서 오른쪽 끝에 커서를 대고 ↔ 로 표시되면 왼쪽으로 움직여
28 프레임으로 프레임 수를 줄입니다.

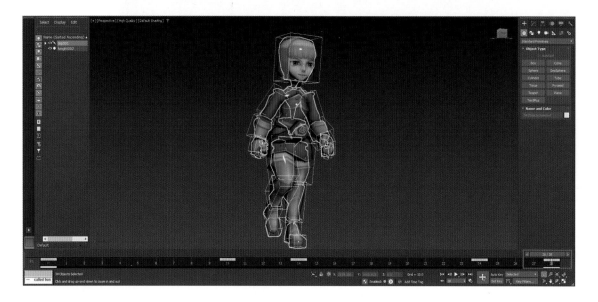

03 그리고 ▶(Play Animation) 버튼을 우클릭해 [Time Configuration] 창을 부른 뒤 [Animation] 롤
아웃의 [End Time]을 28로 설정하면, 전체 타임라인 길이가 프레임 수에 맞춰집니다.

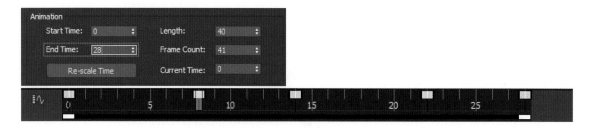

이로써 뛰기 애니메이션이 완성되었습니다(완성 파일 확인: Knight_Run.max).

모든 키 프레임을 선택할 때 전체 길이 조절바(검정색 라인)가 보이지 않는다면 [Time Slider and Track Bar]의 오른쪽 공간을 마우스 우클릭하고, 메뉴에서 [Configure]→[Show Selection Range]를 활성화해주면 됩니다.

걷기

걷기와 뛰기의 차이는 발과 지면의 접촉 상태에서 비롯됩니다. 뛰기는 두 발이 공중에 떠 있을 수 있지만, 걷기는 두 발 중 한 발은 무조건 땅에 붙어 있어야 합니다. 이번에는 뛰기와 같이 가장 기본적이면서 캐릭터의 특성을 드러낼 수 있는 중요한 동작인 걷기 애니메이션을 설명하도록 하겠습니다.

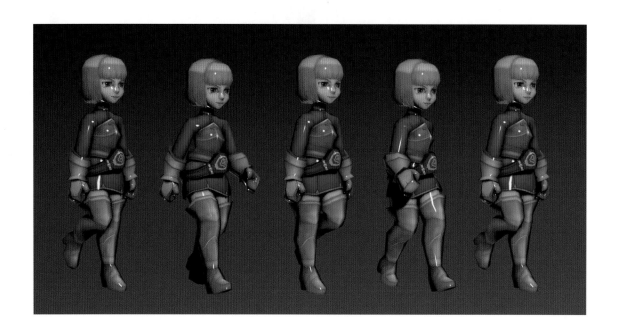

3.1 걷기 애니메이션(기본)

걷기 애니메이션을 구현할 'Knight_R3.max' 파일을 불러와 애니메이션 제작 준비를 합시다. 기본 준비는 앞서 뛰기 애니메이션에서 했던 것과 동일합니다.

01 우선 [Named Selection Sets] 창에서 지정해둔 [Biped]와 [Center]를 확인합니다. 타임라인은 Viewport 우측 하단 ▶(Play Animation) 버튼을 마우스 우클릭해 [Time Configuration] 창을 실행하고, [Animation] 롤아웃에서 [End Time]을 40으로 설정합니다.

그리고 아무 바이페드나 선택해 [●Motion] 패널→[Biped] 롤아웃의 ┠(Figure Mode)가 해제되었는지 확인 후, [Animation and Time Controls]의 Auto Key 를 클릭합니다. [Track Selection] 롤아웃에서 🔒(Lock COM Keying)을 클릭한 뒤, ↔(Body Horizontal), ↕(Body Vertical), ↺(Body Rotation)을 모두 활성화하면 끝입니다.

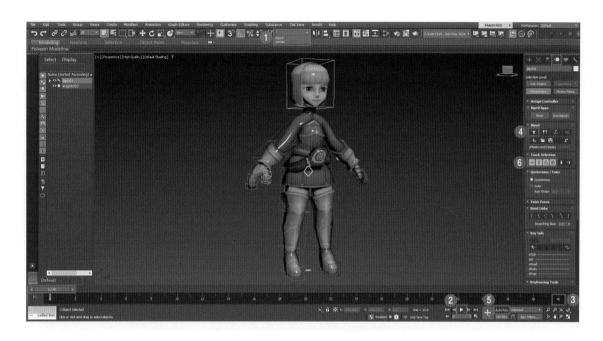

02 이제 2.1절 뛰기 애니메이션(기본)의 04~07단계를 참고하여, 바이페드를 움직여서 걷기 애니메이션 첫 동작을 그림처럼 만들어줍니다. 왼다리를 곧게 디디고 오른발을 뒤로 살짝 든 모습입니다. 첫 동작은 뛰기나 걷기나 거의 비슷합니다. 뛰기와 다른 부분은 팔을 자연스럽게 펴 늘어뜨리고 있고, 상체도 구부리지 않는다는 점입니다.

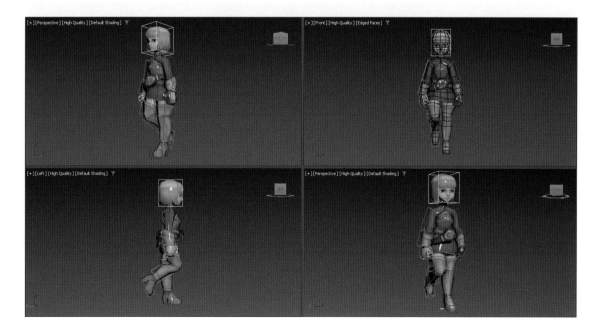

03 Left Viewport에서 모든 바이페드를 선택하고 0 프레임에서 [Copy/Paste] 롤아웃의 ![icon](Copy Posture)를 클릭하여 현재 자세를 복사합니다.

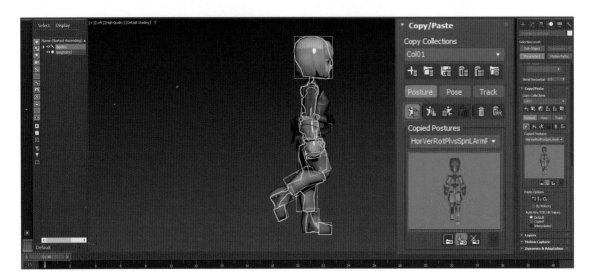

04 40 프레임으로 타임라인 핸들을 이동시키고 [Copy/Paste] 롤아웃에서 ![icon](Paste Posture)를 클릭하여 복사한 0 프레임 자세를 40 프레임으로 붙여 넣습니다. 반복되는 걷기 애니메이션의 처음과 끝 동작이 설정되었습니다.

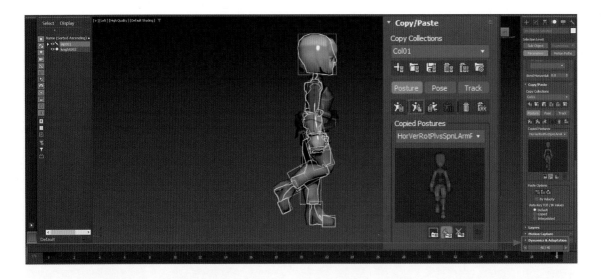

05 이번에는 반대쪽 다리를 딛는 중간 동작을 추가합니다. 20 프레임에서 [Copy/Paste] 롤아웃의 ![icon](Paste Posture Opposite)을 클릭, 복사한 자세를 반전시켜 붙여 넣습니다. 오른다리를 곧게 디디고, 왼발을 살짝 뒤로 든 모습입니다.

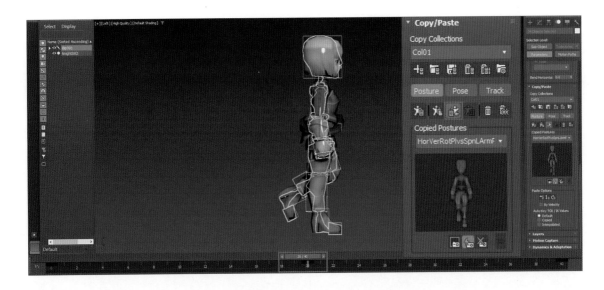

06 이제 10 프레임에서 팔다리 바이페드를 움직이고 회전시켜 0, 20 프레임 사이를 부드럽게 이어줄
중간 동작을 만듭니다. 여기가 뛰기 애니메이션과 가장 큰 차이를 나타내는 지점입니다. 뛰기에서
는 이 시점에서 공중으로 점프하는 동작을 만들었지만, 걷기 애니메이션에서는 0 프레임에서 살짝
뒤로 들었던 오른발을 앞으로 내딛는 동작을 만듭니다. 그러면 왼다리는 상대적으로 약간 뒤쪽에
놓이고, 팔도 자연스럽게 앞뒤로 흔들리게 됩니다. 왼팔이 앞쪽이겠지요. 다음 그림을 참고해 잘
완성해보세요.

원하는 자세를 만들었다면, 바이페드 전체를 선택한 채 [⊙Motion] 패널→[Copy/Paste] 롤아웃
→🏃(Copy Posture)를 클릭해 현재 자세를 복사해줍니다.

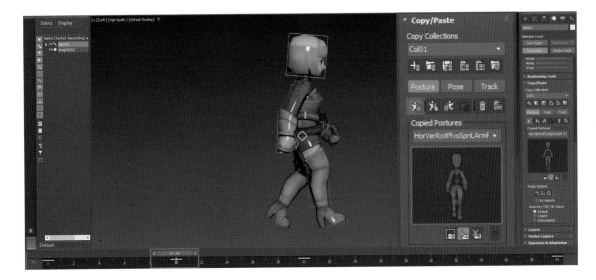

07 30 프레임에서 [Copy/Paste] 롤아웃의 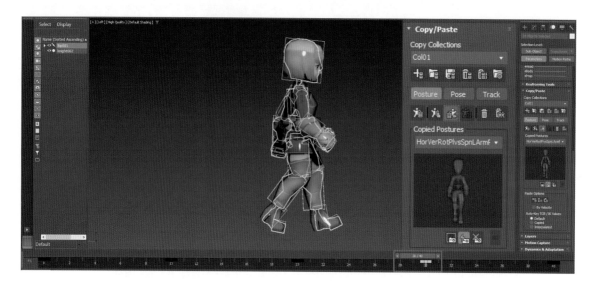(Paste Posture Opposite)을 클릭해 복사한 10 프레임 동작을 반전시켜 붙여 넣습니다. 캐릭터는 왼다리를 앞으로 내딛고 있습니다.

08 이제 실제 지면을 딛는 느낌이 잘 살도록 수직 위치를 맞추겠습니다. Viewport 좌측 상단의 [+]를 클릭해, 메뉴에서 [Show Grid]를 눌러주면 그리드가 표시됩니다(단축키 [G]). 바이페드 중심점(Bip001)을 움직여 10, 30 프레임에서 발바닥이 짙은 그리드에 맞춰지도록 조정합니다.

따로 수정할 필요 없이 10 프레임에서 먼저 위치를 맞춘 뒤, [Copy/Paste] 롤아웃의 [Paste Options] 항목에서 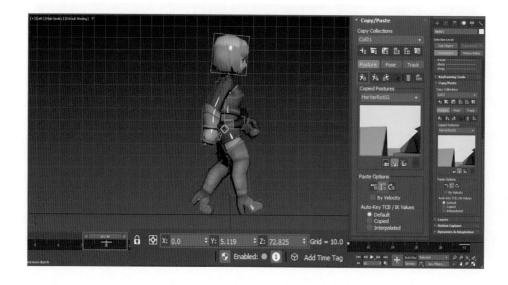(Paste Vertical)을 활성화한 채 자세를 다시 복사하여 30 프레임에 붙여 넣으면 됩니다. 이 옵션은 중심점의 상하 위치값도 같이 복사되게 해줍니다.

09 다음 그림은 30 프레임으로 타임라인 핸들을 옮기고, [Copy/Paste] 롤아웃의 (Paste Posture Opposite)을 클릭해 상하 위치값을 포함한 10 프레임 자세의 반전 버전을 붙여 넣은 모습입니다. 하단 [Absolute Mode Transform Type-In]을 보면, Z축 값이 08단계와 동일합니다.

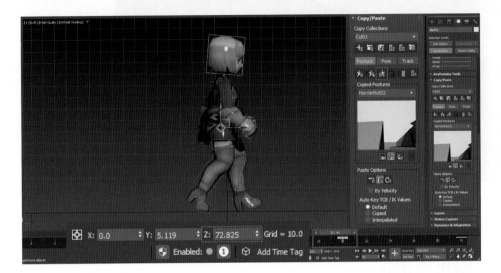

TIP **중심점 키 프레임 복사(중요!)**

기본적으로 [Copy/Paste] 롤아웃의 명령은 중심점에는 적용되지 않습니다. 하지만 [Paste Options]를 통해 중심점의 좌우 및 상하 위치, 회전 키 프레임을 복사할 수 있습니다. 이 기능을 이용하면 아주 편하게 애니메이션을 구현할 수 있습니다. 꼭 기억해 두시기 바랍니다.

10 0, 20, 40 프레임에서도 발바닥이 지면에 잘 붙어 있는지 확인하고, 수정이 필요하다면 수정합니다. 기본 걷기 애니메이션이 완성되었습니다. 여기까지가 초벌 애니메이션입니다.

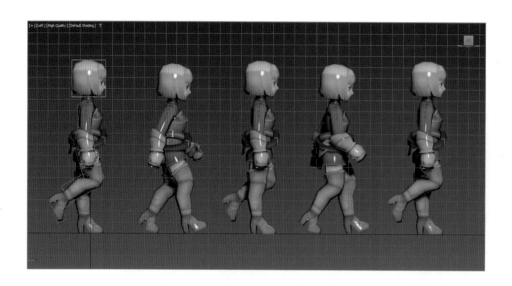

3.2 걷기 애니메이션(심화)

뛰기 애니메이션에서 했던 것처럼, 좌우 움직임을 더해주고 가감속까지 적용해서 더 자연스러운 걷기 애니메이션으로 만들어보도록 하겠습니다.

▍동작 세부 조정하기

01 걸을 때 기울어지는 허리 움직임을 구현하겠습니다. Front Viewport에서 허리 바이페드(Bip001 Spine)를 선택합니다. ⟳(Rotate) 툴로 X축 방향을 따라 -5도만큼 회전시킵니다. 뛸 때보다는 아무래도 덜 움직입니다. [⟳Motion] 패널→[Bend Links] 롤아웃의 ⟩(Bend Links Mode)를 활성화해 연결된 뼈들이 유기적으로 자연스럽게 휘어지게 하는 걸 잊지 마세요!

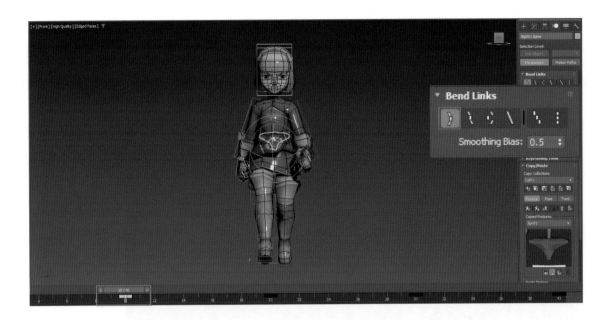

02 마찬가지로 30 프레임에서 왼쪽 발을 앞으로 내디딜 때 허리 바이페드(Bip001 Spine)가 살짝 움직이도록 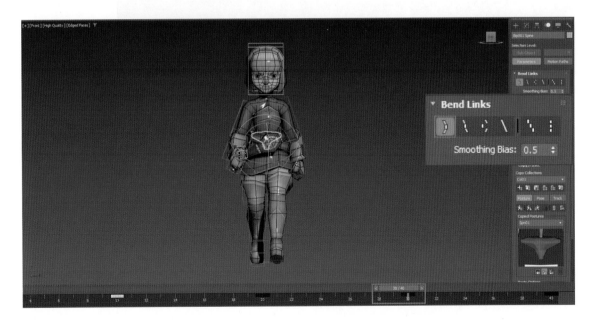(Rotate) 툴로 X축 방향을 따라 5도만큼 회전시킵니다. 'Bip001 Spine' 외에도 모든 바이페드를 조금씩 움직여 자연스러운 동작을 만듭니다.

03 나머지 부분도 목을 움직이고, 손목을 회전시키는 등 조금식 변화를 줍니다. 잘된 애니메이션은 모든 바이페드에 키 프레임이 생성되어 있습니다. 즉 로봇이 아닌 이상 사람은 모든 부분이 유기적으로 연결되어 있기 때문에 조금씩이라도 모든 바이페드를 움직여주는 것이 좋은 애니메이션을 만드는 팁이 되겠습니다.

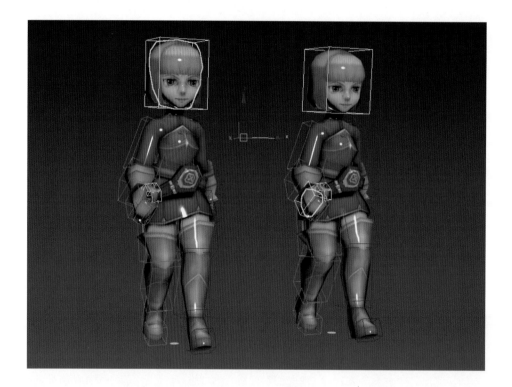

▌가감속 적용하기

01 이제 키 프레임을 조절하여 캐릭터의 무게감이 느껴지도록 가감속을 적용하겠습니다. 먼저 전체 바이페드를 선택합니다. 그리고 10 프레임과 30 프레임을 다중 선택해서 각각 12, 32 프레임으로 이동시키고 ▶(Play Animation) 버튼을 클릭하면 캐릭터의 걷는 동작에 무게가 실린 것을 확인할 수 있습니다. 반대로 5, 25 프레임으로 이동하면 사뿐사뿐 걷는 것을 확인할 수 있습니다.

02 또한, 중심점을 회전시켜 몸을 앞으로 숙이면 빨리 걷는 느낌을, 뒤로 젖히면 천천히 걷는 느낌을 표현할 수 있습니다.

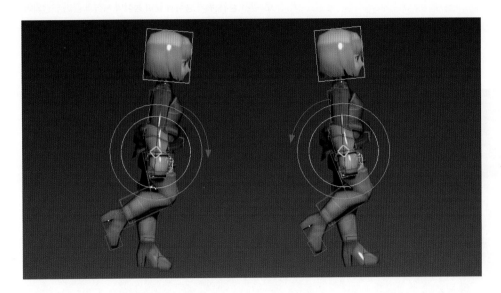

03 현재 프레임 길이는 총 40으로 동작이 느리게 느껴질 수 있으니 전체 속도를 맞추겠습니다. 먼저 [Ctrl] 키를 누른 채 바이페드와 키 프레임을 모두 선택하고, [Time Slider and Track Bar]에서 오른쪽 끝을 마우스로 움직여 프레임 수를 38 프레임으로 줄입니다. 그 뒤 [Time Configuration] 창 →[Animation] 롤아웃→[End Time]을 38로 설정하면 됩니다.

이로써 걷기 애니메이션이 완성되었습니다(완성 파일 확인: Knight_Walk.max).

공격하기

이번에는 게임에서 자주 나오는 동작인 공격 애니메이션을 만들겠습니다. 거의 모든 게임 애니메이션은 반복 애니메이션으로, 앞서 걷기, 뛰기 동작과 같이 동작의 시작과 끝이 연결되어 있습니다. 공격 동작의 순서는 '기본 동작→준비 동작→주동작→기본 동작'입니다.

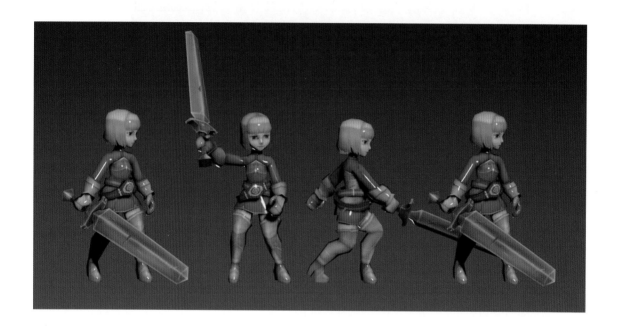

4.1 한손 무기 공격 애니메이션

우리가 만든 기사 캐릭터의 무기는 대검입니다. 우선 한손으로 휘두른다고 생각하고 내려치기 애니메이션을 구현해보겠습니다.

▌기본 자세 잡기

01 'Knight_R4.max' 파일을 불러옵니다. 검이 손을 따라 움직여야 하므로 Viewport 상단 메인 툴바 좌측의 🔗(Select and Link)를 활성화한 뒤, 검(sword)을 오른손 바이페드(Bip001 R Hand)로 드래그 해서 연결합니다. 정상적으로 연결되었다면 [Scene Explore]에서 'Knight002' 아래 독립되어 있던 'sword'가, 'Bip001 R Hand' 하위에 위치하게 됩니다.

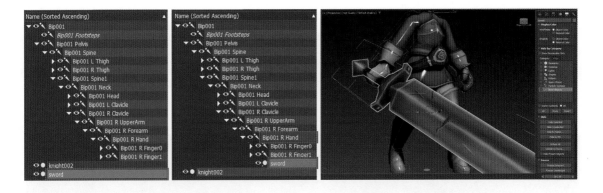

02 ▶(Play Animation) 버튼을 마우스 우클릭해 [Time Configuration] 창을 실행한 뒤, [End Time]을 30으로 설정하고 [OK] 버튼을 클릭합니다. [Animation and Time Controls]에서 Auto Key 를 활성화시켜 애니메이션 모드로 진입합니다.

03 0 프레임 기본 자세부터 잡겠습니다. Top Viewport에서 중심점 'Bip001'을 선택하고, ↻(Rotate) 툴을 이용해 Z축 방향으로 -35도 정도 회전시킵니다. Front Viewport에서 보면 캐릭터가 비스듬히 서 있습니다. 머리 바이페드(Bip001 Head)만 다시 선택해, X축으로 35도 회전시켜 그림처럼 정면을 보게 합니다.

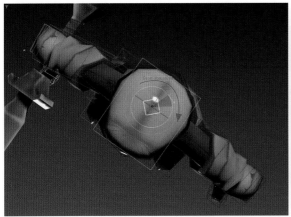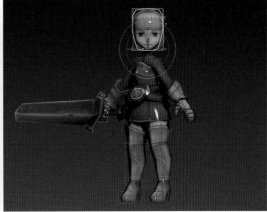

04 걷기, 뛰기와 달리 공격 애니메이션의 경우 발이 땅에 항상 붙어 있습니다. 중심점이 움직이더라도 발은 그대로 고정되어 있어야 하는 것이지요. 발 바이페드(Bip001 R Foot, Bip001 L Foot)를 다중 선택하고, [◉Motion] 패널→[Key Info] 롤아웃의 ☑(Set Planted Key)를 클릭해줍니다. 이것은 선택한 오브젝트를 고정시키는 명령입니다. [Time Slider and Track Bar]를 보면, 주황색으로 키 프레임이 적용되어 있는 것을 확인할 수 있습니다.

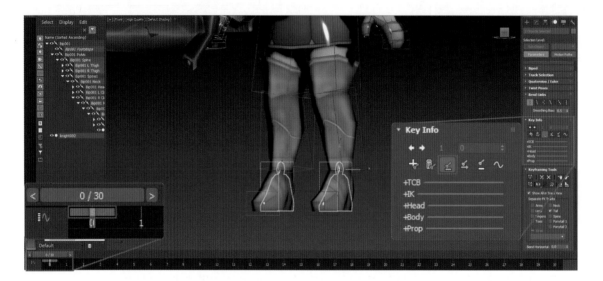

05 이제 중심점(Bip001)을 잡고 아래로 움직여보면, 캐릭터 전체가 위치를 옮기는 것이 아니라 바닥을 인식하면서 자연스럽게 무릎을 굽히는 모습을 볼 수 있습니다. 그림처럼 적당하게 무게 중심을 낮춰줍니다.

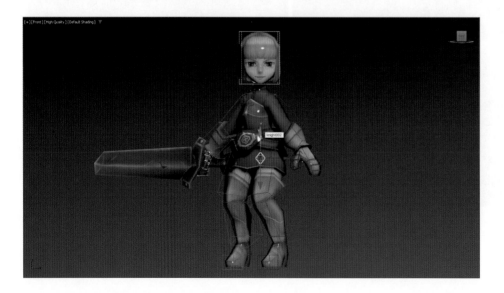

06 이어서 대검을 휘두를 수 있는 하체 자세를 단단히 잡아주겠습니다. Left Viewport와 Front View-
port에서 두 다리 바이페드를 움직여 앞뒤, 양 옆으로 벌려줍니다. 안정적으로 자세를 잡아 넘어질
것처럼 보이지 않게 하는 것이 포인트입니다.

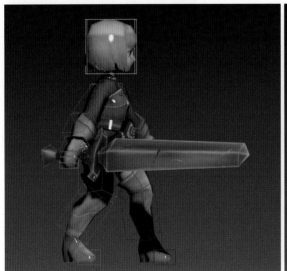

07 Front Viewport에서 마저 자세를 잡아줍니다. 두 팔을 내리고, 팔꿈치를 살짝 구부려 자연스럽게
만듭니다. 검과 연결된 오른손 바이페드(Bip001 R Hand)도 움직여서 검도 자연스럽게 늘어뜨려 줍
니다. 손가락을 움직여 손잡이를 잘 쥐게 하고, 왼손 손가락도 살짝 구부려주세요. 고개도 살짝 숙
여줍니다. 기본 자세가 대략 만들어졌습니다.

공격 애니메이션 구현하기

01 실제로 검을 움직여 보겠습니다. 모든 바이페드를 선택하고 [Time Slider and Track Bar]의 `0 / 30` (타임라인 핸들)을 마우스 우클릭하여 강제 키를 생성합니다. 마우스 우클릭 시 팝업되는 [Create Key] 창에서 [OK] 버튼을 눌러주면 됩니다.

이때 [Motion] 패널의 [Track Selection] 롤아웃은 모두 활성화되어 있어야 합니다. 반드시 필요한 과정은 아니지만, 초보자에게는 키 프레임을 빠뜨리지 않는 노하우입니다.

TIP

'sword'를 선택한 상태로는 [⊙Motion] 패널이 활성화되지 않습니다. 바이페드를 선택할 때 포함되지 않게 유의하세요.

02 시작 동작과 끝 동작은 기본 자세로 동일합니다. 0 프레임(시작)에서 [Copy/Paste] 롤아웃→🔧 (Copy Posture)를 클릭하여 현재 자세를 복사하고, 30 프레임(끝)에 🔧(Paste Posture)로 복사한 동작을 붙여 넣읍시다. 이때 발바닥을 고정시킨 [Set Planted Key]는 복사되지 않습니다. 따라서 30 프레임에서 양 발 바이페드를 선택하고 [Key Info] 롤아웃→🔧(Set Planted Key)를 재적용해야 합니다.

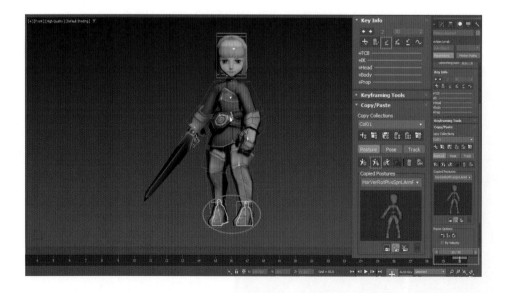

03 10 프레임에서 준비 동작을 만듭니다. 골반을 뒤로 틀고 오른팔을 들게 합니다.

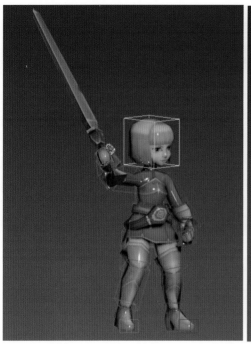

04 20 프레임에서는 공격 동작을 만듭니다. 이번엔 골반을 앞으로 틀고 팔을 앞으로 휘둘러줍니다.

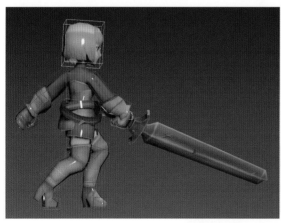

05 이제 공격 동작에 가장 중요한 부분인 타격감을 주기 위해 가감속 운동을 적용하도록 하겠습니다. 모든 바이페드를 선택하고 [Time Slider and Track Bar]에서 10 프레임 바를 17 프레임으로 드래그합니다. 이제 애니메이션을 재생하면 공격 동작에 타격감이 생긴 것을 확인할 수 있습니다. 게임 애니메이션에서 공격 애니메이션을 제작할 때는 타격감을 주기 위해 반드시 등속 운동이 아닌 가감속 운동을 해야 합니다.

06 서로 파고들거나 어색한 부분들은 세심히 조절해서 작업을
완료합니다. 걷기나 뛰기와 마찬가지로 손에 우산이라도 들
고 직접 휘둘러보면서 키를 잡아보는 것이 좋습니다. 직접
해보는 것만큼 좋은 공부는 없습니다. 사정이 여의치 않으
면 많은 자료 영상을 보고 잡아보는 것도 좋은 방법입니다.

애니메이션을 느리게 재생하면 부자연스러운 부분을 상세
하게 확인할 수 있습니다. [Time Configuration] 창을 열
고, [Playback] 롤아웃에서 [Speed]를 [1/4x]로 지정하면
재생 속도를 4배 느리게 할 수 있습니다.

TIP

처음 키를 잡을 때는 마음대로 키를 조절하기가 쉽지 않습니다. 특히 많은 연습이 필요한 부분입니다. 동작을 잡는 가장 좋은
방법은 직접 동작을 해보는 것입니다. 머리로만 생각하는 것보다 직접 몸으로 동작을 취하고 관찰하면 정확한 동작을 인식할
수 있으며 보다 세심한 동작을 잡는 데 많은 도움이 됩니다.

TIP

Planted Key 또는 Sliding Key 상태일 때 발목을 회전시키면 발바닥의 회전축을 지정할 수 있습니다. 즉, 상황에 따라 앞꿈치
또는 뒤꿈치로 축을 이동할 수 있습니다. [Key Info] 롤아웃에서 [Select Pivot]을 클릭하고 발 바이페드를 직접 클릭하거나
[Pivot Selection Dialog]에서 좌표축을 지정하면 됩니다.

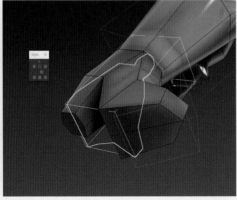

4.2 양손 무기 공격 애니메이션

앞서 검과 오른손을 연결했기 때문에 검이 오른손 바이페드 'Bip001 R Hand(녹색)'를 따라 움직이는 것을 볼 수 있습니다. 그러나 왼손 바이페드 'Bip001 L Hand(파란색)'는 별개로 움직입니다. 검이 양손을 동시에 따라 움직여야 양손 무기 애니메이션을 쉽게 만들 수 있지만, 3ds Max는 단일 계층구조이므로 하나의 검을 양손에 링크할 수는 없습니다. 따라서 칼은 오른손을 따라 움직이고 왼손은 검을 따라 움직이도록 만들겠습니다.

따라하기 어려울 땐
고수의 View

01 'Knight_OneHandAttack.max' 파일을 불러옵니다. 한손 무기 공격 애니메이션이 적용된 캐릭터입니다. 모든 바이페드를 선택하고 0 프레임을 제외한 나머지 키 프레임들을 선택해서 [Del] 키로 지웁니다. 즉 기본 자세만 두고 나머지 애니메이션들은 삭제합니다.

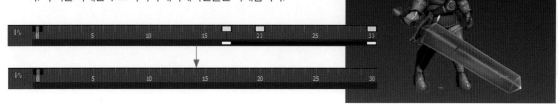

02 0 프레임의 기본 자세를 다음 그림처럼 손잡이를 두 손으로 잡는 자세로 수정합니다. 자세는 두 손이 무기를 함께 잡고 있는 것처럼 보이지만, 사실 오른손에만 링크되어 있기 때문에 오른손을 움직이면 검은 움직여도 왼손은 움직이지 않습니다.

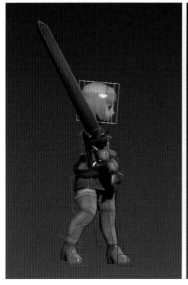

03 움직이지 않는 왼손이 검을 따라 움직이게 하겠습니다. 왼손 바이페드 'Bip001 L Hand'를 선택하고 [Motion] 패널→[Key Info]→ (Set Planted Key)를 적용합니다. 그다음 [IK] 항목의 (Select IK Object) 버튼을 누르고 검(sword)을 클릭합니다.

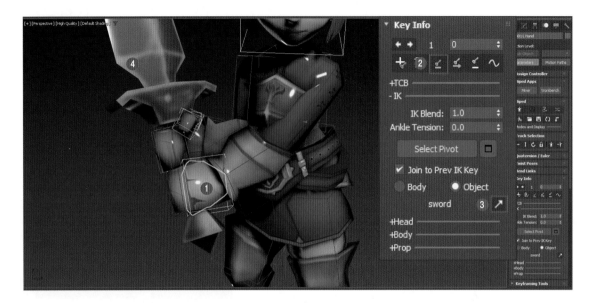

04 이제 오른손을 움직여보면 검과 왼손이 같이 움직이는 것을 볼 수 있습니다. 양손 무기 세팅이 끝났습니다. 지금부터는 한손 무기 공격 애니메이션 과정을 참고해 양손 무기 애니메이션을 만들면 됩니다. 양 팔이 같이 움직이는 점을 제외하면 과정이 똑같습니다. 다만 SD 캐릭터라 어느 정도는 파고듦을 감안해야 할 듯합니다.

TIP

만약 왼손이 검을 따라 움직이지 않는다면 [Key Info] 롤아웃에서 [Object]가 체크되어 있는지 확인하세요. 다시 오른손만 따라 움직이게 하고 싶다면 왼손 바이페드를 클릭하고 (Set Free Key)를 적용해주면 됩니다.

다양한
애니메이션 모드

지금까지 기본 게임 캐릭터 애니메이션인 뛰기, 걷기, 공격하기를 차례로 구현해보았습니다. 그런데 모든 캐릭터에 이렇게 일일이 애니메이션 작업을 하다가는 일이 끝이 없을 겁니다. 다행히 3ds Max에서는 애니메이션 작업을 지원하는 여러 가지 템플릿, 모드들을 지원해주고 있습니다.

여기에서는 유용하게 사용할 수 있는 풋스텝 모드, 모션 플로우 모드, 믹서 모드 3가지를 살펴보고자 합니다. 그 전에, '기어가는 애벌레'를 통해 애니메이션 프로세스도 간단히 복습할 것입니다.

5.1 기어가는 애벌레 애니메이션

▎리깅

01 3ds Max를 실행하고 예제의 'worm.max' 파일을 불러옵니다. 간단한 애벌레 모델링입니다.

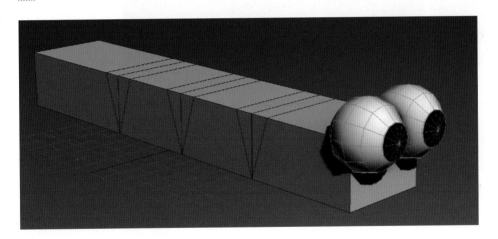

02 Viewport 설정을 [Wireframe Mode]로 바꾸고, Left Viewport로 이동합니다. 우측 커맨드 패널에서 [➕Create] 패널→[⚙Systems]→[Bones]를 클릭합니다. 애벌레의 머리 쪽을 클릭해 뼈 4개를 생성하고 마우스 우클릭으로 끊어서 연결부를 만들어줍니다. 꼬리 쪽에 남은 작은 Bone은 지웁니다.

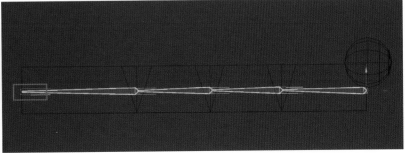

03 애벌레 오브젝트를 선택하고 [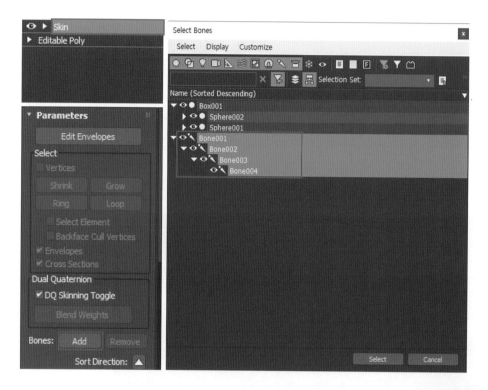Modify] 패널→[Modifier List]에서 [Skin] 명령을 내립니다.
[Parameters] 롤아웃에 [Bones] 항목이 새로 나타납니다. [Add] 버튼을 눌러 생성한 Bone을 추가합니다.

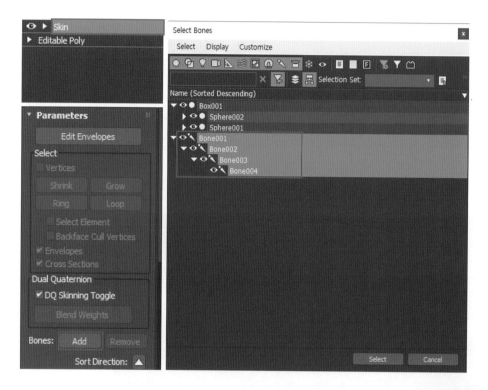

04 이어서 [Parameters] 롤아웃→[Edit Envelopes] 버튼을 활성화하고, Vertex별로 리깅하기 위해 [Select]→[Vertices] 박스에 체크합니다.

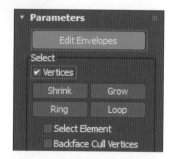

05 본격적으로 리깅하겠습니다. 우선 머리쪽 첫 번째 Vertex를 선택하고 [Weight Properties] 롤아웃에서 (Weight Tool)을 클릭합니다. [Weight Tool] 창을 보면 선택한 Vertex는 Bone001에 1(100%)만큼 영향을 받는 것을 확인할 수 있습니다.

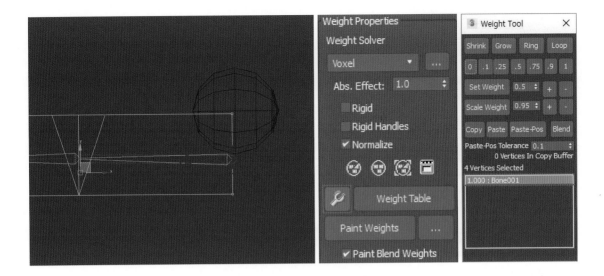

06 이번에는 첫 번째 Bone과 두 번째 Bone의 연결 부분 Vertex를 선택합니다. [Weight Tool] 창을
보면 현재는 Bone002에만 영향을 받고 있습니다. 아래쪽 움직임도 반영하도록 수정하겠습니다.

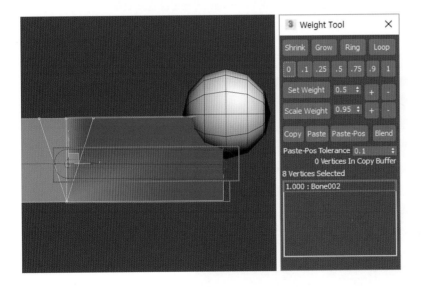

07 [Parameters] 롤아웃→[Bones] 리스트에서 'Bone001'을 선택한 뒤 [Weight Properties] 롤아
웃→[Abs. Effect]에 수치 0.5를 주고, [Enter] 키를 쳐서 [Weight Tool] 창에 추가합니다. 선택한
Vertex는 Bone001과 Bone002에 50%씩 영향을 받게 되었습니다.

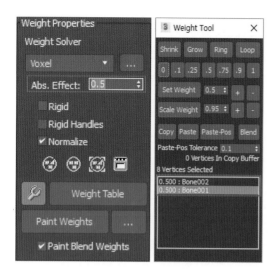

08 마찬가지 방법으로 두 번째 Bone과 세 번째 Bone 사이의 Vertex, 세 번째 Bone과 네 번째 Bone 사이의 Vertex를 선택해서 각각 양쪽 Bone으로부터 50%씩의 영향을 받도록 수치를 조정합니다. 다만 맨 끝의 꼬리 Vertex는 영향을 받을 다른 Bone이 없으므로 Bone004에만 영향을 받고 있게 됩니다.

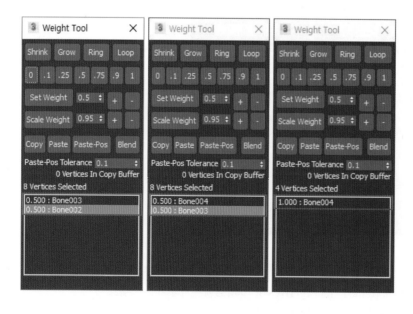

애니메이션

01 이제 애니메이션을 잡겠습니다. 하단 [Animation and Time Controls]에서 Auto Key 를 활성화하고 ▶(Play Animation) 버튼을 마우스 우클릭하여 [Time Configuration] 창을 띄웁니다. [Animation] 롤아웃의 [End Time]을 20으로 지정합니다.

02 모든 Bone을 선택하고 0 프레임에서 타임라인 핸들을 마우스 우클릭한 뒤, [Create Key] 창에서 [OK] 버튼을 클릭해 키 프레임을 생성합니다. 이어서 20 프레임에서 타임라인 위에 마우스 버튼을 클릭하고 [OK] 버튼을 클릭해 키 프레임을 생성합니다. 또는 0 프레임을 선택하고 [Shift] 키를 누른 상태에서 20 프레임으로 드래그합니다. 처음과 끝 동작은 이것으로 끝입니다.

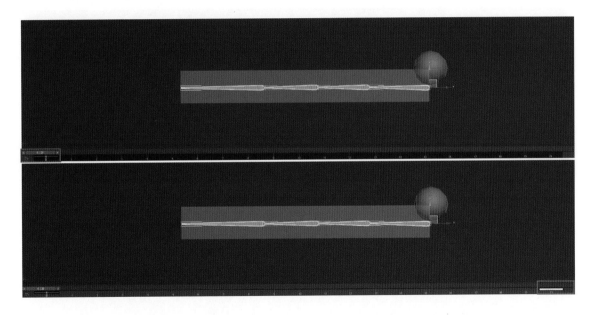

03 이제 애벌레가 기어가는 중간 동작을 만듭니다. 10 프레임에서 Bone을 회전시켜 다음 그림처럼 만듭니다.

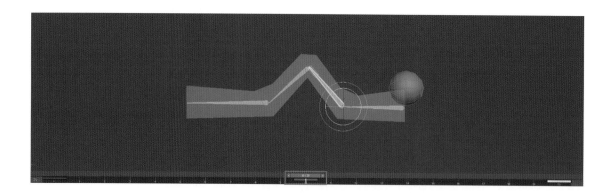

04 지금은 다소 과하게 꺾여 있습니다. 어색하지 않게 조정해주겠습니다. 각 Vertex를 선택하고
[Weight Tool] 창의 [Set Weight] 옆 [+], [-] 버튼을 눌러가면서 자연스러운 모양을 잡아줍니다.

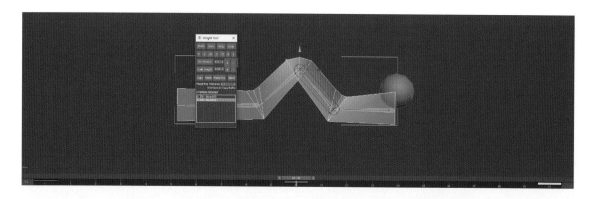

05 중간 키 프레임 동작이 완성됐다면, 가감속 운동을 구현하기 위해 10 프레임의 키를 움직여 18 프
레임에 가져다 놓습니다.

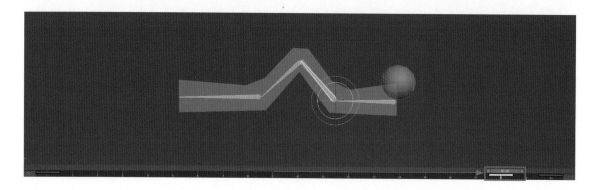

06 기어가는 애벌레 애니메이션이 완성되었습니다! 하단 ▶(Play Animation) 버튼을 눌러 애니메이션
을 확인해봅니다.

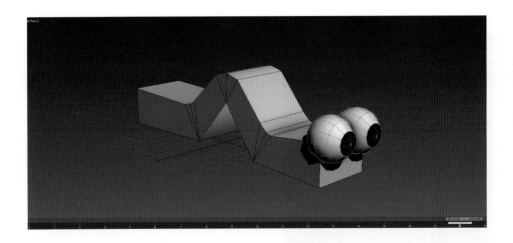

5.2 풋스텝 모드

풋스텝 모드(Footstep Mode)를 소개합니다. 이는 걷기, 뛰기, 점프 등의 애니메이션을 자동으로 만들어주는
기능으로, 3ds Max의 가장 강력한 기능 중 하나입니다.

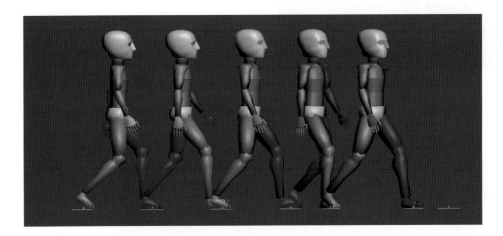

준비하기

01 [➕Create] 패널→[⚙ Systems]→[Biped]를 클릭하고 Front Viewport에서 아래에서 위로 드래
그하여 바이페드를 생성합니다. 이어서 [⚪Motion] 패널→[Biped] 롤아웃→ 🧍(Figure Mode)를
클릭해 편집 모드로 들어갑니다. [Structure] 롤아웃에서 [Body Type]은 'Male'로 하고, 관절과 뼈
개수는 일반적인 게임 캐릭터 세팅 시 사용하는 구조로 설정합니다.

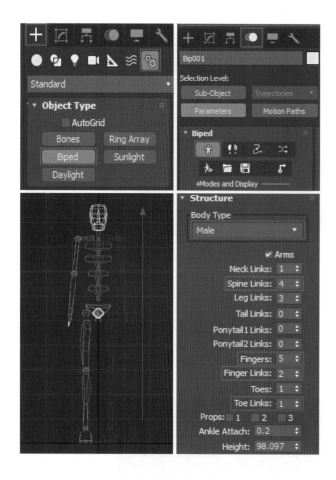

02 메인 툴바에서 [Reference Coordinate System]을 [Local]로 바꾸고, 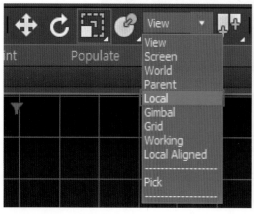(Scale) 툴을 이용해 머리를 키워서 바이페드를 SD 캐릭터 형태로 바꿉니다.

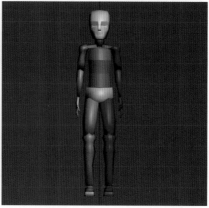

03 중심점(Bip001)을 선택한 뒤 [Absolute Mode Transform Type-In]에서 X축에는 0을 입력하고, Z
축도 조절해서 발바닥을 짙은 그리드에 맞춥니다.

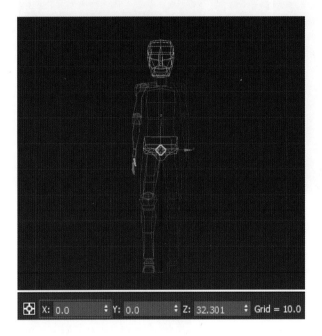

▌ 연습하기

01 본격적으로 풋스텝 모드를 사용해 보겠습니다. 간단히 [◉Motion] 패널→[Biped] 롤아웃에서
👣 (Footstep Mode)를 클릭하면 됩니다. [Footstep Creation] 롤아웃이 새로 나타납니다. 풋스텝
모드는 🚶 (Walk), 🏃 (Run), 🤾 (Jump)의 3가지를 지원합니다. 보면 🚶 (Walk)가 자동 활성화되어
있습니다. 이대로 진행하겠습니다. 자동으로 발자국을 만들어주는 👣 (Create Multiple Footsteps...)
를 이어서 클릭합니다.

02 [Create Multiple Footsteps: Walk] 창이 팝업됩니다. 10개의 발자국을 만들기 위해 [Number of
Footsteps] 수치를 10으로 설정하고 [OK] 버튼을 클릭합니다. Perspective Viewport를 확인해
보면, 그림처럼 발자국이 생성된 것을 볼 수 있습니다.

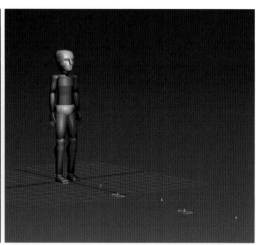

03 우측 커맨드 패널을 보면 [Footstep Creation] 아래 [Footstep Opera-tions] 롤아웃이 있습니다. 그중 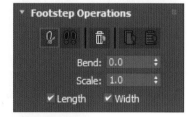 (Create Keys for Inactive Footsteps)를 클릭하면 자동으로 걷기 애니메이션이 생성됩니다. 우측 하단 [Animation and Time Controls]→▶(Play Animation) 버튼을 클릭, 애니메이션을 재생하면 바이페드가 걷는 모습을 볼 수 있습니다.

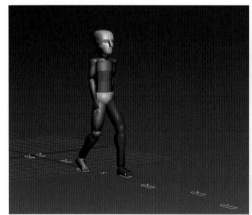
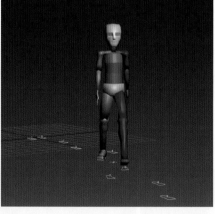

04 메인 툴바의 ✛(Move)나 ⟳(Rotate) 툴을 이용해 생성된 발자국 위치를 조정할 수 있는데, 이것만으로 계단 오르기, 우회전 좌회전 등 동작 애니메이션을 간단히 만들 수 있습니다. 뛰기와 점프 애니메이션 역시 같은 방법으로 제작 가능해 편리합니다. (구체적인 방법은 [풋스텝 모드: 간단 메뉴얼]을 참고할 수 있습니다.)

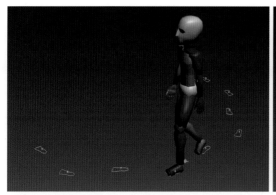 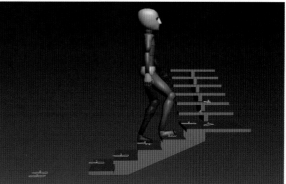

● 풋스텝 모드: 간단 매뉴얼

1️⃣ Create Multiple Footsteps: Walk 창

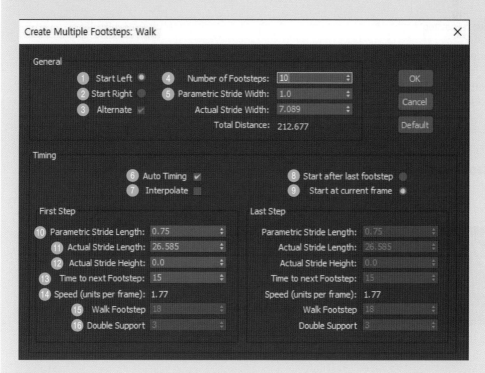

[General]

① **Start Left:** 왼발부터 시작합니다.　② **Start Right:** 오른발부터 시작합니다.　③ **Alternate:** 체크를 해제하면 한쪽

발만 생성됩니다.　④ **Number of Footsteps:** 생성할 발자국 개수를 정합니다.　⑤ **Parametric Stride Width:** 두 발

사이의 보폭을 정합니다. 보폭은 골반 기준으로, 1은 골반 넓이, 2는 골반 넓이의 2배입니다.

[Timing]

⑥ **Auto Timing:** 자동으로 풋스텝 타이밍을 조절해줍니다.　　　⑦ **Interpolate:** 체크하면 Last Step 메뉴가 활성화됩니다.　　　⑧ **Start after last footstep:** 기존에 생성한 발자국 다음에 계속 이어지는 발자국을 생성합니다.　　　⑨ **Start at current frame:** 현재 프레임에 발자국을 생성합니다.

[First Step]

⑩ **Parametric Stride Length:** 발자국과 발자국 사이의 보폭을 정합니다. 바이페드 다리 길이에 대한 %로 설정합니다. 0을 입력하면 제자리 걷기를 하고, 마이너스를 입력하면 뒤로 걷게 됩니다.

⑪ **Actual Stride Length:** 발자국과 발자국 사이의 보폭 길이를 정합니다. Parametric Stride Length와 같이 실제 길이를 나타냅니다.

⑫ **Actual Stride Height:** 발자국 사이의 높이를 조절합니다. 이것을 이용하여 계단을 올라가거나 내려가는 동작을 만들 수 있습니다.

⑬ **Time to Next Footstep:** 한 발이 지면에 닿는 순간부터 다음 발이 지면에 닿기까지의 프레임 수를 나타냅니다.

⑭ **Speed:** 바이페드가 한 프레임 안에 움직이는 거리를 나타냅니다.

⑮ **Walk Footstep:** 발자국 하나당 발이 땅에 닿아 있는 프레임 수를 말합니다. 즉, 이 수치가 높으면 높을수록 느리게 걷습니다.

⑯ **Double Support:** 두 발이 모두 땅에 닿는 프레임을 말합니다.

❷ Footstep Creation 롤아웃

[Walk]

① **Create Footstep(Append):** 기존에 생성한 발자국 뒤에 발자국을 추가합니다.

② **Create Footstep(At Current Frame):** 기존 생성한 발자국 사이에 발자국을 추가합니다.

③ **Create Multiple Footsteps:** 자동으로 규칙적인 걷기 뛰기 점프 애니메이션을 만듭니다.

④ **Walk Footstep:** 발자국 하나당 발이 땅에 닿아 있는 프레임 수를 말합니다. 즉, 이 수치가 높을수록 느리게 걷습니다.

[Run]

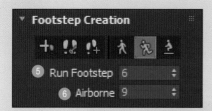

⑤ Run Footstep: 발자국 하나당 발이 땅에 닿아 있는 프레임 수를 말합니다. 즉, 이 수치가 높을수록 느리게 뜁니다.

⑥ Airborne: 두 발이 공중에 떠 있는 체공 시간으로, 이 수치가 높을수록 동작이 느려집니다.

[Jump]

⑦ 2 Feet Down: 양 발이 땅에 닿아 있는 시간입니다.

❸ Footstep Operations 롤아웃

① Create Keys for Inactive Footsteps: 생성한 발자국을 실행합니다.

② Deactivate Footsteps: 선택한 발자국을 비활성화합니다.

③ Delete Select Footsteps: 선택한 발자국을 지웁니다.

④ Copy Footsteps/Paste Footsteps: 선택한 발자국을 복사해서 원하는 곳에 붙여 넣습니다.

⑤ Bend: 선택한 발자국을 휘게 합니다.

⑥ Scale: 선택한 발자국의 보폭이나 넓이를 조절합니다.

5.3 모션 플로우 모드

모션 플로우 모드(Motion Flow Mode)는 여러 애니메이션을 연결하는 기능인데, 애니메이션 파일인 bip를
원하는 순서대로 연결하는 방식입니다. 마치 모듈처럼 특정 동작의 애니메이션을 제작해 두었다가 결합해
쓸 수 있어 활용도가 높습니다.

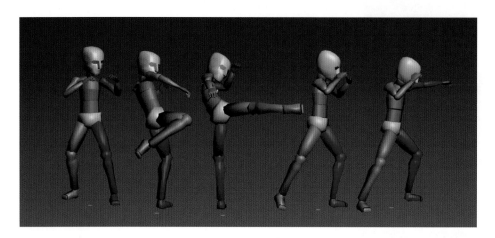

▌ 준비하기

01 '기본구조.max' 파일을 불러옵니다. 말 그대로 기본적인 바이페드가 나타납니다. 이 상태로 [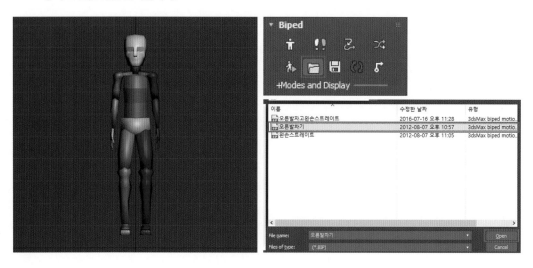
Motion] 패널→[Biped] 롤아웃→[Load File]을 클릭하고, '오른발차기.bip' 파일을 불러옵니다. 경
고창이 뜨면 [OK]를 클릭합니다.

02 우측 하단 [Animation and Time Controls]→(Play Animation)을 클릭, 불러온 애니메이션을 확인해 보면 오른발차기 동작 애니메이션입니다. 같은 방법으로 '왼손스트레이트.bip' 파일도 불러와 확인해봅니다.

03 다시 [●Motion] 패널의 [Keyframing Tools] 롤아웃에서 ✕(Clear All Animation)을 클릭하면 모든 애니메이션이 지워지고 초기화됩니다.

알아보기

01 이제 모션 플로우를 이용해 오른발차기와 왼손스트레이트 동작을 자연스럽게 연결해 보겠습니다. [Biped] 롤아웃에서 (Motion Flow Mode)를 클릭, 모션 플로우 모드에 진입합니다. [Motion Flow] 롤아웃이 새로 나타납니다. (Show Graph)를 클릭하여 [Motion Flow Graph] 창을 띄웁니다. 메뉴에서 (Create Clip)을 클릭하고 빈 공간에 마우스를 두 번 클릭해 그림처럼 2개의 클립을 생성합니다.

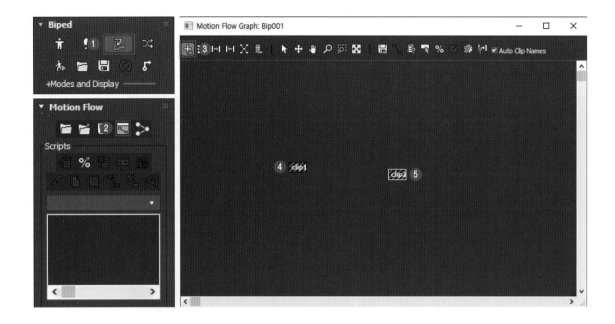

02 다음으로 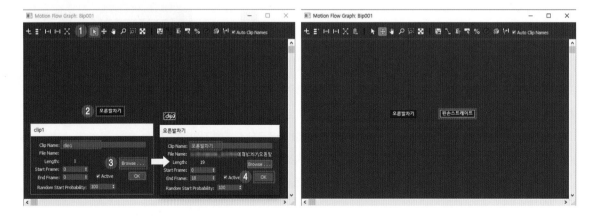(Select Clip)을 선택하고 생성한 [clip1]을 마우스 우클릭합니다. [Browse] 버튼을 클릭하여 '오른발차기.bip' 파일을 선택하고 [OK] 버튼을 누르면 왼쪽 그림과 같이 불러와집니다. 같은 방법으로 [clip2]도 마우스 우클릭해, 이번에는 '왼손스트레이트.bip' 파일을 불러옵니다.

03 우측 [Motion Flow] 롤아웃→[Scripts]의 (Define Scripts)를 클릭한 뒤, [Motion Flow Graph] 창에서 마우스로 [오른발차기]를 먼저 클릭하고 [왼손스트레이트]를 클릭합니다. 그림과 같이 화살표가 이어지면 성공입니다. 다시 [Motion Flow] 롤아웃을 확인하면 오른발차기→왼손스트레이트 순서의 'script1'이 생성된 것을 확인할 수 있습니다.

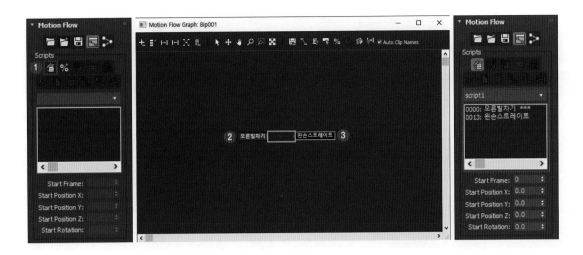

04 창을 닫고 우측 하단 [Animation and Time Controls]→▶(Play Animation)을 클릭하여 애니메이션을 재생하면 캐릭터가 오른발차기 동작을 하고 연속하여 왼손스트레이트 동작을 합니다. 이런 방법으로 여러 개의 bip 파일을 연결하면 한 번에 여러 동작을 취하는 애니메이션을 만들 수 있습니다.

 TIP

연결 동작은 자동으로 이어지기 때문에 동작의 방향을 바꾸거나 원하는 동작으로 수정할 수 없습니다. 이러한 모션 플로우 모드의 단점을 보완한 기능으로는 믹서 모드가 있습니다.

▌ 연습하기: 군중 애니메이션

모션 플로우에 대해 알았으니, 이제 더 나아가 5명의 캐릭터가 각기 다른 동작을 하는 애니메이션을 만들어 보겠습니다.

01 [＋Create] 패널→[%‰ Systems]→[Biped]를 클릭합니다. [Creation Biped] 롤아웃→[Creation Method]→[Drag Position]을 체크하고 Front Viewport에서 마우스를 5번 클릭해 5개의 바이페드를 생성합니다. 또는 앞서 제작한 바이페드를 [Shift] 키를 누른 상태에서 ✛(Move) 툴로 움직여 복사합니다.

 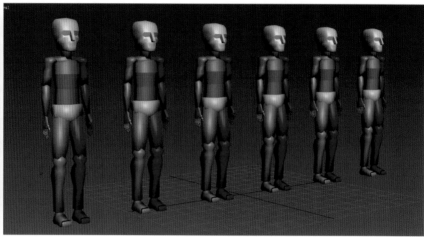

 Drag Height & Drag Position

Drag Height는 Viewport에서 드래그하여 캐릭터 크기를 조절하는 방식이고 Drag Position은 클릭만으로 설정된 크기의 바이페드를 생성하는 방식입니다.

02 바이페드 하나를 선택한 뒤 [🟠Motion] 패널→[Biped] 롤아웃→🔁(Motion Flow Mode)를 클릭해 모션 플로우 모드로 진입합니다. 이어서 [Motion Flow] 롤아웃→🔶(Shared Motion Flow)를 클릭합니다.

03 [Shared Motion Flow] 창이 뜹니다. [New]를 활성화하고 [Add]를 눌러 [Select] 창을 실행합니다. 목록에서 바이페드를 모두 선택하고 [Select] 버튼을 클릭하면, [Shared Motion Flow] 창에 바이페드들이 추가됩니다. 그 아래에 있는 🔷(Put Multiple Bipeds in Motion Flow) 버튼을 눌러 바이페드들을 모션 플로우 모드에 넣어주고, [OK]를 클릭해 [Shared Motion Flow] 창을 닫습니다.

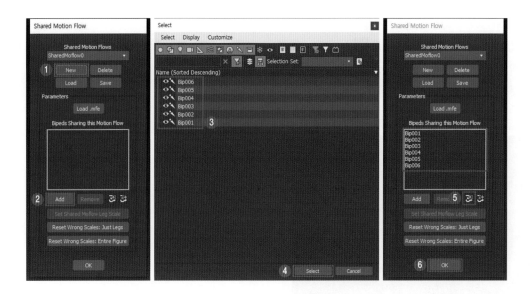

04 [Motion Flow] 롤아웃→(Show Graph)로 [Motion Flow Graph] 창을 연 다음 메뉴에서 (Cre-ate Multiple Clips)를 클릭합니다. 불러오기 창이 열리면 '오른발차기.bip'와 '왼손스트레이트.bip' 파일을 다중 선택해서 불러옵니다. 두 개의 bip 파일이 추가된 것을 확인할 수 있습니다.

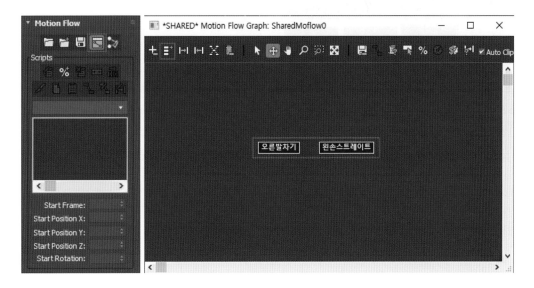

TIP

캐릭터 스튜디오에서는 주로 fig 파일과 bip 파일을 사용합니다. fig 파일은 캐릭터의 형체(크기, 손가락, 발가락 개수 등)에 대한 정보를 담고 있는 파일이고, bip 파일은 애니메이션에 대한 정보를 담고 있는 파일입니다.

05 다시 [Motion Flow Graph] 창 메뉴에서 (Select Random Start Clip)을 클릭하고, 마우스 드래그로 두 클립을 모두 선택합니다. 그 상태로 (Create All Transitions) 버튼을 클릭하면 각 클립 간의 중간 동작을 만들 것인지를 묻는 [Biped] 창이 뜹니다. [예(Y)]를 클릭하면 모든 동작이 화살표로 연결된 것을 볼 수 있습니다.

06 이제 만든 연결 동작을 이용해 5개의 바이페드에 랜덤 애니메이션을 구현하겠습니다. 우선 [Motion Flow] 롤아웃→[Scripts]의 (Create Random Motion)을 클릭해서 [Create Random Motion] 창을 엽니다. [Random Start Range] 값을 0과 20으로 설정하고, 가장 아래의 [Create motion for all bipeds sharing this motion flow] 박스에 체크한 다음 [Create] 버튼을 클릭합니다.

[Unify Options] 창이 활성화되면 [OK] 버튼을 클릭합니다. 바이페드가 5개이므로 [Unify Options] 창도 5번 뜰 것입니다. 모두 [OK] 해줍시다.

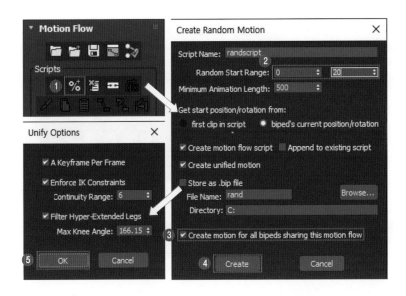

07 다되었습니다. 이제 [Animation and Time Controls]→▶(Play Animation)을 클릭하면, 5개의 바이페드가 각각 랜덤하게 애니메이션되어 각기 다른 동작을 취하는 것을 확인할 수 있습니다.

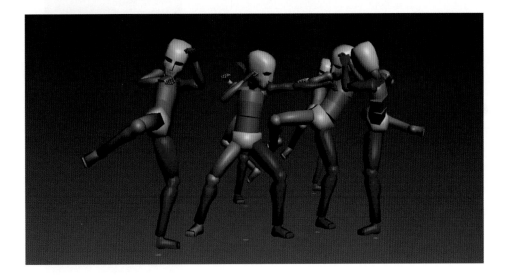

● 모션 플로우 모드: 간단 매뉴얼

1 Motion Flow 롤아웃

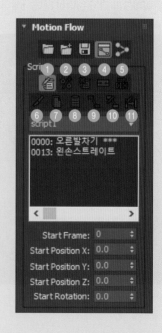

① **Load File:** Motion Flow Editor 파일(.mfe)을 불러옵니다.

② **Append File:** .mfe 파일을 사용 중인 상태에서 다른 .mfe 파일을 덧붙여 불러옵니다.

③ **Save File:** Motion Flow Editor에서 편집한 사항을 파일(.mfe)로 저장합니다.

④ **Show Graph:** 모션 플로우에서 사용할 바이페드들을 불러올 수 있는 Motion Flow Graph를 실행합니다.

⑤ **Shared Motion Flow:** 군중 애니메이션(Crowd Animation)을 위한 기능으로, 여러 개의 바이페드를 공유하도록 지정하는 데 사용합니다.

2 Motion Flow 롤아웃: Script

모션 플로우를 이용해 여러 가지 모션들을 불러온 다음 그 모션들을 어떤 순서로, 어떻게 연결할지 등의 세부 내용을 설정할 수 있는 곳입니다.

① **Define Script:** 이 버튼을 누르고 불러온 클립(bip 파일)들을 원하는 순서대로 클릭하면 애니메이션이 연결됩니다.

② **Create Random Motion:** 모션 플로우에서 지정한 각 모션 사이의 트랜지션 Probability 값에 따라 모션을 무작위로 섞어줍니다.

③ **Delete Script:** 리스트에 있는 스크립트를 지웁니다.

④ **Create Unified Motion:** 스크립트에 의해 움직이는 바이페드를 Freeform 애니메이션으로 전환합니다.

⑤ **Go to Frame:** 리스트에서 선택한 클립의 첫 번째 프레임을 현재 프레임으로 이동시킵니다.

⑥ **Cut:** 리스트에서 선택한 클립을 잘라냅니다.

⑦ **Copy:** 리스트에서 선택한 클립을 복사합니다.

⑧ **Paste:** 복사한 클립을 리스트에서 선택한 클립 아래에 붙입니다.

⑨ **Clip Mode:** 리스트에서 선택한 클립의 애니메이션을 수정할 수 있는 모드가 됩니다.

⑩ **Edit Clip:** 리스트에서 선택한 클립의 정보를 수정할 수 있습니다.

⑪ **Edit Transition:** 선택한 클립의 Transition Editor를 실행합니다. 클립이 전환되는 부분의 각종 옵션을 조절할 수 있습니다.

❸ Clip Properties 창

① **Clip Name:** 클립의 이름을 정합니다.

② **File Name:** 클립에 사용할 bip 파일의 경로와 이름을 보여줍니다.

③ **Length:** 선택한 bip 파일의 길이를 나타냅니다.

④ **Start Frame:** 여기서 지정한 프레임부터 클립을 불러옵니다.

⑤ **End Frame:** 여기서 지정한 프레임까지 클립을 불러옵니다.

⑥ **Browse:** 원하는 bip 파일을 선택할 수 있습니다.

⑦ **Active:** 체크하면 클립을 사용합니다.

⑧ **Random Start Probability:** 무작위로 클립을 사용할 빈도를 정합니다.

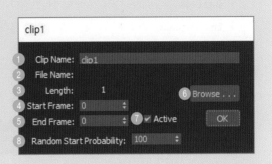

❹ Shared Motion Flow 창

① **List:** 사용하고 있는 모든 Shared Motion Flow가 표시됩니다.

② **New:** Shared Motion Flow를 리스트에 추가합니다.

③ **Delete:** 현재 리스트에서 선택한 Shared Motion Flow를 지웁니다.

④ **Load .mfe:** .mfe 파일을 불러옵니다.

⑤ **Bipeds Sharing this Motion Flow 리스트:** 이 모션 플로우를 사용하는 바이페드들이 나타납니다.

⑥ **Add:** 모션 플로우를 공유하기 위해 원하는 바이페드들을 추가합니다.

⑦ **Remove:** 선택한 바이페드들을 리스트에서 지웁니다.

⑧ **Put Multiple Bipeds in Motion Flow:** 리스트의 바이페드들을 모션 플로우 모드에 넣습니다.

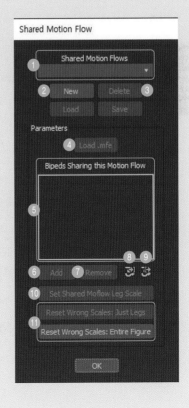

⑨ **Take Multiple Bipeds out of Motion Flow:** 바이페드들의 모션 플로우 버튼을 끕니다.

⑩ **Set Shared Moflow Leg Scale:** Shared Motion Flow에 맞게 선택한 바이페드의 다리 길이를 맞춥니다.

⑪ **Reset Wrong Scales**

　▸ **Just Legs**: Shared Motion Flow에 맞게 다리 길이가 잘못된 바이페드의 다리 길이를 조정합니다.
　▸ **Entire Figure**: Shared Motion Flow에 맞게 크기가 잘못된 바이페드의 전체 구조(Figure Structure)를 조정합니다.

5 Motion Flow Graph 창

① **Create Clip:** Create Clip을 선택하고 Motion Flow Graph 창을 클릭하면 원하는 만큼 클립을 만들 수 있습니다. 예를 들어, 공간을 3군데 클릭하면 3개의 클립을 만들 수 있습니다. 이 클립은 연결하고자 하는 애니메이션(bip)파일 수만큼 만듭니다.

② **Create Multiple Clips:** 여러 개의 바이페드 모션 파일을 한 번에 선택하여 실행합니다.

③ **Create Transition:** 드래그로 두 개의 클립을 연결합니다. 클립을 연결하면 해당하는 동작도 부드럽게 연결됩니다.

④ **Delete Clip/Transition:** 선택한 클립이나 트랜지션(Transition)을 지웁니다.

⑤ **Select Clip/Transition:** 클립이나 트랜지션 화살표를 선택합니다. 클립을 선택하고 마우스 오른쪽 버튼을 클릭하면 그 클립에서 사용하는 bip 파일에 관한 메뉴가 뜨고, 화살표에서 마우스 오른쪽 버튼을 클릭하면 연결된 두 클립 사이의 조절 메뉴가 뜹니다.

⑥ **Move Clip:** Motion Flow Graph 창에서 만들어 둔 클립들의 위치를 이동할 수 있습니다.

⑦ **Clip Mode:** Viewport에 선택된 클립의 모션과 풋스텝만 나타납니다. 이 모드에서는 원본 애니메이션의 풋스텝과 키 프레임을 수정할 수 있어서 원본 애니메이션을 수정할 때 사용합니다.

⑧ **Show Script Dependencies:** 선택한 클립을 사용하는 스크립트들의 이름을 보여줍니다. 선택한 클립과 트랜지션을 포함하는 모션 플로우 스크립트를 공유하는 모든 바이페드를 검사합니다. 즉, 여러 개의 스크립트를 사용할 수 있고 스크립트마다 다른 클립을 사용하도록 지정할 수 있습니다.

⑨ **Select Random Start Clips:** Create Random Motion에 의해 사용할 클립을 선택합니다.

⑩ **Show Random Percentages:** 선택한 클립을 사용할 확률을 나타냅니다.

⑪ **Optimize Selected Transitions:** 트랜지션을 선택한 상태에서만 사용할 수 있는 기능으로, 선택한 트랜지션을 최적화합니다.

5.4 믹서 모드

믹서 모드(Mixer Mode)는 말 그대로 여러 동작을 합치는 모드입니다. 모션 플로우 모드가 여러 동작을 자동으로 연결하는 반면, 믹서 모드는 보다 다양한 애니메이션 합성 작업을 할 수 있습니다. 믹서 모드에는 여러 가지 기능이 있지만 여기서는 두 개의 bip 파일을 원하는 동작으로 수정한 다음 하나의 bip 파일로 만들겠습니다.

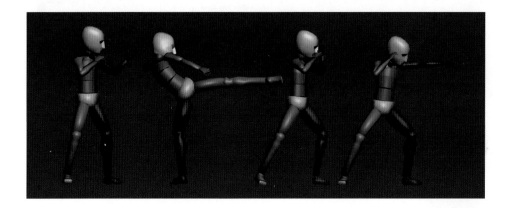

01 예제의 '기본구조.max' 파일을 불러옵니다. 바이페드를 선택하고 [Motion] 패널→[Biped] 롤아웃→ (Mixer Mode)를 클릭합니다. 새로 생긴 [Biped Apps] 롤아웃에서 [Mixer] 버튼을 클릭하면 [Motion Mixer] 창이 실행됩니다.

02 [Motion Mixer] 창에서 마우스 우클릭한 뒤 메뉴에서 [Add Transiton Track Above]를 선택하면 합성 레이어(Transiton Track)가 추가됩니다.

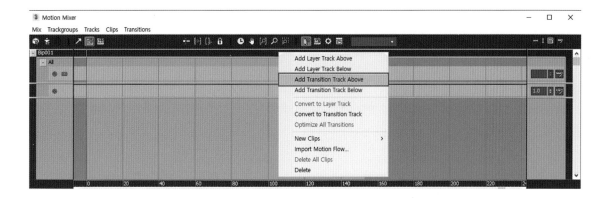

03 추가된 Transiton Track 위에서 마우스 우클릭하고, [New Clips]→[From Files]를 선택하여 '오른발차기.bip' 파일과 '왼손스트레이트.bip' 파일을 다중 선택하고 [열기] 버튼을 누릅니다.

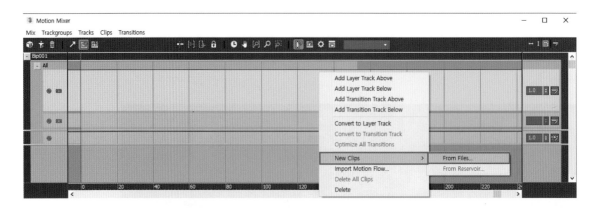

04 [Motion Mixer] 창에서 마우스로 타임라인을 잡고 움직이면 오른발차기를 하고 자연스러운 연결 동작 후 왼손 스트레이트 동작을 하는 애니메이션을 확인할 수 있습니다.

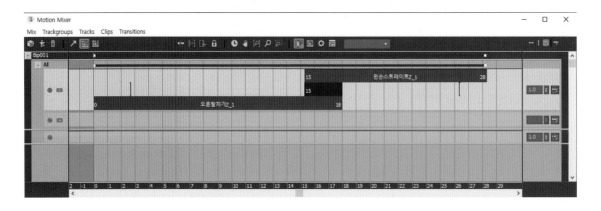

TIP

[Motion Mixer] 창 레이어에서 마우스 휠을 움직이면 줌인, 줌아웃이 됩니다.

05 04단계 애니메이션에서 오른발차기는 정면 동작인 반면, 왼손스트레이트는 정면이 아닌 왼쪽 45도 방향으로 동작합니다. 따라서 왼손스트레이트 동작을 정면으로 하도록 수정하겠습니다. Transiton 바를 마우스 우클릭해서 [Edit]를 선택합니다.

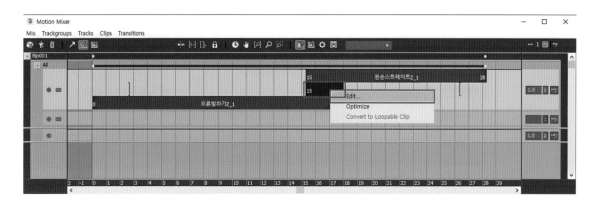

06 35도만큼 회전시키기 위해 팝업된 옵션창의 Angle 수치를 35로 지정하고 [OK] 버튼을 누릅니다. 캐릭터가 정면을 보고 있는 것을 확인할 수 있습니다.

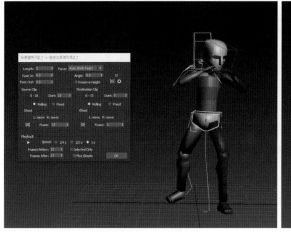
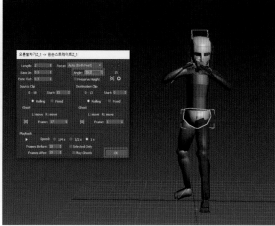

07 이렇게 편집한 동작을 하나의 bip 파일로 만들어 보겠습니다. 화면 왼쪽 위에서 Bip01이라고 적힌 부분에 커서를 두고 마우스 우클릭해 [Compute Mixdown]을 선택합니다. [Mixdown Options] 창이 열리면 [OK] 버튼을 클릭합니다.

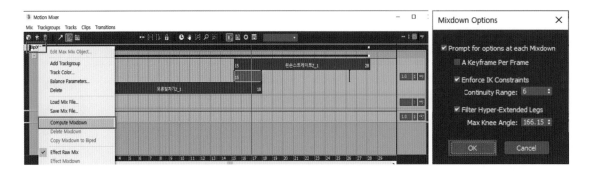

08 두 동작이 합쳐졌습니다. 창 하단에 두 개의 Mixdown 바가 생성됩니다. 합성한 동작을 현재 바이페드에 적용하겠습니다. Mixdown 바 위에서 마우스 우클릭해 [Copy to Biped]를 선택합니다.

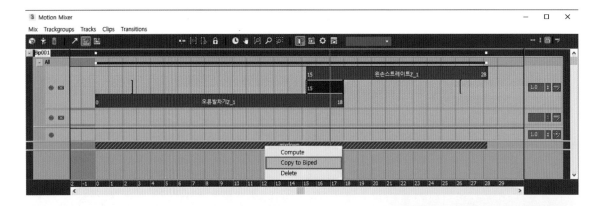

09 [Motion Mixer] 창을 닫고 Mixer Mode 활성화도 해제합니다. Viewport 하단 [Animation and Time Controls]에서 ▶(Play Animation) 버튼을 눌러 재생해보면 두 동작이 연결된 애니메이션이 적용되어 있는 것을 확인할 수 있습니다.

마음에 든다면 [Biped] 롤아웃→🖬(Save File)을 통해 bip 파일로 저장합니다. 이렇게 저장한 bip 파일은 다른 어떤 바이페드에서든 불러와 수정해서 사용할 수 있습니다.

TIP **팔로우 스루 & 오버래핑**

다음은 팔로우 스루 & 오버래핑을 머리카락에 적용한 애니메이션입니다. 주동작인 머리의 움직임에 따른 부수 동작의 움직임을 표현했습니다. 주동작과 부수 동작은 반대로 움직이고 마지막 머리카락 끝은 주동작과 같은 방향으로 움직입니다.

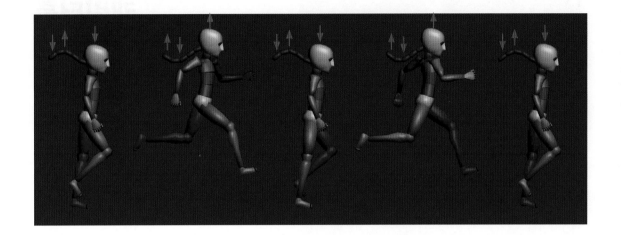

캐릭터를
렌더링해 보자!

애니메이션까지 제작을 끝낸 캐릭터는 게임 개발 소프트웨어라 할 수 있는 게임 엔진으로 옮겨져, 그래픽 엔진, 물리 엔진, 오디오 엔진, UI 시스템 등과 통합되어 실제 게임으로 프로그래밍되는 과정을 거치게 됩니다. 다양한 게임 엔진이 있지만, '언리얼(Unreal)'이나 '유니티(Unity)'를 주로 사용합니다. 다만 이 엔진들의 사용법은 이 책의 범위를 벗어나므로, 보다 간단한 프로그램인 마모셋 툴백(Mamoset Toolbag, 이하 마모셋)을 이용해 캐릭터를 매핑하고, 라이트(조명)을 설정해 렌더링하는 과정을 짧게 체험해 보겠습니다.

그 전에, 3D 컴퓨터 그래픽의 최종 결과물 품질에 큰 영향을 미치는 렌더링(Rendering)이 무엇이고 기본 원리가 어떠한지를, 3ds Max의 기본 렌더러인 아놀드 렌더러(Arnold Renderer)를 통해 먼저 짚어볼 것입니다.

07

아놀드 렌더러
(Arnold Renderer)

아놀드(Arnold)는 소니 픽처스 이미지 웍스를 포함한 영화, TV 및 애니메이션의 여러 유명 조직에서 사용하는 고급 크로스 플랫폼 렌더링 라이브러리 또는 API입니다. CG 애니메이션을 위한 기존의 스캔 라인 기반 렌더링 소프트웨어를 대체하는 사실적인 물리적 기반의 광선 추적 대안으로 개발되었습니다.

Standard Surface Shader를 사용하여 간단한 아놀드 렌더링 세팅에 대해 알아보겠습니다. Standard Surface Shader는 다목적 셰이더입니다. 매우 강력하고, 다양한 종류의 재질을 표현할 수 있지만, 처음에는 많은 옵션으로 다소 어렵게 느껴질 수 있습니다.

1.1 준비

01 Chapter 03에서 텍스처를 실습했던 나무상자 모델링으로 렌더링을 체험해보겠습니다. 'box.max' 파일을 불러오세요. 조명과 그림자 표현을 위해서는 바닥이 필요합니다.

[+Create] 패널→[◉Geometry]→[Standard Primitive]→[Plane]을 선택하고, Top Viewport 에서 평면을 하나 생성합니다. [Parameters] 롤아웃에서 Length, Width를 각 500으로 정해줍니다.

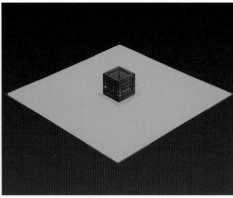

02 메인 툴바의 ▦(Material Editor) 버튼을 눌러 [Slate Material Editor(재질 편집기)] 창을 엽니다. 현재 나무상자에 [PBR Material(Metal/Rough)] 재질이 적용되어 있습니다. 바닥으로 사용할 재질을 추가하겠습니다. 좌측 [Material/Map Browser]에서 [Materials]→[General]→[Matte/Shadow] 재질을 [View1]로 끌어옵니다. Matte/Shadow는 그림자만 적용되는 재질입니다.

Viewport에서 Plane을 선택하고, [Matte/Shadow] 노드를 클릭한 채 ▦(Assign Material to Selection)을 누르면 Plane에 Matte/Shadow 재질이 적용됩니다.

따라 하기 어려울 땐
고수의 View

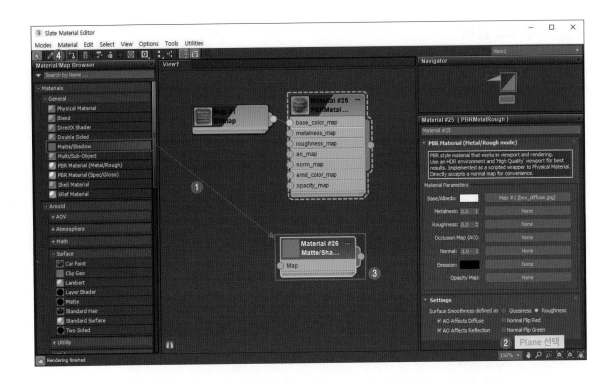

03 [Slate Material Editor] 창을 닫고, [메뉴바]→[Rendering]→[Environment]를 실행합니다. 재질
에 색을 지정해주겠습니다. [Common Parameters] 롤아웃→[Background]에서 Color 박스를
클릭, 색을 회색으로 지정하고 [OK] 버튼을 클릭합니다. 이러면 기본 준비는 끝입니다.

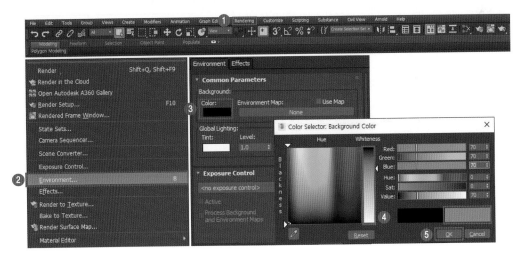

1.2 라이트 설치

이제 빛과 그림자 표현을 위해 라이트, 조명을 설치할 차례입니다. 여기서는 기본적인
3점 조명을 사용하겠습니다.

01 [➕Create] 패널에 조명을 다루는 [💡Lights] 패널이 있습니다. 상단 리스트
에서 [Arnold]를 선택하면 하단에 [Object Type] 롤아웃이 나타납니다. [Ar-
nold Light] 버튼을 누르고 Viewport의 원하는 위치를 클릭하면 'Arnold-
Light001'이 추가됩니다. 이 구 오브젝트가 조명입니다.

드래그해서 그림처럼 Front Viewport에서 봤을 때 나무상자의 오른편에 위치
시켜줍니다. 첫 번째 조명인 주광(Key Light)입니다.

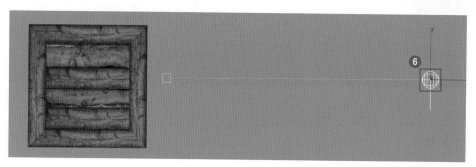

02 이제 두 번째 조명을 설치합니다. 'ArnoldLight001'을 선택하고 [Shift] 키
를 누른 채 드래그해 복사합니다. 이때 [Clone Options] 창→[Object]에서
[Instance]를 체크하여 원본과 연동되는 복사본으로 만듭니다. 이제 어느
한쪽 값이 변경되면, 다른 한쪽의 값도 변경되게 됩니다.

추가된 'ArnoldLight002'를 마우스로 드래그해 첫 번째 라이트와 반대편
에서 비추도록 Front Viewport 기준 나무상자 왼편에 그림처럼 위치시킵
니다. 주광의 그림자를 완화하는 보조 조명(Fill Light)이 됩니다.

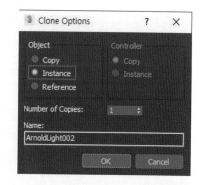

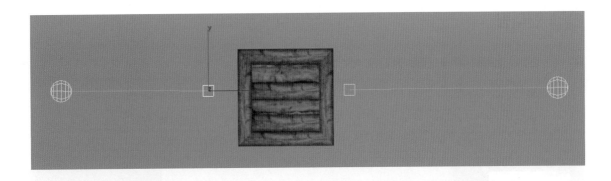

03 마지막으로 02단계와 같이 라이트를 하나 더 복사해서, 그림처럼 위에서 비추는 라이트를 설치합니다. 위에서 비추는 세 번째 조명인 역광(Back Light)은 피사체를 배경과 분리시켜 입체감을 더해 주는 역할을 합니다. (여기서는 위에 설치했지만, 이름처럼 피사체의 뒤편에 설치하기도 합니다.)

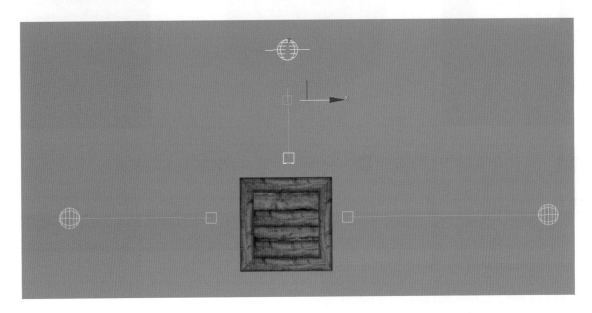

이렇게 3점 조명 설치가 끝났습니다. 게임 그래픽 작업에서 라이트는 대개 게임 엔진에서 설정하지만, 기본 이론이나 세팅 방법은 동일합니다.

라이트는 CG에서 중요한 요소이며, 전체적인 분위기는 물론 캐릭터의 감정까지 표현하기도 합니다. 라이트 이론만 다뤄도 책 한 권 분량에 달할 정도로 깊이 있는 분야이므로, 추후 꼭 더 자세히 공부해보길 바랍니다. 여기서는 아놀드 렌더러를 체험하기 위해 최소한으로만 작업해본 것입니다.

1.3 렌더링

01 모든 준비가 끝났으니, 이제 실제로 렌더링을 해보겠습니다.

먼저 렌더링 결과를 확인하기 위한 세팅을 하겠습니다. Viewport 왼쪽 상단 [Viewport Label]에서 두 번째 [Perspective] 항목을 마우스 우클릭한 뒤, 메뉴에서 [Show Safe Frames]를 체크합니다. 그러면 렌더링 옵션에서 지정한 가로세로 사이즈에 맞게 화면에 표시됩니다.

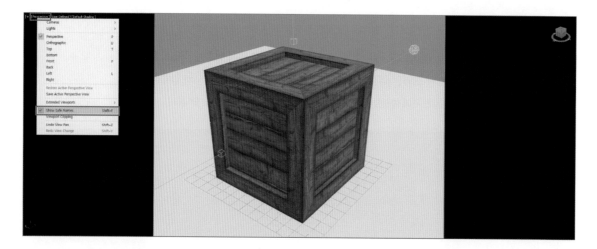

02 렌더링 자체는 간단합니다. 메인 툴바의 ☕(Render Production)을 클릭하면 됩니다. 일단 기본 설정대로 렌더링했더니, 화면이 너무 어둡게 나옵니다.

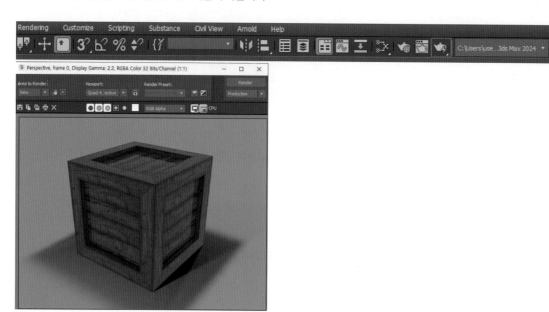

03 화면을 밝게 하기 위해 라이트를 하나 선택하고 [☑Modify] 패널→[Color/Intensity] 롤아웃
→[Intensity] 항목을 찾습니다. 여기에서 빛의 세기, 즉 강도를 조절하는 Intensity 수치를 500으로
바꾸고 다시 렌더링해서 확인합니다.

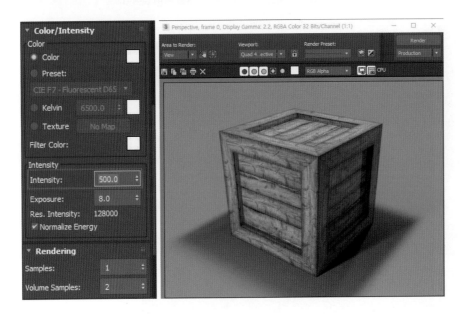

04 밝게 하니, 그림자에 노이즈 현상이 보입니다. 마찬가지로 라이트를 하나 선택하고 [☑Modify] 패
널에서 [Rendering] 롤아웃→[Samples] 수치를 3으로 변경해줍니다. 다시 렌더링하면 노이즈가
사라집니다. Samples 값이 높을수록 이미지 품질은 좋아지지만 렌더링 시간은 늘어납니다.

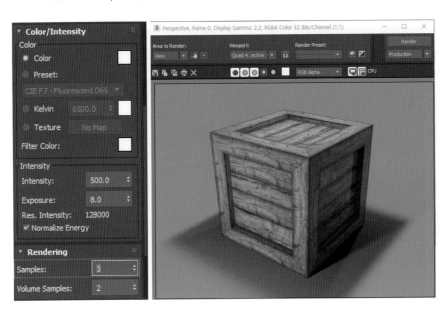

05 라이트 색상을 변경하여 전체적인 느낌을 바꿀 수 있습니다.

[⬚Modify] 패널→[Color/Intensity] 롤아웃에서 [Kelvin]을 선택하고, 수치는 12,000을 주어 렌더링하면 차가운 느낌의 결과를 얻을 수 있습니다. Kelvin은 색온도에 따라 다른 색을 나타냅니다.

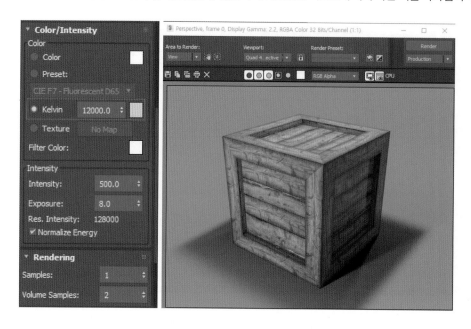

06 마찬가지로 Kelvin을 선택하되 수치는 4,000으로 렌더링하면 반대로 따뜻한 느낌의 결과를 얻을 수 있습니다.

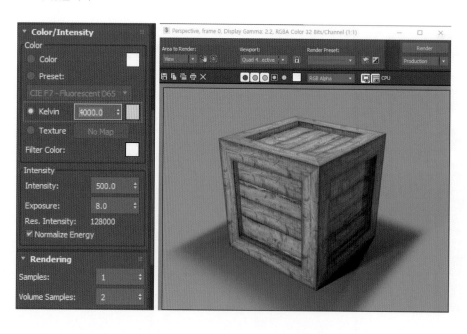

07 이제 최종 렌더링을 하겠습니다. 메인 툴바에서 (Render Setup)을 클릭해서 렌더러 설정 창을 엽니다. [Renderer]를 [Arnold]로 설정하고, [Sample and Ray Depth] 롤아웃 수치를 왼쪽 그림처럼 세팅하고 렌더링합니다. 렌더링 시간은 늘어나지만 좋은 이미지 결과를 얻을 수 있습니다.

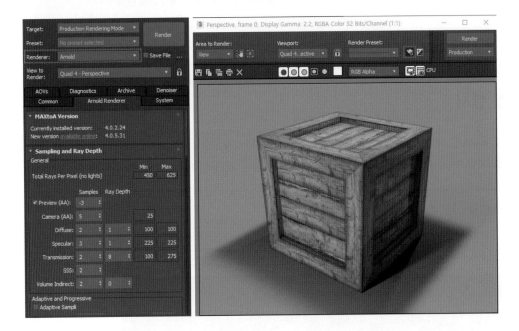

TIP

Viewport 상단 [Viewport Lables]의 세 번째 항목을 마우스 우클릭하고, 메뉴에서 [ActiveShade -using Arnold]를 체크해주면 렌더링 창 없이 편리하게 Viewport에서 바로 렌더링 결과를 확인할 수 있습니다.

SECTION 02 마모셋 준비하기

Section 01에서 우리는 3ds Max 기본 렌더러를 이용해 기초적인 렌더링을 실습해보았습니다. 이제 마모셋을 이용한 렌더링을 체험해볼 차례입니다. 우선 마모셋 프로그램을 설치하고, 마모셋에 캐릭터를 업로드할 준비를 해봅시다.

2.1 마모셋 설치

마모셋(Mamoset Toolbag)은 매우 높은 퀄리티의 엔진샷을 보여주는 상용 프로그램으로, www.marmoset.co에서 구매하거나 Trial 버전을 사용할 수 있습니다. URL에 접속한 뒤, 상단의 [DOWNLOAD] 버튼을 클릭해 운영체제에 맞는 설치 파일을 내려받아 설치해주세요. 설치 후 이메일 인증을 거치면, Trial 버전이 활성화되어 30일 동안 무료로 사용할 수 있게 됩니다.

다음은 마모셋 툴백의 인터페이스입니다. 좌측의 [Scene/Tool Settings/History] 창과 우측의 [Materials] 창 그리고 중앙의 Viewport로 구성되어 있습니다.

이제 이전에 작업한 기사 캐릭터 데이터를 마모셋에 올려서, 게임에서는 어떻게 보일지 테스트하고 렌더링해서 이미지로 출력해보겠습니다.

2.2   3ds Max: 캐릭터 준비

01 마모셋에서 작업을 시작하기 전에, 3ds Max에서 몇 가지 준비를 먼저 해두어야 합니다. 일단 캐릭터를 가져가야겠지요. 리깅까지 끝낸 기사 캐릭터 'Knight_R1.max'를 불러와서, 우측 하단 [Animation and Time Controls]의 Auto Key 를 켜고 애니메이션 모드로 진입합니다. 그 상태에서 바이페드를 움직여 왼쪽 그림처럼 렌더링할 캐릭터 동작부터 잡아줍니다.

오브젝트만 마모셋으로 가져갈 것입니다. 마우스 우클릭하고, 메뉴에서 [Convert To:]→[Convert to Editable Poly]를 선택해 편집 가능한 상태로 바꿉니다. 그러면 바이페드와 상관없이 이 동작을 취하고 있는 오브젝트가 됩니다.

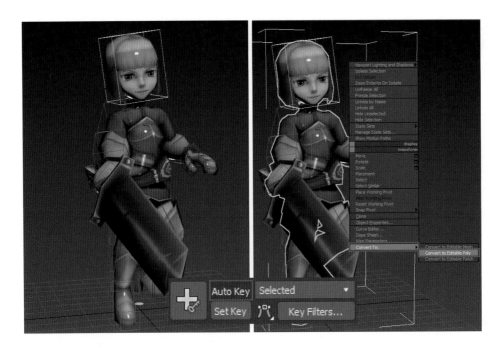

02 모든 바이페드를 선택하고 키보드 [Del] 키로 지웁니다. 캐릭터를 확인하면서 서로 겹치거나 이상한 부분을 수정해줍니다.

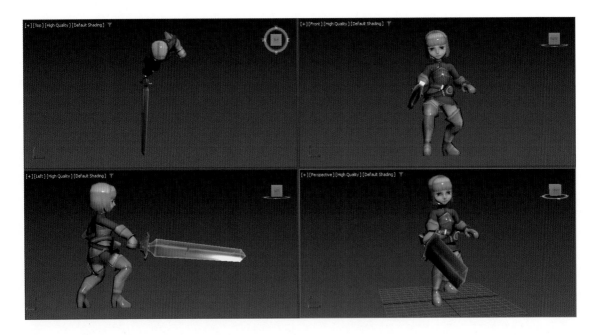

03 빛 반사와 그림자를 표현하려면 바닥면이 필요합니다. [➕Create] 패널→[◉Geometry]→ [Standard Primitives]→[Plane]을 클릭해 Top Viewport에서 평면을 하나 생성합니다. [⬚ Modify] 패널→[Parameters] 롤아웃에서 Length/Width는 각 300, Length Segs와 Width Segs 는 1로 각각 수치를 지정합니다.

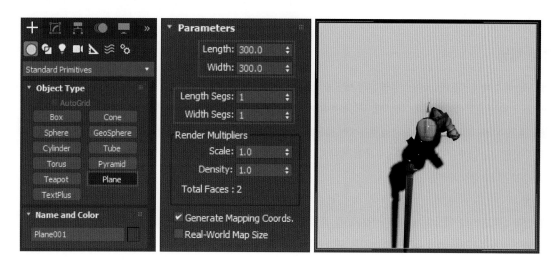

04 마모셋으로 가져가기 위해서는 FBX 파일로 저장해야 합니다. 마모셋에서는 FBX 형식의 파일만 열어볼 수 있습니다. [File]→[Export]→[Export] 명령으로 캐릭터와 바닥면을 한꺼번에 FBX 파일 로 저장합니다.

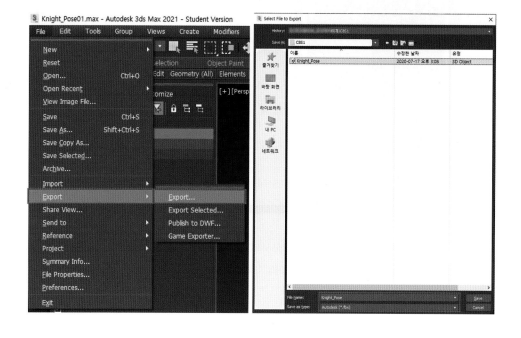

2.3 **포토샵: 바닥 텍스처 & 반사 이미지 준비**

3ds Max에서 해야 할 일은 끝났습니다. 이제 포토샵에서 마모셋에서 쓰일 바닥 텍스처와 오브젝트의 반사 이미지를 만들도록 하겠습니다.

알파 채널

먼저 3ds Max에서 바닥면인 Plane에 적용될 알파 채널을 가지고 있는 이미지를 만들겠습니다. 알파 채널 (Alpha Channel)이란 포토샵에서 실제 이미지를 구성하는 RGB 색상 신호를 담은 색상 채널과 별개로, 색상 의 '투명도'를 제어하여 이미지 합성에 도움을 주는 채널을 말합니다. 알파 채널은 흰색~검은색의 255단계 음영으로 구성됩니다. 쉽게 검정색에 가까울수록 뚫려 보이고(배경이 나타남), 흰색에 가까울수록 불투명해 져 이미지가 보인다고 생각하면 됩니다.

따라 하기 어려울 땐
고수의 View

01 포토샵을 실행합니다. 메뉴에서 [File]→[New]를 클릭하고 [Width/Height]에 각각 숫자 1024를 입력해 그림처럼 1024x1024 사이즈 이미지를 하나 만듭니다.

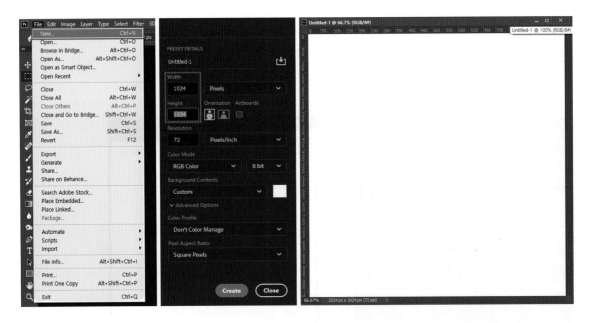

02 왼쪽 툴바에서 [Foreground Color] 박스를 더블클릭해 회색(#666666)으로 지정하고 [OK] 버튼을 클릭합니다. 그 상태로 키보드 [Alt + Del] 키를 눌러 그림처럼 이미지에 색을 채웁니다.

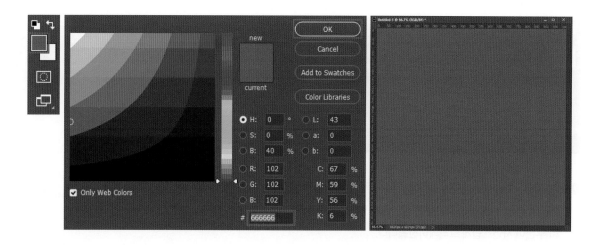

03 우측 [Layers] 패널을 보면 'Background' 레이어에 회색이 채워진 걸 볼 수 있습니다. 이제 알파
채널을 만들겠습니다. 좌측 [Channels] 패널로 전환한 뒤, 하단 ⊞(Create New Channel) 버튼을
눌러 알파 채널(Alpha 1)을 하나 추가해줍니다.

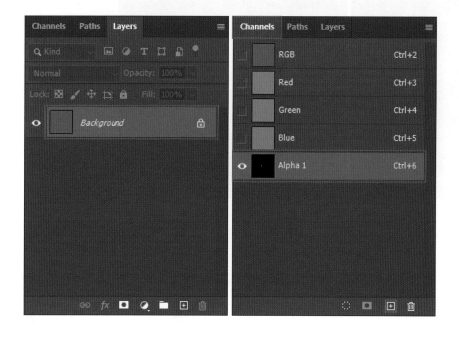

04 알파 채널의 [Foreground Color]를 흰색(#ffffff)으로 지정합니다. 그리고 툴바 상단에서 ⬭
(Elliptical Marquee, 원형 선택) 툴을 선택합니다. 상단 바의 Feather 수치는 100px로 지정합니다.
Feather는 테두리를 얼마만큼 희미하게 할 것인지에 대한 옵션입니다.

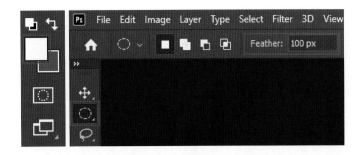

05 그림처럼 화면 중앙에 마우스 드래그해서 원 모양을 만든 후 [Alt + Del] 키로 색을 채웁니다. 이때 [Shift] 키를 누른 채 드래그해야 정확하게 원이 그려집니다. Feather 수치를 주었기 때문에 테두리 부분이 자연스럽게 그라데이션됩니다.

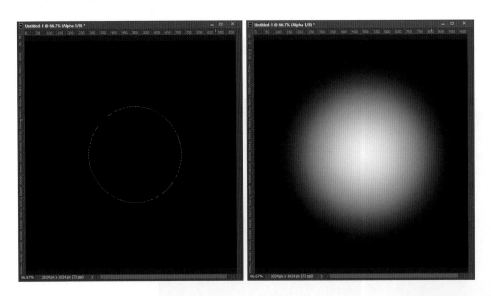

06 메뉴에서 [File]→[Save As]로 Targa(.TGA) 파일로 저장합니다. 파일명은 임의로 정해도 괜찮지만, [다른 이름으로 저장] 창에서 [Alpha Channels] 박스는 꼭 체크해야만 합니다. 이것으로 바닥 이미지는 완성했습니다.

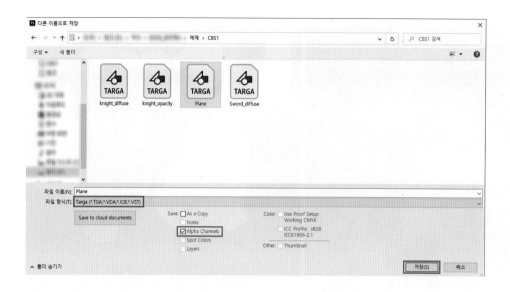

▌ 반사 이미지

이제 캐릭터의 반사 이미지를 만들겠습니다. 반사 이미지는 캐릭터의 현실감을 위해 꼭 필요합니다. 예를 들어, 실제 갑옷을 입은 사람에게 빛이 비치면 얼굴보다 갑옷이 더 빛이 반사되고 반짝거릴 것입니다. 마찬가지로 검의 경우에도 손잡이보다 칼날이 더 빛나게 됩니다.

캐릭터 디자인에서는 이를 표현하기 위해 흰색과 검정색을 사용합니다. 흰색은 빛 반사를 많이 하고 검정색은 빛을 반사하지 않는 원리를 이용하는 것입니다. 이러한 텍스처를 상황에 따라 Specular(스페큘러) 또는 Metal Map(메탈 맵)이라 부릅니다.

01 반사 이미지를 만들겠습니다. 먼저 포토샵에서 이전 Chapter에서 제작한 캐릭터 텍스처 파일 'knight_diffuse.tga'를 불러옵니다. ▨(Polygonal Lasso) 툴을 이용해 빛 반사가 많이 될 부분과 별로 안 될 부분을 구분해 윤곽을 따줍니다. 그림처럼 반사가 많이 되어야 할 철갑옷 부분은 흰색으로, 반사가 별로 안 될 얼굴, 머리카락, 천옷 부분은 회색으로 설정해 [Alt + Del] 키를 눌러 색을 채워줍니다.

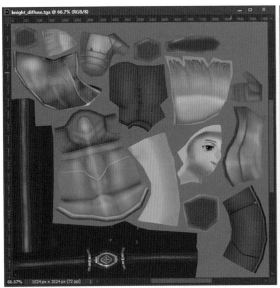
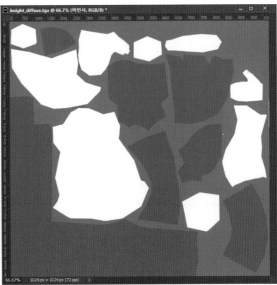

02 Specular(스페큘러) 텍스처가 만들어졌습니다. 이 상태로 Targa(.TGA) 파일로 저장합니다. 이 파일은 알파 채널이 아니므로 [Targa Options] 창에서 비트를 '24 bits/pixel'로 저장해줍니다.

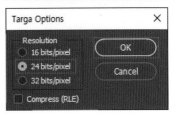

03 무기(양손 대검) 역시 같은 방법으로 텍스처 파일('Sword_diffuse.tga')을 불러와 Specular 텍스처를 만들고 저장합니다. 빛 반사가 많이 되는 칼날과 폼멜은 흰색, 나머지 파츠는 회색입니다. (손잡이는 천이 감겨 빛 반사가 전혀 없으므로 특별히 검은색입니다.) 이제 모든 준비가 끝났습니다.

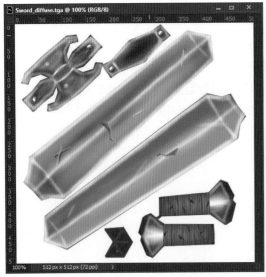

SECTION

03

마모셋 다루기

동작을 잡은 캐릭터와 기타 필요한 준비를 마쳤으니, 이제 마모
셋에서 캐릭터를 세팅하겠습니다.

3.1 캐릭터 매핑

01 마모셋을 실행합니다. 그리고 메뉴에서 [File]→[Import Model]을 클릭해
3ds Max에서 저장한 FBX 파일 'Knight_Pose.fbx'를 불러옵니다.

다음 그림처럼 화면 중앙에 모델링 데이터가 들어옵니다. 오른쪽 상단
[Materials] 창을 보면 기본 재질(Default) 이외에 두 개의 재질(#6215,
#6217)이 더 보입니다. 3ds Max에서 2개의 재질을 사용했기 때문에, 여기
서도 2개의 재질이 보이는 것입니다.

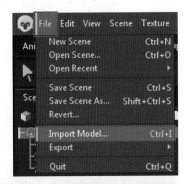

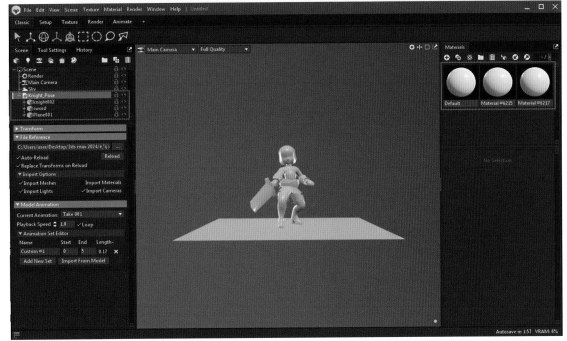

02 우선 캐릭터부터 매핑하겠습니다. [Material #6215]를 클릭하고, 하단의 [Abedo] 바 아래 네모 창을 더블클릭해 포토샵에서 제작한 'knight_diffuse.tga' 파일을 선택합니다. 그러면 네모 창에 아까 작업한 캐릭터 텍스처 모습이 나타나고, [Materials] 창의 [Material #6215]에도 적용됩니다.

이어서 똑같은 패널에서 [Microsurface] 바를 찾습니다. [Gloss] 옆 수치를 0으로 바꿔줍니다. 같은 방식으로 이번에는 [Reflectivity] 바→[Specular]에서 [Intensity] 수치를 0으로 지정합니다.

03 여기까지 끝낸 기사 캐릭터의 모습입니다. 기본 매핑이 되어 나타납니다.

04 캐릭터를 확인해보니 머리카락 부분에 투명도 설정이 안 되어 있습니다. 머리카락에 Opacity
Map(오패시티 맵)을 적용해 뚫려 보이도록 하겠습니다. 우측 [Transparency] 바의 모드를 [Cut-
out]으로 지정해줍니다. 아래에 옵션창이 나타납니다. 이곳의 빈 네모 창을 클릭해서 이전에 제작
한 'knight_opacity.tga' 파일을 선택합니다. 그 뒤 [Channel]을 [R]로 바꿔주면 머리카락이 뚫려
보입니다.

따라 하기 어려울 땐
고수의 View

05 그런데 캐릭터의 왼쪽 머리카락이 사라졌네요. 안쪽 오브젝트가 보이지 않는 상태라 그렇습니다.
조치를 해주겠습니다. 우선 좌측 상단 [Select] 창에서 'knight002'를 선택합니다. [Mesh] 바 아래
[Cull Back Faces] 박스를 체크 해제하면 안쪽 오브젝트가 보입니다. 이렇게 텍스처 적용이 완료
되었습니다.

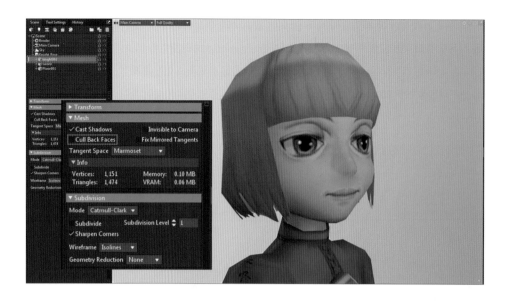

06 현재는 Gloss와 Intensity 수치가 모두 0이므로 광택과 반사가 전혀 없습니다. 이제 광택과 반사
효과를 주겠습니다.

TIP 마모셋에서 광택과 반사 효과 주는 방법

*광택: [Microsurface] 바→[Gloss] 수치를 올리면 광택이 생깁니다.

*반사: [Reflectivity] 바→[Intensity] 수치를 올리면 반사 효과가 생겨 오브젝트에 배경 이미지가 반사됩니다.

07 오브젝트 전체가 아닌 갑옷 부분에만 광택과 반사 효과를 주겠습니다. 포토샵에서 제작한 'knight_spec.tga' 파일을 [Microsurface] 바의 [Gloss Map]에 적용합니다. 흰색 부분은 유광으로 나타나고 회색 부분은 무광으로 나타납니다.

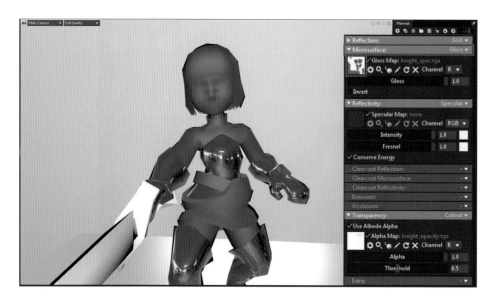

08 마찬가지로 'knight_spec.tga' 파일을 [Reflectivity] 바의 [Specular Map]에도 적용시킵니다. 흰색 부분은 백그라운드 이미지를 100% 반사하고 회색 부분은 살짝 반사하는 것을 볼 수 있습니다.

09 [Gloss]와 [Intensity] 수치를 각각 조절해서 적당한 광택과 반사 정도를 찾아봅니다. 이 수치는 작업 중 원하는 느낌으로 계속해서 변경하도록 합니다.

10 이번에는 [Material #6217]을 선택해서 대검을 매핑해줍니다. 02~09단계를 참고해 진행하되, 'Sword_diffuse.tga'와 'Sword_spec.tga' 파일을 사용합니다. 다음 그림처럼 캐릭터 매핑이 완료되었습니다.

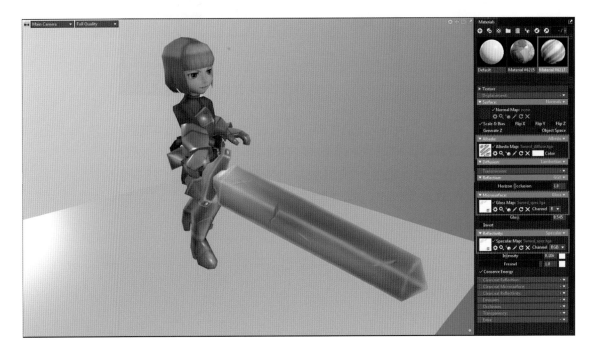

3.2 바닥 매핑

다음으로 그림자와 반사 표현을 위한 바닥(Plane)을 매핑하겠습니다. 오른쪽 상단 [Materials] 창을 보면, 캐릭터와 무기의 재질은 존재하지만 바닥 재질은 3ds Max에서 지정한 적이 없기 때문에 존재하지 않습니다. 기본 Material인 [Default]를 바닥에 연결해서 사용하도록 하겠습니다.

01 화면 중앙에서 바닥 오브젝트를 클릭 후 우측 [Materials] 창에서 [Default]를 선택합니다. 그리고 (Apply the selected material to the selected scene object(s)) 버튼을 누릅니다. 영어를 풀이하면 '화면에서 선택한 오브젝트에 선택한 재질을 적용한다'라는 버튼입니다. 아예 새로운 재질을 추가해서 적용하려면 가장 좌측의 [+] 아이콘을 눌러 추가할 수 있습니다.

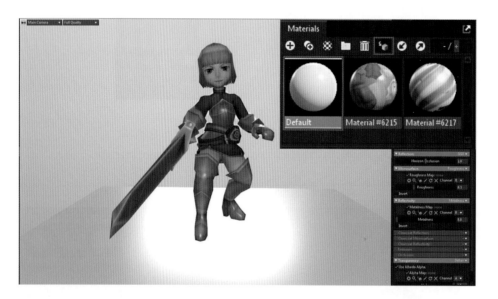

02 재질을 연결했다면, 우측 하단 [Transparency] 바에서 [Dither]를 선택하고 빈 상자를 더블클릭해 포토샵에서 제작한 'Plane.tga' 파일을 Alpha Map으로 지정합니다. 상자에 표시된 레이어는 전체적으로 회색으로 보이지만, 실제 화면을 보면 알파 채널의 검정색 부분은 뚫려 보이는 것을 확인할 수 있습니다. 이로써 텍스처 적용이 모두 끝났습니다.

3.3 라이트 설정

이제 렌더링을 위해 조명, 즉 라이트를 설정하겠습니다.

01 마모셋 좌측 상단 [Scene] 창에서 [Sky]를 선택합니다. 그러면 하단 창에 현재 적용되어 있는 이미지가 보입니다. 마모셋은 HDRI 이미지 기반의 렌더링 방식입니다. 일반적인 이미지가 색상 정보만 가지고 있는 반면, HDRI 이미지는 색상 정보뿐 아니라 라이트(조명) 정보까지 가지고 있습니다. 즉 이미지 속의 라이트 정보를 실제 라이트 대신 사용하는 방식인 셈입니다.

02 그럼 실제로 이미지를 적용해보겠습니다. [Sky Light] 바의 [Presets] 버튼을 누르면 우측에 [Library] 창이 열리고, 마모셋에서 지원하는 여러 HDRI 이미지들을 볼 수 있습니다. 마모셋 4에서는 이전 버전에 비해 훨씬 많은 프리셋을 제공합니다.

처음 마모셋을 사용하는 거라면 프리셋 이미지들을 내려 받아야 합니다. [Library]에서 원하는 이미지를 더블클릭하면 이미지 우측 상단 구름 모양 아이콘이 톱니 모양으로 바뀌면서 자동으로 내려 받아집니다. 끝난 뒤 다시 이미지를 더블클릭하면, 해당 이미지가 라이트로 적용됩니다.

TIP 외부 이미지 사용하기

마모셋에서 기본적으로 제공해주는 것 외에도 다른 이미지를 활용할 수 있습니다. 다음 사이트들에서 품질 좋은 HDRI 이미지를 내려 받아 적용해보세요.

*주스트3D: joost3d.com/hdris

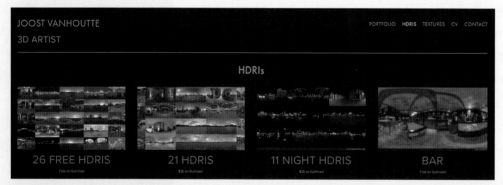

*폴리헤이븐: polyhaven.com/hdris

03 다양한 이미지를 적용하며 느낌을 테스트해봅니다. 여기서는 다음 표 우측 하단의 Studio Beauty 이미지로 진행하겠습니다.

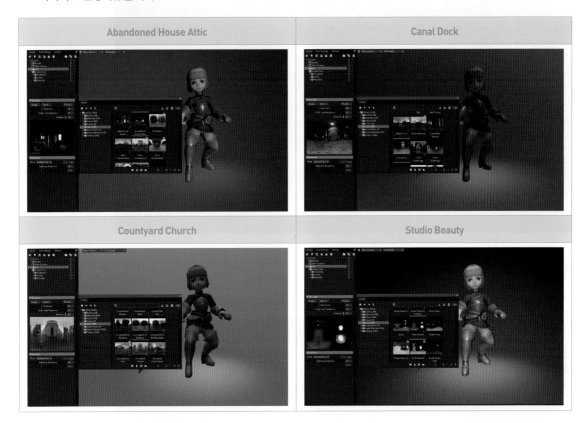

04 추가로 라이트 세팅을 하겠습니다. 다시 [Scene] 창에서 [Sky]를 선택하면 [Sky Light] 창에 적용 중인 HDRI 이미지가 보입니다. 이미지 중앙 오른쪽 부근을 마우스로 클릭하면 라이트가 하나 생성됩니다. 이 상태로 Viewport를 보면, 캐릭터 중앙 기준으로 오른쪽이 라이트 영향을 받아 전체적으로 더 밝아진 것을 볼 수 있습니다.

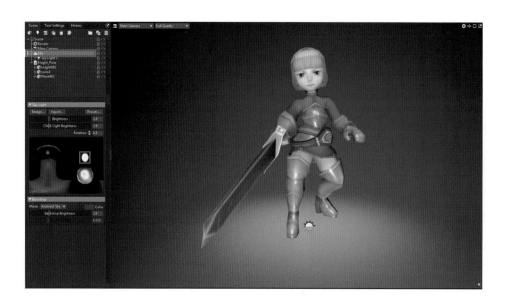

05 [Scene] 창에서 새로 생성된 [Sky Light 1]을 선택한 뒤 [Light] 바→[Brightness] 수치를 올리면
더욱 밝아집니다.

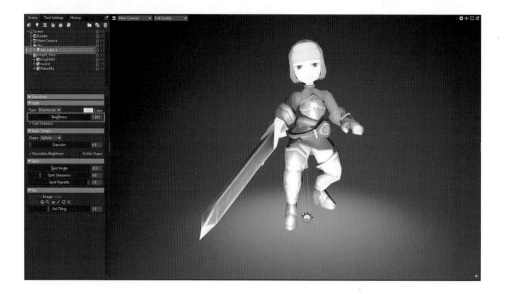

06 [Light] 바에 있는 Color 박스를 선택해 원하는 색을 지정할 수 있습니다. 붉은 조명으로 바꾸어보
았습니다. 라이트를 삭제하려면 [Scene] 창에서 삭제할 라이트를 선택한 뒤 키보드 [Del] 키를 누
르면 됩니다.

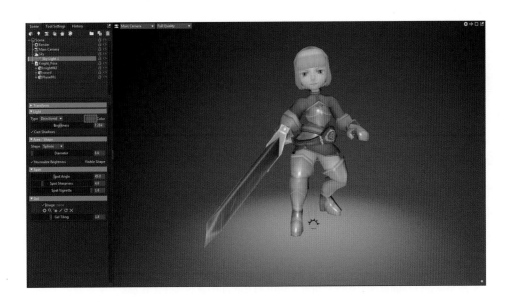

07 이와 같은 방법으로 HDRI 이미지 곳곳을 클릭해서 라이트를 여러 개 추가합니다. 클릭한 다음 마우스로 드래그하면 바로 라이트 효과와 위치를 확인할 수 있습니다.

3.4 렌더러 세팅

원하는 느낌으로 라이트(조명) 설치를 완료했으면, 이어서 렌더러 세팅을 합니다. 렌더러 세팅은 크게 렌더러 및 카메라 설정과 포스트 이펙트 설정으로 나뉩니다. 차례로 살펴보겠습니다.

▌렌더러 기본 설정 및 카메라 세팅

01 [Scene] 창에서 [Render]를 선택합니다. 그리고 [Lighting] 바의 [Ray Tracing]에서 [Use Ray Tracing] 박스에 체크하고, [Raster] 바의 [Occlusion]에서는 [Ambient Occlusion] 박스를, [Reflection]에서는 [Local Reflections] 박스에 각각 체크합니다. 이로써 마모셋 최상 퀄리티 세팅이 끝났습니다.

이때 바닥 반사 정도는 우측 상단 [Materials] 창에서 바닥 재질이 된 [Default]를 선택하고, Gloss 와 Specular 수치를 변경해서 조절하면 됩니다.

02 이 상태로 카메라 세팅을 하겠습니다. [Scene] 창에서 [Main Camera]를 선택합니다. [Lens] 바 의 [Safe Frame] 박스를 체크하면 캐릭터가 실제 렌더링될 사이즈로 화면에 표시됩니다.

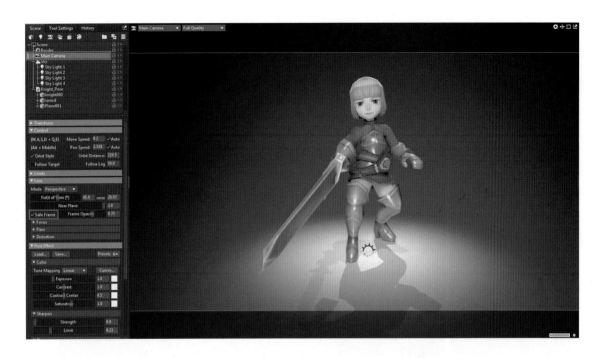

03 [Lens] 바의 [Field of View] 수치를 20mm로 잡은 뒤, 마우스 휠을 움직이거나 키보드 [Alt] 키를
　　　누른 채 마우스 우클릭해서 캐릭터를 화면 중앙으로 이동시켜 봅니다. 왜곡 현상이 생겨 그림처럼
　　　칼이 짧아 보입니다.

04 이번에는 [Lens] 바→[Field of View] 수치를 60mm로 한 뒤 마우스 휠을 움직이거나 키보드 [Alt] 키를 누른 채 마우스 우클릭해서 캐릭터를 다시 화면 중앙으로 이동시킵니다. 마찬가지로 왜곡 현상이 생기는데, 반대로 그림처럼 칼이 길어 보이는 것을 확인할 수 있습니다. 필요에 따라 이처럼 [Field of View] 수치를 조정해서 원하는 느낌의 카메라 세팅을 하면 됩니다. 여기서는 기본인 45mm로 진행하겠습니다.

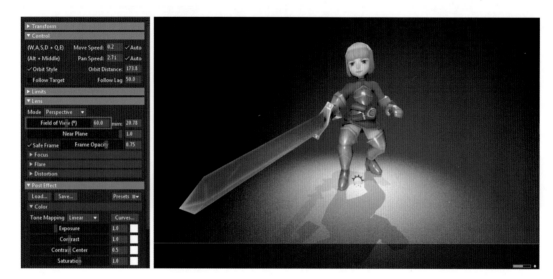

05 [Lens] 바→[Focus]→[Depth of Field]를 체크하면 카메라에서 가까운 곳 또는 먼 곳을 흐릿하게 처리할 수 있습니다. 하위 옵션 슬라이드에서 흐릿한 부분과 그 정도를 조절할 수 있습니다.

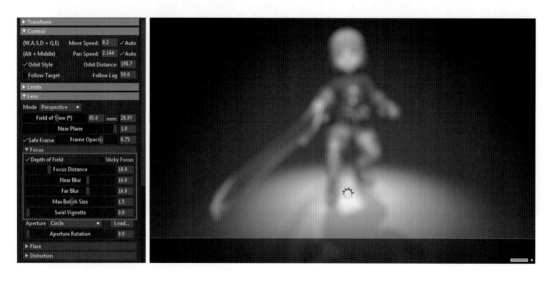

06 [Lens] 바→[Flare]→[Strength] 수치를 올리면 빛 발광 효과를 볼 수 있습니다.

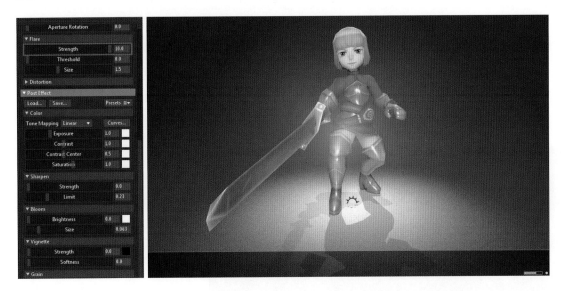

07 여기서는 모두 기본 세팅으로 진행하겠습니다. 여러 항목의 수치를 반복하여 조절해보면서 감각
을 키워 나가길 바랍니다.

▍ 포스트 이펙트

01 이제 Post Effect(포스트 이펙트)에 대해 알아보겠습니다. 사진의 보정과 비슷하다고 생각하면 됩니다. [Post Effect] 바에는 다양한 하위 항목이 있습니다.

먼저 [Color]의 각 슬라이드 수치(Exposure, Contrast, Contrast Center, Saturation)를 변경하면 이미지의 전반적인 색상을 조절할 수 있습니다. 상단의 [Curves] 버튼을 클릭하면 [Curve Editor]가 열리는데, 포토샵에 있는 Adjustment 메뉴의 [Curves]와 동일하게 사용 가능합니다.

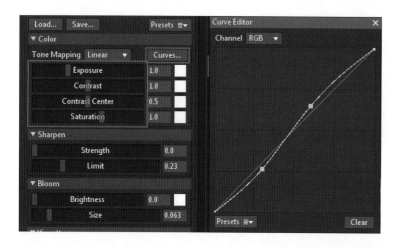

02 다양한 효과를 적용해봅시다. [Sharpen]→[Strength] 수치를 올려봅니다. 이미지가 뚜렷하고 선명해집니다.

03 [Bloom]→[Brightness] 수치를 올리자 캐릭터 주변에 백화 현상이 나타납니다.

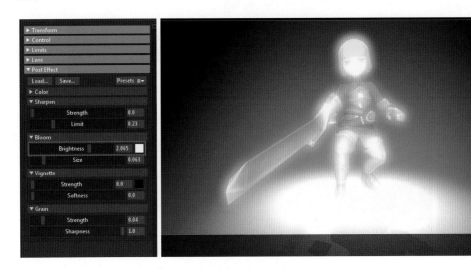

04 [Vignette]→[Strength] 수치를 올리면 화면 가장자리가 어두워지면서 부드러워집니다.

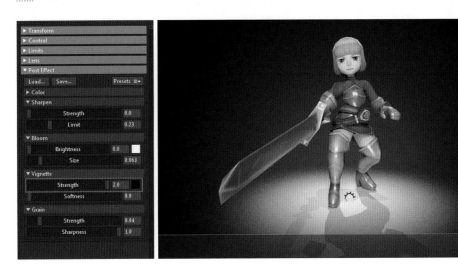

05 [Grain]→[Strength] 수치를 올리면 화면에 작은 알갱이 같은 노이즈 현상이 나타납니다.

일단 여기서는 모든 포스트 이펙트를 사용하지 않겠습니다. 기본값으로 진행합니다. 마지막으로 라이트 밝기 및 위치, 각 텍스처의 발광과 반사 정도를 다시 체크해줍니다.

3.5 최종 렌더링

마음에 들게 조정이 끝났으면 이제 최종 렌더링을 하고 마치겠습니다.

01 좌측 [Scene] 창에서 [Render]를 선택합니다. 하단에 [Output] 바가 나타납니다. 먼저 ⋯ 버튼을 클릭해서 파일 저장 위치와 파일명을 정합니다. 그다음 [Resolution]에 원하는 가로 세로 사이즈를 입력하고, [Format]에서 형식을 선택합니다. 여기서는 JPEG로 설정했습니다. [Samples] 수치를 올리면 퀄리티가 좀더 좋아집니다.

02 설정을 마쳤다면, 하단의 Render Image 버튼을 클릭하세요. 다음과 같은 팝업이 뜨면서 렌더링이 진행됩니다.

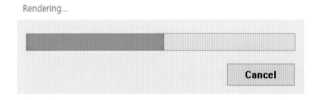

03 완료 후 우측의 Open Image Location... 버튼을 클릭하면 최종 이미지가 저장된 폴더가 열립니다. 이미지를 열어 렌더링 결과를 확인하면 됩니다.

3ds Max 기본 단축키

3ds Max에서 자주 사용하는 단축키를 정리하였습니다.
모든 단축키를 외워서 사용할 수 없지만 자신이 자주 사용하는
명령의 단축키는 외워두고 활용하여 빠르고 효율적인 작업을
할 수 있도록 합니다.

Main UI

명령	단축키
도움말 불러오기	F1
선택된 페이스 표시 방법(면, 선) 설정	F2
Wireframe과 Smooth & Highlights 보기 토글	F3
Wireframe 보기 / 끄기	F4
오브젝트의 X축을 활성화	F5
오브젝트의 Y축을 활성화	F6
오브젝트의 Z축을 활성화	F7
XY, YZ, ZX 평면으로 오브젝트를 활성화	F8
렌더링하기	F9
렌더링 설정창 열기	F10
Max Script 리스너 불러오기	F11
Transform Type ln 대화상자 불러오기	F12
Vertex Level 선택	1
Edge Level 선택	2
Border / Face Level 선택	3
Polygon Level 선택	4
Element Level 선택	5
Particle View 대화상자 불러오기	6
장면 통계(Vertex, Polygon 수) 보기	7

명령	단축키
Environment 대화상자 불러오기	8
렌더링 설정, Advanced Lighting 탭 열기	9
Render to Texture 대화상자 열기	0
기즈모 크기 조절	- / +
선택 모드 바꾸기	Q
오브젝트 이동하기(Select and Move)	W
오브젝트 회전하기(Select and Rotate)	E
오브젝트 스케일 선택하기(Select and Scale)	R (Ctrl + E)
Top 뷰포트 보기	T
Front 뷰포트 보기	F
Left 뷰포트 보기	L
Perspective 뷰포트 보기	P
Bottom 뷰포트 보기	B
Camera 뷰포트 보기	C
뷰포트 선택창 보기	V
뷰포트 줌인	I
뷰포트 줌아웃	J
그리드 보기 / 끄기	G
Select By Name / Select From Scene 대화상자 불러오기	H
Section bracket 보이기 / 숨기기	J
기즈모 잠그기	X
Snap 켜기 / 끄기	S
Angle Snap 켜기 / 끄기	A
Percent Snap (toggle on / off)	Ctrl + ⇧Shift + P

기능	단축키	기능	단축키
사운드 켜기 / 끄기	`\`	비슷한 오브젝트를 다중 선택	`Ctrl`+`Q`
메인 툴바 보이기 / 숨기기	`Alt`+`6`	드래그하여 줌 영역을 확장 / 축소	`Ctrl`+`W`
Adaptive degradation 동작하기	`O`	Camera to View 실행하기	`Ctrl`+`C`
재질 편집기(Material Editor) 대화상자 불러오기	`M`	이전 작업을 실행 취소	`Ctrl`+`Z`
Autokey 모드 켜기 / 끄기	`N`	이전 작업을 다시 실행	`Ctrl`+`Y`
Set Key 실행하기	`K`	Quick 렌더링하기	`⇧Shift`+`Q`
한 프레임 앞으로 가기	`.`	카메라 숨기기	`⇧Shift`+`C`
한 프레임 뒤로 가기	`,`	Geometry 오브젝트 보기 / 숨기기	`⇧Shift`+`G`
애니메이션 재생 / 중지	`/`	Shape 오브젝트 보기 / 숨기기	`⇧Shift`+`S`
첫 번째 프레임으로 옮기기	`Home`	Helpers 보기 / 숨기기	`⇧Shift`+`H`
마지막 프레임으로 옮기기	`End`	Lights 보기 / 숨기기	`⇧Shift`+`L`
오브젝트 레벨 선택 순환하기	`Insert`	Spot / Directional Light 뷰로 바꾸기	`⇧Shift`+`4`
부모 오브젝트 선택하기	`Page UP`	Safe frames 보기 / 숨기기	`⇧Shift`+`F`
자식 오브젝트 선택하기	`Page Down`	Spacing Tool 대화상자 불러오기	`⇧Shift`+`I`
선택 잠그기 / 풀기	`Space Bar`	줌 모드	`Alt`+`Z`
다중 선택하기	`Ctrl`+우클릭	모든 오브젝트를 선택한 뷰포트에서 가운데 배치	`Ctrl`+`Alt`+`Z`
선택 빼기	`Alt`+우클릭	모든 오브젝트를 모든 뷰포트에서 가운데 배치	`Ctrl`+`⇧Shift`+`Z`
파일 저장하기	`Ctrl`+`S`	선택한 오브젝트를 모든 뷰포트에서 가운데 배치	`Z`
파일 불러오기	`Ctrl`+`O`	선택한 오브젝트 정렬하기	`Alt`+`A`
Expert 모드로 토글	`Ctrl`+`X`	선택한 오브젝트 빠른 정렬하기	`⇧Shift`+`A`
모든 오브젝트 선택하기	`Ctrl`+`A`	선택한 오브젝트만 꺼내 편집 (Isolate Selection)	`Alt`+`Q`
선택 취소하기	`Ctrl`+`D`	뷰포트 전체 화면보기 토글	`Alt`+`W`
선택 반전하기	`Ctrl`+`I`	뷰포트 이전 작업을 실행 취소	`⇧Shift`+`Z`
선택한 오브젝트 Clone 만들기	`Ctrl`+`V`	뷰포트 이전 작업을 다시 실행	`⇧Shift`+`Y`

배경 이미지 잠그기	`Alt` + `Ctrl` + `B`
Viewport Background 대화상자 불러오기	`Alt` + `B`

Editable Poly

Vertex Level 선택	`1`
Edge Level 선택	`2`
Border Level 선택	`3`
Polygon Level 선택	`4`
Element Level 선택	`5`
오브젝트 레벨 선택 순환하기	`Insert`
Extrude	`⇧Shift` + `E`
Bevel Mode	`Ctrl` + `⇧Shift` + `B`
Chamfer	`Ctrl` + `⇧Shift` + `C`
Connect	`Ctrl` + `⇧Shift` + `E`
Edge Constraint	`⇧Shift` + `X`
Target Weld	`Ctrl` + `⇧Shift` + `W`
Cut	`Alt` + `C`
Quick slice	`Ctrl` + `⇧Shift` + `Q`
Grow Selection	`Ctrl` + `Page UP`
Shrink Selection	`Ctrl` + `Page Down`
Hide	`Alt` + `H`
Hide Unselected	`Alt` + `I`
Unhide All	`Alt` + `U`

Unwrap UVW

Edit UVW's 대화상자 불러오기	`Ctrl` + `E`
업데이트 맵	`Ctrl` + `U`
Unwrap Options 대화상자 불러오기	`Ctrl` + `O`
맵 업데이트	`Ctrl` + `U`
Vertex Move 모드	`W`
Vertex Rotate 모드	`E`
Vertex Scale 모드	`R`
Weld 명령으로 Vertex를 합치기	`Ctrl` + `W`
Target Weld 명령으로 Vertex를 연결	`Ctrl` + `T`
Show Map Seam을 해제해서 녹색선 감추기	`Alt` + `E`
Edit UVW's 대화상자에서 선택한 면 (Face)만 보기	`Alt` + `F`
Freeze Selected (쿼드 메뉴에서 UnFreeze All)	`Ctrl` + `F`